教育部哲学社会科学研究后期资助项目（18JHQ

积极行政人格的生发机制

段鑫星　徐苏兰　◎著

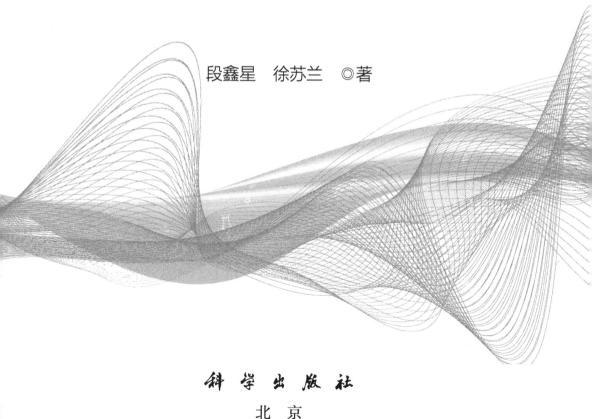

科学出版社

北　京

内 容 简 介

党的二十大报告指出，党的十九大以来的五年，党中央推进国家治理体系和治理能力现代化。其中，推进政府治理现代化具有重要的地位和意义。要实现政府治理能力的现代化，必须注重发挥行政人员的主体性作用，塑造积极行政人格。本书立足政府治理现代化建设需要，梳理中国社会演进中关于行政人格的理想和现实，结合已有研究提出积极行政人格的概念；调查研究当前积极行政人格的生发现状及群体差异，深入剖析积极行政人格生发的个性基础、生发过程，并提出培育积极行政人格的路径。

本书可供高等院校公共管理学科教师、研究生、党校教师以及从事公共行政工作的广大实践工作者参阅。

图书在版编目（CIP）数据

积极行政人格的生发机制／段鑫星，徐苏兰著. —北京：科学出版社，2023.10
ISBN 978-7-03-076408-9

Ⅰ.①积…　Ⅱ.①段…　②徐…　Ⅲ.①行政管理-研究　Ⅳ.①D035

中国国家版本馆 CIP 数据核字（2023）第 181666 号

责任编辑：崔文燕／责任校对：郑金红
责任印制：徐晓晨／封面设计：润一文化

科学出版社 出版
北京东黄城根北街 16 号
邮政编码：100717
http://www.sciencep.com

北京建宏印刷有限公司 印刷
科学出版社发行　各地新华书店经销

*

2023 年 10 月第 一 版　开本：720×1000　1/16
2023 年 10 月第一次印刷　印张：17
字数：300 000
定价：99.00 元

（如有印装质量问题，我社负责调换）

作者简介

段鑫星　北京师范大学心理学博士，中国矿业大学公共管理学院教授、博士生导师，中国矿业大学学术委员会副主任。多年来围绕大学生心理健康教育、社会治理与行政伦理、高等教育管理等方向，累计发表高水平论文80余篇，出版专著4部、教材8部、编著16部、译著18部；获得江苏省哲学社会科学奖3项（专著、科普类及决策咨询类各1项），省级教学成果奖2项，其他省级奖项10项。

徐苏兰　中国矿业大学管理学博士，徐州工业职业技术学院准聘副教授。主要从事社会治理与行政伦理研究、高等教育管理研究，累计发表高水平论文8篇，获江苏省哲学社会科学优秀成果奖三等奖1项，江苏省高等教育科学研究成果奖二等奖1项，徐州市哲学社会科学优秀成果奖三等奖1项；主持江苏省教育科学规划重点课题1项、江苏省哲学社会科学研究一般项目1项、江苏省高等教育学会专项课题2项，徐州市社会科学基金项目2项，校级教育教学改革课题2项。

序

面对复杂性和不确定性的挑战，政府治理成为学界关注的新议题。政府治理以行政系统作为治理主体，以社会公共事务作为治理对象，致力于发挥多元行政主体的作用，彼此基于协商达成共识，构建合作网络，基于规则和同意开展集体行动。政府治理的行动主体分为行政组织和行政人员两类。行政组织视角的政府治理研究关注行政系统的组织结构和组织体制，而行政人员视角的研究关注行政人员的人格、行为、价值取向、职业伦理等问题。

段鑫星教授与徐苏兰博士合作撰写的《积极行政人格的生发机制》一书，从行政人员的视角，致力于探究行政人员的人格生发机制，提出"积极行政人格"的学术概念，阐述积极行政人格生发的个性基础，剖析积极行政人格的培育机制，得到学界关注和肯定，获得教育部哲学社会科学研究后期资助项目支持。呈现在读者面前的这本著作是在该课题结项报告基础上进一步修改完善形成的，对理解积极行政人格的生发机制具有理论价值，对培育积极行政人格具有重要的实践意义。

人格是心理学研究的核心概念之一，它反映了个体在社会化过程中形成的具有倾向性的比较稳定的心理特征，在心理学领域中得到广泛探讨与深入研究，产生了诸多重要论著。人格研究提出的理论学说，在实践层面也有广泛应用。相比于企业管理领域对人格研究的持续耕耘，公共行政领域中的人格探讨总体上较为薄弱。段鑫星教授与同事合作开展积极行政人格的生成机制研究，为推进行政伦理建设提供了独特的分析视角。该专著基于中国场域，对不同时代行政人格的理想与现实进行对比分析，展现了理想与现实之间的张力。

该书从职业人格和个体人格两个维度，提出行政人格类型划分的新框架，区分了行政人格的五种类型。进而聚焦积极行政人格，探讨其生发机制。早在1947年，罗伯特·A. 达尔在《公共行政学的三个问题》中就提出，如果要创立公共行政科学,它必须产生于对公共行政这一领域中的人的行为的理解,将人排除在外肯定会使公共行政学的研究毫无建树、徒劳无功,并从根本上说是不切实际的。达尔认为公共行政科学的发展,意味着在政府管理的服务领域中的一门人的科学的发展。他提出行政学科不能自我宣言式地将公务员界定为机械化的"行政人",这种概念只存在于公共行政学教科书中,并不符合真实的行政人格。公共行政离不开人的因素,对于行政人格问题的探究,是公共行政的重要领域之一。

近些年,伴随着经济社会改革和政府职能转变,党中央提出建设服务型政府。在此背景下,推进行政人格研究,强化行政责任落实,被提高到了重要地位。政府对公共事务的治理,最终需要行政人员付诸实施,行政人员人格因素的影响无处不在,培育积极行政人格的过程,是行政伦理建设的应有之义。当前,在服务型政府和行政伦理建设的大背景下,行政人格研究得到了更多重视。围绕公务员心理、行政人格概念、行政人格塑造、行政领导者风格等问题,理论界的研究取得了可喜进展。政府治理离不开行政人员,行政人格现代化影响着政府治理现代化进程。在新时代背景下,探寻及塑造与新发展观相适应的积极行政人格,是推进行政伦理建设的重要路径之一。

与国家治理、政府治理这类宏观命题相比,行政人格研究的议题领域较为微观。段鑫星教授在微观议题中嵌入历史视角,对不同时期群体层面的行政人格特征进行阐释,拓展了研究视域。该书不仅对积极行政人格的概念、结构进行了理论阐释,还对积极行政人格的生发现状、群体差异、影响因素进行了实证探索,为塑造积极行政人格提供了新思路。

段鑫星教授从心理学的学理视角进行公共管理研究,持续关注行政人格主题达十年之久,促进了心理学与公共行政学的交叉研究,产出了丰富的研究成果。她撰写的心理健康书籍,有的出版后成为畅销书,产生了很大影响。该书不仅提出"积极行政人格"研究命题,提供了独特的分析视角,还提出积极行政人格的培育路径,与公共行政良性运转的伦理建设需求具有契合性,也响应了行政人员心理健康维护的微观诉求。相信读者在阅读后会有独特的启发和收获。

中国人民大学公共管理学院副院长　教授

2023 年 9 月

前　言

　　党的二十大报告指出，党的十九大以来的五年，党中央推进国家治理体系和治理能力现代化。要实现国家治理现代化，就必须全面推进政府治理现代化。国家主要靠政府治理，政府治理体系和治理能力对整个国家治理影响重大，是国家治理体系和治理能力现代化建设中的关键内容。1978 年至今启动和实施的 8 次行政体制改革，在机构改革、职能转变、服务优化等方面的战略部署和实践探索，极大地推动了我国政府治理从计划经济向市场经济的转变。党的十九届四中全会审议通过的《中共中央关于坚持和完善中国特色社会主义制度、推进国家治理体系和治理能力现代化若干重大问题的决定》对坚持和完善中国特色社会主义行政体制做出明确部署，引领新时代行政体制改革，技术层面上强力推动政府治理现代化。政府治理现代化，不仅要求技术层面的现代化，还要求充分关注政府中"人"的因素，实现"人"的现代化。行政人格是公共行政研究的微观基础，也是实现政府治理现代化中重要的主体性因素。面对政府治理现代化建设的战略需求，把握积极行政人格的理论内涵和生发机制，提出培育积极行政人格，既是重要的理论问题，也是亟待解决的实践问题。

　　在此形势下，我们以积极行政人格的生发机制为研究对象，对积极行政人格的概念、结构和属性，个性基础，生发过程，培育机制进行了综合研究，主要内容可以概括为以下五个方面。

　　第一，提出、建构并阐述我国政府治理现代化建设背景下政府行政人员行政人格建设的方向——积极行政人格。通过梳理中国社会历史发展过程中的行政人格理想和现实演进脉络，呈现行政人格建设的时代属性和行政人格现代化的过程及其不充分性。借鉴整合多途径的行政人格类型研究，提出"消极-积极"这一行政人格类型划分的新方式，并阐述了积极行政人格的结构与基本属性。

第二，编制积极行政人格调查问卷，以实证的方式调查研究了行政人员积极行政人格的生发现状及其群体差异。

第三，通过文献研究，总结归纳传统心理学研究视角下行政人员的一般个性特征，并主张将积极心理学取向下的性格优势及长处理论引入行政人员的个性研究当中，通过问卷调查研究行政人员的性格优势及长处特征。

第四，基于积极行政人格的二维结构，分别考察行政人员积极个体人格的养成路径和积极职业人格的生发过程。其中，以性格优势理论为核心，借鉴社会文化研究视角，重点考察行政人员的性格优势基础及其养成过程和养成路径；另外，从择业动机、内在动力、他者力量、制度规则四个层面探讨行政人员积极职业人格的生发过程。

第五，在文献研究和实证研究的基础上，提出积极行政人格的培育理念和培育机制，强调在理念层面上要坚持"以人为本"、正视人格和情境的双重力量、从积极的意义出发；在实践层面上则需要从家庭教育、制度建设、文化培育等多个途径加以协同培育。

2013 年以来，我对行政人格这一主题产生了较为浓厚的兴趣，并逐渐在研究生培养和个人及团队课题研究中将这一兴趣转化为学术研究行为。2014 年以来，我先后指导 3 位研究生完成了以行政人格为主题的硕士学位论文《行政人员独立人格实现路径研究》《政府治理视域下的独立行政人格研究》《公务员积极行政人格的建构研究》。2014—2018 年，我和我的团队依托江苏省高校哲学社会科学研究重点项目"国家治理视域下的公务员行政人格研究"、中国矿业大学中央业务基金项目"公共管理学科创新能力提升研究"、中国矿业大学"十三五"品牌专业建设培育等项目，完成和发表了《论行政人员独立人格的生成》（2014 年）、《行政人员独立人格生成的现实基础》（2015 年）、《独立行政人格构建：破解"为官不为"的新视角》（2016 年）、《"为官不为"的成因及治理：基于行政人格的视角》（2016 年）、《积极行政人格：理念与框架》（2018 年）等学术研究成果。在研究生培养和学术课题研究中，我本人的行政人格思想也在逐渐发生转变，从早期对独立人格的关注开始向"积极行政人格"转变。我和本书的合作者徐苏兰老师有关积极行政人格的思想及前期研究，在其硕士学位论文《公务员积极行政人格的建构研究》和期刊论文《积极行政人格：理念与框架》中已有部分体现，但这些只是对此进行初步的探索。我们希望可以以"积极行政人格的生发机制"为选题继续深入拓展积极行政人格研究。围绕这一想法，我们制定了相关研究计划并撰写形成了初期研究成果，通过申报被立项为 2018 年教育部人文社科后期资助项目，并受到教育部基金的支持。这既给予我们精神上的鼓励，也为我们这一研究的完善和成果的出版提供了经费保障。本书的内容不是对本人以往有关行政人格系列研究论文的集合，而是对最新关注"积极行政人格"相关研究的继承和进一步发展。

中国矿业大学公共管理学院

2023 年 2 月

目 录

第一章 绪 论

第一节 积极行政人格研究的意义

一、行政人格研究的必要性

（一）国家治理体系和治理能力现代化对行政人员的要求

党的十八届三中全会提出全面深化改革的总目标在于发展和完善中国特色社会主义制度，推进国家治理体系和治理能力现代化。通过改革和完善体制机制、法律法规，促进各项制度日趋科学完善，实现国家治理制度化、规范化、程序化，成为国家治理各项工作的重点。党的十九届四中全会在十八大以来推进国家治理体系和治理能力现代化经验总结的基础上，通过《中共中央关于坚持和完善中国特色社会主义制度 推进国家治理体系和治理能力现代化若干重大问题的决定》。这一纲领性文件强调以制度优势转化为治理效能，以应对"新时代"之"大变局"。这一关键性转化离不开相应主体对制度优势的合理运用。"制度优势一旦被执行者所掌握并加以有效运用，就会显示出强大的力量。"①党的二十大报告指出，"党的十九大以来的五年，党中央深化党和国家机构改革，推进国家治理体系和治理能力现代化"。而在具有相应能力的群体当中，作为国家制度主要执行主体的政府行政组织无疑至关重要。政府行政组织既是实现自身政府治理现代化的主体，也是引导、协调公众、第三部门和企业等其他社会主体共同推进国家治理体系和治理能力现代化，释放制度效能的核心主体所在。因此，政府行政组织自身职能的发挥对于国家治理体系和治理能力现代化具有重要意义。"政府管理的效能固然取决于机构的合理设置和职掌分明，层级控制的管理体制，更重要者，它更取决于公

---

① 韩庆祥. 以"制度优势""治理效能"应对"新时代""大变局". 马克思主义与现实, 2000（1）：14-20.

职人员群体集体的奋发努力、精诚团结、热诚尽职,共同的合作。"①质言之,"有什么样的公务人员,便有什么样的政府,用人以治事实为国家为政之根本"②。因而,无论是在静态的组织结构中还是在动态的管理实践中,要更好地把我国制度优势转化为国家治理效能,都离不开行政人员的积极作为。行政人员以事实上的行政主体角色承担着政府公共行政的具体职能,并影响着国家治理的效能。

目前,我国处于社会转型时期,新旧模式交替,加之反腐力度加大,部分人的传统价值观念和道德准则受到冲击,行为缺乏确定的遵循,心理处于空白期、恐慌期和焦虑期,在短时间内还不能很快地适应新环境。这就陷入一种"尴尬"境地:一方面,国家治理模式的转变和服务型政府的构建要求行政人员具备更加积极的行政人格;另一方面,行政人格冲突紧张,未能得到妥善的解决,导致"为官不为""为官乱为"等消极行政行为以及行政人格异化倾向,背离了政府治理现代化方向。

那么,如何使行政人员成为具有自主性的个体?如何增强行政人员的服务意识和责任意识,促进国家治理制度优势的现实转化?行政学创始人威尔逊早在《行政学研究》便提出以下问题:如何使政府官员和公共行政人员具有一种服务性人格和性格,用良心做好服务,使为社会服务成为其"最普遍""最珍视""最崇高"的"兴趣",而不仅仅是一种谋生的职业去例行公事?③毫无疑问,人类至今仍然没有解决这一问题,人及人格问题仍然是公共行政研究的中心议题之一。如何处理好政府、社会与市场的关系,如何体现公共治理的服务性,如何提高行政人员的服务能力并实现治理能力的现代化,这些都考验着行政人员群体。作为行政行为执行过程中的主体因子,行政人格也要因时制宜,紧跟社会发展与政府治理现代化的节拍。在法律制度不能有效约束行政主体的公共领域,恰恰需要运用伦理力量和道德准则来唤醒行政人员的行政良心。因此,我们要充分注重发挥行政人员在实现政府治理现代化中的主体性作用,了解行政人员的行政人格并塑造合乎时宜的积极行政人格,更好地提高政府的治理能力,进而为国家治理体系和治理能力现代化建设添砖加瓦。

（二）回应健康中国下行政人员心理健康维护诉求

推进政府治理能力现代化,则必须深化行政改革,转变政府职能,构建服务

---

① 李洁. 行政人格与个体人格互动错位下的行政失灵研究. 成都行政学院学报, 2018（3）: 9-14.
② 张成福. 大变革——中国行政改革的目标与行为选择. 北京: 改革出版社, 1993: 146-147+143.
③ 转引自陈建斌. 论行政人格之于公共行政研究的意义. 南京社会科学, 2011（11）: 64-71.

型政府。社会契约论的观点是，服务型政府的核心理念是以人为本……政府的社会管理职能也必须体现以人为本的理念。以人为本，最大的特点在于将"人"视为目的本身而非手段，而这里的"人"首先是公民群体，亦包括公共行政人员自身。因此，行政人员亦是服务型政府建设所应关注和关怀的对象之一。2016 年 8 月，全国卫生与健康大会上提出"要把人民健康放在优先发展的战略地位"。2016 年 10 月，中共中央、国务院印发《"健康中国 2030 年"规划纲要》，其第二篇第五章第三节以"促进心理健康"为题。翌年 10 月 18 日，党的十九大报告提出"健康中国"发展战略。2019 年印发的《国务院关于实施健康中国行动的意见》则明确提出要"实施心理健康促进行动"，通过多种举措提升居民心理健康素养水平。由此可见，心理健康作为健康的重要组成部分，是建设"健康中国"的应有之义。

　　行政人员作为人民的一份子，对其心理健康状态的关照和提升则亦在"健康中国"的建设范围之内。如果说这个社会中的绝大多数群体或个人只要在法律的框架下可以优先追求个人利益最大化，作为政府部门的行政人员群体以及非营利组织从业人员则是那少数的例外。随着社会的发展，社会竞争加剧，管理行政向服务行政转变，治理风险剧增，舆论及公众等民主监督力度不断加强，中央及地方反腐力度加大……行政人员的系统生态环境发生显著变化，使行政人员可能出现不良心理表现。一般而言，积极寻求适当的帮助有助于及时排解负面情绪。相比于其他不具有公共属性的职业从业人员而言，行政人员更容易囿于自我职业身份的特殊性，"出现不良表现时，他们并不愿意寻求帮助"[1]，特别是专业的心理咨询。因此，行政人员这一群体更容易长期累积非健康心理情绪而产生多种心理问题。有调查报告显示，"我国公务员中 29.3% 的人存在心理问题。在所有心理疾病患者中，有 10% 是公务员，远高于其他群体"[2]。《中国国民心理健康发展报告（2017—2018）》中，一项涉及 9000 多个样本的调查显示，"有 1/3 到一半左右的公务员群体处于中高水平的焦虑、抑郁和压力状态中"[3]。从行政组织层面而言，这些心理问题的存在不仅会降低公共行政人员的行政效率和质量，出现懒政、怠政，还会造成公共行政人员行政伦理底线的失守，导致违纪违法，败坏组织风气；从行政人员个人而言，这些心理问题的存在会影响其日常工作生活的精神面貌，严

---

　　① 宋佾珈，张建新，张金凤. 公务员的心理健康状况及与应酬压力、职业倦怠感、生活满意度的关系. 中国心理卫生杂志，2014（4）：288-292.

　　② 陈鑫. 人民日报纵横：多关注公务员心理健康.（2020-12-08）. http://opinion.people.com.cn/n/2015/0108/c1003-26345511.html.

　　③ 王淑娟，陈艺柠，李茜，等. 公务员压力与心理健康状况——以心理灵活性为中介变量//傅小兰，张侃，陈雪峰，等. 中国国民心理健康发展报告（2017—2018）. 北京：社会科学文献出版社，2019：109-147.

重而又得不到有效干预时，则会造成个人精神的崩溃，甚至可能使其产生自杀倾向与行为。近年来，一些官员自杀的报道偶见报端，其覆盖层级广泛、领域更加多元化、形式多样。在这些行为的背后，"抑郁症"已成为一个高频词。导致行政人员抑郁的原因中（如晋升压力大、责任压力大、受腐败的牵连等）可见行政人格异化的影子，如过分看重个人职业晋升、行政能力不足、行政道德不足与行政行为不端等。无论是从行政组织层面还是从行政人员个人发展的角度来看，塑造积极行政人格，促进行政人员的心理健康状态，为其行政履职提供内在支撑都是极其重要的。

二、研究问题与研究设计

（一）研究问题

本书研究的核心目的在于通过理论分析和实证研究，在政府治理现代化建设对行政人员行政人格塑造的高位期待与社会转型期间的行政实践场域中，探寻积极行政人格的概念内涵、结构及其生发机制。根据研究目的，本书研究主要围绕以下3个问题展开。

第一，通过文献研究，明确行政人员积极行政人格的概念内涵、结构及理论分析框架。

第二，在文献研究和叙事研究等基础上，从时间和空间两个维度探寻行政人员积极行政人格的生发机制。

第三，探寻面向国家治理体系和治理能力现代化的积极行政人格广泛生成的可能路径。

（二）研究思路

为了更好地解决研究问题，本书研究主要遵循"历史与现实相结合""理论与实践相结合"的基本思路。具体而言：

第一，从"历史途径"出发，以相关理论为基础，对国内外已有研究进行回溯、评析、反思与借鉴，提出积极行政人格的概念、内涵特征、构成要素；结合当前国家治理体系和治理能力现代化建设的社会现实，构建新时代积极行政人格的理论分析框架。

第二，在文献研究的基础上，通过实证研究，寻找本书研究的"经验途径"，即通过大量的实证资料探寻积极行政人格的实践表征形式。

第三，从"分析途径"出发，对行政人员积极行政人格的生发机制进行归因。运用历史唯物主义的眼光，以公共行政为精神内核，从心理学视野的社会角色理论、个体人格理论着眼，分析历史条件、组织环境、个体内部因素对其行政人格生成和发展的影响，从中提炼积极行政人格的生发机制。

第四，在前述研究基础上，结合理论研究和实证研究分析，从个人、组织、社会 3 个层面出发，探讨促进积极行政人格生成并持续发展的可能路径。

（三）研究设计及实施

1. 研究方法

本书研究主要遵循历史与逻辑相统一这一基本的方法论原则，一方面，对不同社会阶段下的行政人格样式及内容进行历史回溯，并对当下的行政人格进行现实剖析；另一方面，基于理论和实证研究把握积极行政人格的本质和生发机制。结合本书研究的具体问题和内容，主要采用文献研究法、实证研究法等具体研究方法，以期更深入地阐明研究问题，实现研究目的。

第一，文献研究法。对积极行政人格的生发机制进行深入研究，首先需要对与之相关的种种文献进行分析整理、总结已有的相关研究成果，并以此为研究基础展开后续的研究。遵循"历史途径"进行文献研究，系统地梳理政府治理及政府治理现代化的概念内涵，并以此为背景，在总结和分析已有的行政人格（特别是积极行政人格）类型研究的基础上，结合心理学人格理论的新进展——积极人格理论，基于中国的国情提出"积极行政人格"这一概念，并对其基本内涵与维度进行理论推演。此外，通过文献研究多层次考察行政人格的历史条件及其文化根源、制度规约及个体心理的能动性，为后续实证研究奠定基础。

第二，实证研究法。立足于积极行政人格的文献研究，将行政人员的行政实践生活置于更为广阔的历史、社会和文化情境中，采取问卷调查、半结构化访谈等调查研究方法，总结积极行政人格的生发现状、群体差异、生发机制等。具体而言，运用自编的积极行政人格问卷，调查分析当前行政人员群体积极行政人格的生发状况，如总体水平、各子维度的水平等；基于差异分析，进一步比较和总结不同性别、年龄区间、政治面貌的行政人员群体，在积极行政人格生发状况上的差异，总结影响积极行政人格生发水平的显著性人口学统计因素；运用段文杰等开发的性格优势问卷（中文长处问卷 CVQ-96），调查并分析行政人员的个性性格优势特征及其对积极行政人格生发的影响作用。最后，通过半结构化的深度访谈，收集行政人员的个性特质、早期生活经验、职场实践等信息，从中挖掘和提炼影响行政人员积极行政人格生发的多维度影响因素。

2. 研究步骤

本书研究的实施程序基本分为文献查阅和梳理、研究设计、文献梳理、实证研究、整理撰写五阶段。

第一，文献查阅和梳理阶段，是早期研究的重点内容，是后续研究设计和实施的基础，也是贯穿整个研究过程的内容。

第二，研究设计阶段。在文献研究的基础上进行研究设计，进一步明确研究的目标和问题以及在国家治理现代化建设背景下研究积极行政人格生发机制的价值意义。

第三，文献梳理阶段。基于文献研究，梳理中国社会演进中的行政人格立项与现实，结合已有行政人格的理论研究，提出积极行政人格的概念、基本属性和结构、实践立场等内容。

第四，实证研究阶段。根据研究目的和研究问题展开实证研究，包括积极行政人格的问卷调查研究，行政人员性格优势的问卷调查研究，行政人员生发过程的质性研究等。

第五，整理撰写阶段。整合文献研究和实证研究成果，就行政人员积极行政人格的培育提出优化对策。

第二节　行政人格概述及理论基础

一、行政人格概述

（一）行政人员

1. 行政人员的定义

一般认为，行政人员就是指公务员。从内容上讲，"公务员"的前身为文官和官吏，但在古代这个使用较多的则是"官吏"一词。现行的公务员制度源于英国的文官制度，"文官"一词由英语"civil servant"意译而来，其中并无"官"的含义，原意为"文职、仆人"。在美国则较多地使用"government employee"一词指代国家公职人员，意为"政府雇员"。

1912年10月16日，北洋政府公布《中央行政官官等法》，其中的"文官"即为公务员，但并未明确使用"公务员"一词。1928年3月10日，南京国民政府制定公布《中华民国刑法》，是中国历史上首次以法律的形式出现"公务员"一词。该法律第十七条采用列举法将"公务员"规定为"谓职官吏员，及其他依法令从事于公务之议员及职员"。[①]1934 年《最新中华民国刑法》第十条载，"称公务员者谓依法从事于公务之人员"[②]。此后，"公务员"一词逐渐取代"官吏""文官"等字样，成为普遍意义上的使用概念。新中国成立后，民国时期的公务员制度被一并废除，"公务员"一词也相应消失。1987 年 4 月，由中央组织部牵头、劳动人事部参加，组成干部人事制度专题工作组，将《国家行政机关工作人员条例》草案更名为《国家公务员暂行条例》，这是我国当代第一次正式使用"公务员"一词。此后，多位国内学者对"公务员"这一词汇进行概念界定。其中，徐颂陶从工作权责及从事活动的角度将公务员界定为"行使行政职权，履行国家公务，从事社会公共事务管理的人员"[③]；邝少明在综合这两种定义的基础上，将公务员界定为"由国家依据法定方式和程序任用，代表国家依法行使行政职权，执行国家公务的公职人员"[④]。此外，葛洪义等学者建议"法官和检察官不可纳入'国家公务员'范围"[⑤]。根据现行的《中华人民共和国公务员法》（简称《公务员法》），公务员是指"依法履行公职、纳入国家行政编制、由国家财政负担工资福利的工作人员"，既包括国家行政机关的工作人员，也包括共产党机关以及人大、政协、法院、检察院等其他国家党政群机关除工勤人员以外的工作人员，分为综合管理类、专业技术类、行政执法类以及其他类别。本书中的行政人员亦与上述意义上的公务员概念相等同。

2. 行政人员身份的特殊性

行政人员有别于其他社会成员，有其特殊身份。行政人员代表这样的一种群体：代理使用在根本上由公众赋予，经由国家权力机关集中、分配与保障的公共权力，通过制定与执行理论上反映公共意志的国家方针、政策实现某种程度的公共利益。就中国而言，行政人员代理使用在根本上来源于广大人民群众，经由全国人民代表大会授权党政部门集中、分配并给予强制性保障的公共权力，制定与执行理论上代表广大人民群众公共利益的公共政策。在中国的文化情境与政治话

---

① 王宠惠. 中华民国刑法. 上海：中国方正出版社，2006：14.
② 郭卫校勘. 最新中华民国刑法. 上海：上海法学书局，1934：23.
③ 徐颂陶. 国家公务员制度全书. 长春：吉林文史出版社，1994：1089.
④ 邝少明. 论公务员的含义与范围. 中山大学学报（社会科学版），2001（2）：8-13.
⑤ 葛洪义，刘治斌，李燕. 法官、检察官不可纳入"国家公务员"——对《公务员法》起草中一个问题的几点意见. 法学，2003（6）：24-29.

语体系当中，行政人员是一种明显有别于其他社会成员的特殊身份，其工资待遇由国家财政支出，工作价值的实现必须有赖于公共权力的行使与公共事务的承担。换句话而言，行政人员所从事的工作，不是普通的社会职业，其社会身份也不同于企业经营者及工作人员、个体经营者抑或其他个体劳动者等社会成员。行政人员、教师、医生等职业从事者都是被社会组织与社会赋予高度利他属性期望的社会成员，其中行政人员比教师、医生更加特殊，因为其具有行使公共权力的特权以及使用通过行使公共权力为社会整体公共利益服务的高度责任。

3. 1949 年以来，中国行政人员身份的获得路径

行政人员这一特殊身份的获得，不同的国家存在不同的情况与不同的进展。中华人民共和国成立以后的行政人员身份获得，主要经历了干部终身制阶段和公开招录选拔两个阶段，但这两个阶段之间存在时间重叠。

干部终身制阶段是从中华人民共和国成立初期至改革开放以前。中华人民共和国成立后，国家百废待兴，国家行政人员身份特别是行政领导身份的获得，与其在中华人民共和国成立前的革命贡献、政党中的身份地位密切相关。早期在计划经济体制下，大学生毕业后工作由国家部门分配，子承父业为常见现象。因而这一时期，行政人员身份的获得更多地受国家机关统一调配与父母职业的影响，往往并非通过相对标准化的公开考试选拔形成。在这一阶段，行政系统是一个相对封闭的系统，系统内外行政人员的流动性差，获得行政人员这一特殊身份并非自主择业和竞争就业的结果。

随着社会的发展、经济与政治体制改革的不断推进，领导干部职务终身制逐渐被打破与废除。邓小平在总结"文化大革命"深刻教训时沉痛指出，"我们过去发生的各种错误，固然与某些领导人的思想、作风有关，但是组织制度，工作体制方面的问题更重要。这些方面的制度好可以使坏人无法任意横行，制度不好可以使好人无法充分做好事，甚至会走向反面"①。改革开放后，党政领导干部制度发生重要变革，配合行政人员的公开招录选拔制度的建构与完善，广泛地变革了中国行政人员职务身份获得的路径。1993 年 8 月，国家颁布《国家公务员暂行条例》，尽管在诸多方面还不甚健全，但对于行政人员身份获得的路径改革起到了重要的探索作用。2005 年 4 月，第十届全国人大常委会第十五次会议审议通过我国干部人事管理领域的第一部综合性法律——《公务员法》，为行政人员身份获得的路径提供了法律保障。2006 年 8 月，中共中央颁发《党政领导干部职务任期暂行

---

① 邓小平. 邓小平文选（第 2 卷）. 2 版. 北京：人民出版社，1994：333.

规定》。该规定与《党政领导干部交流工作规定》《党政领导干部任职回避暂行规定》的出台与实施，打破了领导干部职务的终身制，进一步极大地促进了行政人员身份获得的法治化、规范化建设，增强了行政人员考试选拔招录的程序性、规范性与制度性。随着《公务员法》的实施，行政人员身份的获得，需要通过相对固定的程序，通过相关考试并取得较为优异的成绩。

（二）行政人格的界定

不同学者对行政人格的界定不尽相同。马文运最早在《社会转型中的行政人格》一文中提出"行政人格"这一概念，认为行政人格是行政人在执行公务中的行为特征，体现在3个方面，即在法律上体现为行政主体承担义务享受权利的资格，在伦理学上体现为行政人的道德品质，在心理学上体现为行政人的性格、气质和能力，较早探讨了市场人格对行政人格的影响。[1]王伟明确将"行政人格"定义为包括党政机关、国家公务员在内的公共管理主体的人格，并视之为行政伦理价值目标的核心。[2]张康之从人的类本质出发来理解和把握"行政人格"这一概念，将行政人格理解为个体人格与群体人格的统一，指出行政人格既是行政人员个体性的体现，也是公共行政职业的内在规定性，行政人员的社会属性的体现，因而将行政人格定义为"行政人员与其他成员相区别的内在规定性，是行政人员在行政行为中自我价值与行政价值相统一的形态，是行政人员心理、观念、意识、理念等与行为相统一的总体性存在，是一种体现其自我价值、尊严、品格的伦理存在"[3]，"其本质是行政人员持续的自我塑造和自我完善的过程"[4]。高云认为所谓行政人格，是由国家公务员人格化行为所构成的公共行政主体在实践中对于行政伦理原则的具体体现，是国家所倡导的政治价值观和行政价值观在生活中的直接显现。[5]陈建斌等指出，所谓行政人格，就是行政人员依据行政职业要求和角色规范，通过行政活动展示自身及组织价值尊严的身心结构的总和，它体现为行政人员良好的能力水平和道德涵养，是丰富的内在行政精神与协调的外在行政行为的有机契合。行政人格是一种职业角色人格，其本质是个体人格的角色化与行政角色的人格化。具体而言，行政人格的内涵包含基础层面、价值层面和发展层面，分别表现为内生人格与外生人格、静态人格与动态人格、组织人格与个体人格的

① 马文运. 社会转型中的行政人格. 决策探索，1994（12）：30-31.
② 王伟. 行政伦理概述. 北京：人民出版社，2001：97-98.
③ 张康之，李传军. 行政伦理学教程. 3版. 北京：中国人民大学出版社，2015：160.
④ 张康之，李传军. 行政伦理学教程. 3版. 北京：中国人民大学出版社，2015：162.
⑤ 高云. 略论行政人格评价机制创新. 云南民族大学学报（哲学社会科学版），2003（6）：22-25.

统一，自我价值与行政价值的统一，他律与自我控制的统一。①

以上界定重点考察了行政人员群体人格更多的是具有价值导向的群体人格的内在规定性，比如体现国家所倡导的政治价值观和行政价值观、遵从行政职业要求和角色规范、具有良好的能力水平和道德涵养等。这种规定主观上突出了行政人格的正向含义，忽视了那些与价值导向所不相符合却在现实中客观存在的消极含义。因此，当我们讨论那些不合价值导向的、违背角色规范的行政行为时，通常会用"行政人格的异化"，也就是说"行政人格"这个概念本身在实际运用的过程当中并不足以涵盖其行政人格的全部外延，比如存在问题的行政人格。相比之下，许志江对行政人格的界定更趋中性化，他将行政人格界定为"行政人在行政活动中持久性的心理特征总和，是行政人的内心活动与外在行为的统一，展示出行政人的整个精神面貌或特征"②。可以看出，这一界定主要从心理学的人格理论出发，是一种比较中性的、不失个性化的表达，为行政人格的界定提供了一种群体之下的个体研究视角。

结合以上行政人格的概念界定，本书倾向于采用中性化的立场考察行政人格的概念，兼顾行政人群体区别于其他社会成员的内在规定性③和作为个体层面真实行政人格的多样性，将行政人格界定为：行政人格作为公共事务管理主体在长期的行政文化教育及实践当中所形成的具有稳定性的、带有行政色彩的心理特征的总和。行政人格具有双重属性，是人的"个体人格"以及与职岗相关的"组织人格"或"职业人格"。

（三）行政人格研究概况

1. 国外行政人格的相关研究

20 世纪中叶，西方学者对行政学的研究从制度建设逐渐转为对行政人员的研究，其中涉及行政人格的研究，主要包括公共行政学、伦理学、社会学这三种途径的研究。

（1）公共行政学途径的行政人格研究。1947 年，达尔指出，公共行政科学的创立必须对人的行为进行研究，并断言公共行政科学的发展意味着在政府管理的服务领域中一门有关人的科学的发展。④沃尔多提出，从某些方面和某种关系上来

---

① 陈建斌，等. 文明行政视野下的行政人格. 湘潭：湘潭大学出版社，2013：26-31.
② 许志江. 行政人格的涵义及结构试析. 理论观察，2006（1）：61-62.
③ 李建华，夏方明. 行政人格的内涵新析. 长沙电力学院学报（社会科学版），2004（2）：21-24.
④ 罗伯特·A. 达尔. 公共行政科学：三个问题//彭和平，竹立家，等，编译. 国外公共行政理论精选. 北京：中共中央党校出版社，1997：155-160.

说，公共行政研究的中心要素是人本身，是通过在公共行政中从事这种行为和过程的人来进行的。①韦伯（M. Webb）在创建理想的组织结构——官僚制时，便已经注意到严格的层级制对个体人格的排斥，以及非人格化扩张所带来的长期社会问题，悲观预言人类将不可避免地进入这座"新的奴役铁笼"，并唯一寄希望于具有非凡气质和能力的克里斯玛型领导者来逃离这一铁笼。②著名社会学家默顿（R. K. Merton）早在 1940 年的《官僚制结构和人格》一文中，就讨论了官僚制中因组织结构的内部紧张与冲突而导致的官僚人格变异。官僚制是一种接近于完全消除人格化的关系和非理性考虑的结构，这种结构强调精确、效率和顺从等，其内部压力和限制将导致胆怯、保守主义和技术主义。默顿还指出，官僚的人格类型是非人格化规范的核心，官僚遵循抽象规定的绝对化趋势往往会造成官僚与公众或顾客之间的紧张关系，并主张加强对官僚制和人格的相互作用进行经验性研究，以增进对社会结构的了解。③马威克（D. W. Marvick）从公共官僚的个人目标与理性的角度，依照职业风格将其分为体制主义者、专家和混合类型三种类型。④唐斯（A. Downs）在《官僚制内幕》一书中，基于官员动机的不同组合，将官员划分为权力攀登者、保守者、狂热者、倡导者和政治家五种类型，并在此基础上，分析官员的动机、目标和行为对官僚组织决策的影响，探讨官僚组织所承担的社会职能及其所处的环境对其结构、行为和决策的影响⑤。戈尔姆比斯基（R. Gormbisky）在 1965 年出版的《人、管理与道德——迈向一种新的组织伦理》（Men，Management and Morality：Toward a New Organizational Ethic）一书中，从标准的人际关系出发，批判了传统的组织理论强调自上而下的权威、层级控制以及标准的工作程序，认为其无法兼顾个人发展，对个人自由问题的忽视，显示了其对个体工人的道德状况不够敏感。他试图在组织中扩大个人裁量的空间进而提高个人的自由，但登哈特（Den Hardt）夫妇认为，其缺乏解决个人自由与组织效率冲突可能性的讨论⑥。

（2）伦理学对组织中人的研究。怀特（W. H. Whyte）曾在《组织人》中论述

---

① 德怀特·沃尔多. 公共行政学研究//彭和平，竹立家，等，编译. 国外公共行政理论精选. 北京：中共中央党校出版社，1997：181-198.

② 转引自道格拉斯·默里·麦格雷戈. 企业中人的方面//彭和平，竹立家，等，编译. 国外公共行政理论精选. 北京：中共中央党校出版社，1997：207-218.

③ 罗伯特·K. 默顿. 官僚制结构和人格//彭和平，竹立家，等，编译. 国外公共行政理论精选. 北京：中共中央党校出版社，1997：97-104.

④ 转引自杨艳. 行政人格研究现状及述评. 南京社会科学，2007（1）：68-76.

⑤ 转引自马文运. 社会转型中的行政人格. 决策探索，1994（12）：30-31.

⑥ 转引自杨艳. 行政人格研究现状及述评. 南京社会科学，2007（1）：68-76.

了组织中的基本的个人伦理自主性。他认为，当前我们处于一个组织的时代，组织伦理的实质就是鼓励对组织的首要认同感，并旗帜鲜明地反对组织对个人价值观、世界观和行为的控制，主张保持一种组织生活中的个人主义，坚持个人道德的首要性。斯科特（W. Scott）和哈特（D. K. Hart）通过对现代组织中的角色等级分析，详细论述了组织控制方面的问题。他们认为，组织控制已经改变了美国的价值观，并悲观地预测集权主义的美国已然来临。他们把避免这一悲剧的希望寄托于职业人物对现代组织的改造，进而重建个人控制①。这与韦伯的观点不谋而合。拉莫斯（A. G. Ramos）则为解决全面的组织控制问题提供了一套综合方法。拉莫斯将现代行政理论看作市场主导型的社会现实的产物，它将利益最大化作为首要追求，而组织中个人成为一种"操作性的人"，其潜能的实现完全屈从于经济原则。为此，拉莫斯提出一种"解释性的人"的替代模式，通过社会系统的分析和再设计，实现对组织的限定。限制自己对组织的忠诚度，并以一种有意识的、积极的和系统的方式参与组织活动，从而限定组织对自己职业行为的控制。②库珀（T. L. Cooper）在此基础上认为，组织中的公共行政人员必须从美国政治共同体中吸纳和培养价值观，除此之外还应培养自己的身份认同资源，并具体提出了三种途径：职业身份认同、政治身份认同和社区身份认同。③尤因（D. Ewing）指出，个人在进入组织后，言论自由、出版自由、集会自由等宪法权利则被丢在了组织之外，因此，要解决这一组织控制下的"无权"现象，必须对组织中的人进行法律上的保护。库珀将其解决方法称为组织立宪主义。④

（3）社会学对组织中人的行为研究。一些学者从社会心理学的视角以模拟试验的方式对组织人格进行了研究。代表人物有安德森（P. H. Anderson）和罗顿（L. Lawton）、查特曼（J. A. Chatman）与巴塞德（S. G. Barsade）、沃什布什（J. B. Washbush）、亨利（N. Henry）等。安德森和罗顿于 1991 年、1993 年先后展开了一项关于主导人格类型与企业全面模拟联系的研究，以直接检验帕特兹（Patz）关于企业全面模拟练习与通过 MBTI 法所测定的主导性格类型关系的假说。研究结果证明，帕特兹企业模拟练习中被测群体的表现与性格类型并不直接相关，他们

---

① Scott W G, Hart D K. Organizational Values in America. Piscataway: Transaction Publishers, 1989.

② Ramos A G .Misplacement of Concepts and Administrative Theory[J]. Public Administration Review, 1978, (6): 550-557.

③ 特里·L. 库珀. 行政伦理学: 实现行政责任的途径. 4 版. 张秀琴, 译. 北京: 中国人民大学出版社, 2001: 209-211.

④ 转引自特里·L. 库珀. 行政伦理学: 实现行政责任的途径. 4 版. 张秀琴, 译. 北京: 中国人民大学出版社, 2001: 212-213.

更愿把模拟练习看成与 MBTI 测试的相关参数有关，并指出在将来进行的企业模拟练习研究中，关注组织动力学可能会更有成果[①]。沃什布什也通过实验证明 NT（内向思维型）类型性格与企业模拟练习之间没有绝对的关联，证明帕特兹关于主导性格决定组织中行为的假说不成立。[②]查特曼（J. A. Chatman）与巴塞德（S. G. Bassed）以组织中的合作为例，对组织中人的性格、合作行为与组织文化三者之间的关系进行了考察，试图阐释满足个性预知行为的条件，得到的结论是人的先天性格对人的行为起着决定的作用，并于 1995 年在《行政学季刊》上发表了研究成果。[③]此外，尼古拉斯·亨利认为，一个人在家庭兄弟姐妹中的排行，是其在组织中行为的主要决定因素，尽管排行并不是确定一个人叛逆倾向（进行革命性的创造力）的万无一失的方法。这种达尔文主义生物分化原则决定了组织成员的人格。[④]

2. 国内行政人格研究

国内对行政人格的研究始于 20 世纪 90 年代，因而对于国内学界而言，行政人格还是一个比较新的学术概念。此时未有研究行政人格的专著面世，但在一些行政伦理和公共管理伦理学著作中，已展开对行政人格的研究和探讨，并有一些散见于学术期刊的论文开始探讨与行政人格相关的问题。随着研究的深入，一些研究行政人格的专著和大量学术论文陆续面世。研究行政人员行政人格及其相近研究的经典著作主要有《行政学典范》（张金鉴）、《行政学导论》（王沪宁、竺乾威）、《亦主亦奴——中国古代官僚的社会人格》（张分田）和《寻找公共行政的伦理视角》（张康之）、《行政伦理学教程》（张康之、李传军）、《文明行政视野下的行政人格》（陈建斌等）、《行政人格的历史类型研究》（杨艳）等。根据中国知网检索结果，研究行政人格的引用率较高的学术性论文有《论行政人格的历史类型》《行政伦理论纲》《论公共行政精神与公务员行政人格的塑造》《服务行政——公共行政的新方向》《略论行政人格评价机制创新》《服务型行政文化：服务型政府的灵魂》《论行政人格转型的特征及其影响因素》《责任政府视阈下的行政文化建设》等。可以看出，国内学者对行政人格的研究多集中于公共行政学的研究视角，与

---

①　转引自 Philip H A，Leigh L. Dominant personality types and total enterprise simulation performance：A follow-up study. Developments in Business Simulation and Experiential Exercises，1993（20）：1-3.

②　Washbush J B. Personality characteristics and group performance in total enterprise simulation. Developments in Business Simulation & Experiential Exercises，1992（19）：136-140.

③　转引自特里·L. 库珀. 行政伦理学：实现行政责任的途径. 4 版. 张秀琴，译. 北京：中国人民大学出版社，2001：213-215.

④　尼古拉斯·亨利. 公共行政学. 7 版. 项龙，译. 北京：华夏出版社，2002：117.

对政府建设关系格外密切。就行政人格本身研究而言，国内学者从不同的角度出发，除了对行政人格的概念进行讨论之外，还对行政人格的结构和功能、类型和评价、现状与成因、理想行政人格的构建等，做了大量的探讨和研究，为行政人格的进一步研究提供了理论支撑和有益参考。

（1）行政人格的结构和功能研究。对于行政人格的结构，目前在学术界有着不同的见解。张康之等认为，"行政人格是由行政理性、行政情感、行政意志、行政信念和行政习惯五种要素相互依随、相互作用的有机结合体"，认为行政人格对于社会有一种示范和教育作用，而对于行政人员自身则有一种人生的导向和激励作用。①许志江综合心理学、社会学以及人类文化学等学科的观点，将行政人格分为五个层面的内容：行政行为、行政角色认知、行政气质、需要动机、行政价值取向。②陈建斌认为行政人格是由相互作用、相互影响、具有特定功能的要素所构成的一个动态系统，它既有相应的层次又有复杂的结构。行政人格的结构包括行政资格、"大三"因素（行政人的自我意识要素、行政人的知识能力要素、行政人的品行要素）以及行政自由构成。③李善岳研究了行政人员的气质和态度问题，提出行政态度是指导行政人员行政活动的定向器④，行政气质是提高行政人员行政效率的基础条件⑤。李建华等认为行政人格具有对内和对外两大功能，其中对内功能包括价值定向、动机整合和行为调控；对外功能主要体现为榜样激励、体系维护、社会辐射等。⑥

（2）行政人格的类型研究。台湾学者张金鉴早期借鉴国外学者阿吉里斯教授的研究成果，从管理与激励的角度，将行政人员的人格分为"幼稚型"与"成熟型"两种人格类别。王沪宁等将行政人格分为"顺从型""独立型"两种类型。⑦张分田则从历史社会学的角度出发，认为官僚的政治人格又是主奴综合意识的典型代表。⑧齐明山指出国家公务员存在双重人格，即组织人格与个人人格。组织人格是模式化的、非个性化的、非感情化的人格，个人人格则是多姿多彩的、个性化的、感情化的人格，二者之间是对立统一的关系，而这一关系中最影响政府形

---

① 张康之，李传军. 行政伦理学教程. 北京：中国人民大学出版社，2004：199.
② 许志江. 行政人格的涵义及结构试析. 理论观察，2006（1）：61-62.
③ 陈建斌. 论行政人格的结构. 兰州学刊，2007（2）：89-91.
④ 李善岳. 行政态度——指导行政活动的定向器. 江西行政学院学报，1999（1）：2-8.
⑤ 李善岳. 行政气质——提高行政效率的基础条件. 江西行政学院学报，1999（2）：14-18.
⑥ 李建华，夏方明. 论行政人格的功能及其域限. 湖南文理学院学报（社会科学版），2005（3）：18-22.
⑦ 王沪宁，竺乾威. 行政学导论. 上海：三联书店上海分店，1988：25.
⑧ 张分田. 亦主亦奴——中国古代官僚的社会人格. 杭州：浙江人民出版社，2000：203-210.

象和有损于政府合法性的是二者出现矛盾，因而必须正确面对现实中这两种人格分离的现象，重视对国家公务员的人格建设，正确处理组织人格与个人人格之间的关系。①张康之从历史唯物主义的角度，将行政人格的历史类型划分为依附人格、工具人格、独立人格，并将独立人格视为当前中国行政人格的理想形态；李建华等对行政人格的概念理解与张康之基本一致，将其视为个体人格与群体人格的统一，但在对行政人格的基本类型分析上，分别从人格自我同一性的变化规律、人格把握比如获得自由的发展程度、人格主体对社会角色要求的遵从程度 3 个方面，进行了解析。曹芳等将国家行政人员的人格称为公仆人格。②此外，陈建斌等对中华人民共和国成立 60 年以来先后经历的社会主义改造、全面建设社会主义、改革开放初期及当前全面建设小康社会四个不同社会时期的行政人格分别描述为革命创业型行政人格、"乌托邦型"行政人格、发展型行政人格和创新型行政人格。③

（3）关于行政人格的评价研究。中国学术界明确以行政人格为研究对象的学者中，高云认为，"行政人格的不如人意，正腐蚀着政府在群众中的信誉，解决这一问题的关键在于对行政人格评价机制实现创新，创新的要件是形成多向性的、公众可参与性的、全面的评价机制"④。朱志勇认为，"人格价值是人格特性与有效实践活动对主体要求之间的肯定或否定的关系。它有三种基本类型：功利价值、道德价值和审美价值。人格价值是被创造出来的，人格价值的创造包括有价值的人格和实现人格价值两个方面。对人格能否满足或在多大程度上满足有效实践活动对主体自身的要求做出评价，就是人格的价值评价。人格价值评价的理论旨归是建构符合时代要求的理想人格"⑤。何成辉⑥、曾宇平⑦、王韬等⑧的研究，将模糊综合考评与层次分析法等基本原理与模型应用于公务员的综合考评中。沈林洁着重探讨了评价机制的价值取向问题，提出公共行政人员评价机制的设计理念应树立人本、民主等价值取向。⑨陈建斌以模糊综合评判模型为基本依据，采用定性分析与定量分析相结合的研究方法，初步构建了行政人格评价指标体系，其中一

---

① 齐明山. 浅谈国家公务员的组织人格与个人人格. 新视野，2001（1）：44-46.

② 转引自曹芳，陈建斌. 行政文化视野中的行政人格塑造. 行政与法，2005（10）：25-27.

③ 陈建斌，姬鹏超. 建国 60 年中国行政人格演变述评. 求索，2012（2）：47-48+137.

④ 高云. 略论行政人格评价机制的创新. 云南民族大学学报（哲学社会科学版），2003（6）：22-25.

⑤ 朱志勇. 人格价值及其评价问题研究. 南昌大学学报（人文社会科学版），2004（5）：5-9.

⑥ 何成辉. 用数学方法对公务员进行综合考评的基本研究. 黑龙江工程学院学报，2002（2）：7-9.

⑦ 曾宇平. 模糊综合评判在公务员综合素质考核中的运用. 统计与预测，2000（S1）：24-25.

⑧ 王韬，吴建南. 国家公务员考核量化测评方法研究. 陕西省行政学院陕西省经济管理干部学院学报，2004（2）：27-30.

⑨ 沈林洁. 公共行政人员评价机制的价值选择. 中共浙江省委党校学报，2005（3）：119-123.

级指标有 6 项：气质、性格、能力、行政意识、行政价值观、行政品质。①

（4）行政人员的一般人格特质研究。有学者运用心理测量学的理论与方法，对行政人员的人格特质与类型进行了测评研究。张丽锦使用修订的艾森克人格问卷（EPQ）和爱德华个人偏好问卷（EPPS），对不同职级的行政管理人员的人格特质进行了比较研究。②翟洪昌以河北省委党校培训班的 98 名学员为被试，运用卡特尔 16 种人格因素（16PF）量表和因素分析法对行政人格进行测评和分析，最终得出管理人员个性特质的 5 个主要因子：控制力、情绪感染力、成熟性、处事风格和理智风格。③赵国祥通过实验表明，我国处级党政领导干部的个性特质由 6 个因素构成，即责任心、社交性、情绪稳定性、创新性、决断性及自律性。④敖小兰采用分层抽样法，从中国的东部、西部和中部的领导干部中抽取被试共 745 名，通过 MBTI 人格类型量表（中文修订版）测试得出我国领导干部人格类型的总体分布情况，以及不同性别、年龄、职务级别、单位性质、工作属地、学历的领导干部在 16 种人格类型上的分类。⑤霍团英采用卡特尔 16PF 量表对中青年干部进行了人格测量研究，结果表明，在人格特征中，得分较高的为情绪稳定、独立积极、沉着自信、自律严谨及敢做敢为等，还有待提高的是创造性和有恒性。同时发现了性别差异与人格特征存在相关性，男性更内向独立、自信现实、情绪稳定，女性更外向、乐群、敏感。⑥孟凡菊亦采用了卡特尔 16PF 量表对山东省的党政领导干部人格进行抽样调查，探讨了党政领导干部总体人格及组间差异。⑦周梅娟则运用西方的大五人格量表和自编的工作压力量表，对行政人员的人格特质与工作压力的现状与相关性进行了研究。⑧

3. 国内外行政人格研究评析

从研究的内容来看，国外对行政人格的研究主要是对组织中人的问题研究，主要包括公共行政学、伦理学和社会心理学三种研究途径。西方公共行政学中对行政人格的研究，长期潜伏于或散见于主流行政学的发展潮流之中。从内容上看，

---

① 陈建斌. 文明行政视野下的行政人格. 湘潭：湘潭大学出版社，2013：65.
② 张丽锦. 不同职级行政管理人员人格特质的比较研究. 宁夏大学学报（人文社会科学版），2000（2）：105-108.
③ 翟洪昌. 管理人员个性特征及影响心理健康的主要因素研究. 中国健康心理学杂志，2002（3）：171-172.
④ 赵国祥. 185 名处级领导干部的个性特质的研究. 心理科学，2002（2）：231-232.
⑤ 敖小兰. 中国领导干部人格类型研究. 心理科学，2004（3）：731-734.
⑥ 霍团英. 中青年处级干部心理健康及人格特征调查分析. 中国健康心理学杂志，2004（4）：303-306.
⑦ 孟凡菊. 卡特尔十六种人格因素量表在党政领导干部人格评价中的应用研究. 山东师范大学硕士学位论文，2008.
⑧ 周梅娟. 行政人员人格特质与工作压力的实证研究. 湘潭大学硕士学位论文，2008.

主要表现为对公共部门组织成员的行为研究，包括行为的内外生成机制、过程和类型等。怀特、斯科特和哈特、拉莫斯、库珀、尤因等学者则更加明确地从伦理的角度对其解决之道进行了充分探讨，强调了组织中人的伦理自主性实现的问题。西方社会心理学对组织人格的研究，多采用模拟试验的方式进行，代表人物有安德森、罗顿、查特曼和巴塞德、沃什布什和亨利等。西方对组织中人的多途径研究，虽未形成较为完善的理论体系，但是仍然为国内的行政人格研究提供了丰富的理论参考。

国内的学者对行政人格的研究，则呈现出行政学、伦理学与哲学相结合的复合型视角研究的特点，部分学者的研究主要基于心理学的视角。由于"行政人格"概念为新创的学术概念，又具有较强的复杂性和抽象性，其研究难度较大，学者在展开行政人格的研究时，往往从自身的学科视角出发，从对行政人格的概念界定入手，并初步形成从"行政人格的含义、特征、类型、功能、塑造途径及意义等方面的体系化研究"①。总体而言，行政人格的理论研究还比较散乱，缺少统一性，仅就"行政人格"这一概念而言，其基本内涵和结构的表述亦众说纷纭。这是因为不同学科背景的学者往往从自身的学科背景出发，选择某一种途径进行研究，缺少对国外三种研究途径的整合式研究。此外，因为"人格"在国内话语环境下被赋予丰富的道德意蕴，加之"道德"又是抽象的概念，国内学者多从伦理学与哲学等视角对行政人格进行规范性研究，强调应该是什么的问题，而对现实是什么以及为什么的问题重视不够。

二、理论基础

（一）历史之维：历史唯物主义

历史唯物主义由马克思和恩格斯共同创立，又被称为"唯物主义历史理论"或"唯物主义历史观"，是马克思主义哲学的重要组成部分。历史唯物主义是辩证唯物主义在社会历史领域的发展，其基本思想最初出现于马克思和恩格斯的《德意志意识形态》一书当中，后经马克思《〈政治经济学批判〉序言》《资本论》等著作进一步阐述和丰富而成。总体而言，历史唯物主义是人类社会发展一般规律的科学，是科学的社会历史观和认识、改造社会的一般方法论。

历史唯物主义的基本内容是"社会存在决定社会意识，物质生活资料的生产活动是人类社会赖以生存的前提，生产力和生产关系、经济基础和上层建筑构成

---

① 杨艳. 行政人格研究现状及述评. 南京社会科学, 2007（1）：68-76.

统一的社会有机系统，社会基本矛盾是社会发展的内在动力，人民群众是历史的创造者，社会的发展是一个自然历史过程等"①。历史唯物主义认为，历史发展有其特定规律，即生产力决定生产关系，生产关系对生产力有反作用，生产关系一定要适应生产力的发展。根据历史唯物主义理论的基本观点，社会生产力决定着人类社会的进程，是推动社会进度的根本动力和尺度；生产关系要适应生产力的发展；经济基础决定上层建筑，上层建筑对经济基础具有反作用。马克思认为现在的社会不是坚实的结晶体，而是一个能够变化并且经常处于变化过程中的有机体。换言之，并没有永恒的社会制度和形态——伴随人类社会从低级到高级的发展过程，社会制度以及社会形态总是要发生改变的。历史唯物主义为从现实的具体社会规定出发去洞察和把握社会发展的本质及趋势提供了方法与指南。

历史唯物主义的基本原理为辩证地理解社会存在与社会意识、经济基础与上层建筑、人民群众与社会历史等一系列复杂关系提供了方法论，为行政人格研究提供了贯穿历史的宏观理论视角，对于辩证地理解和评析不同历史条件下的行政人格理想与现实具有重要意义。

（二）组织之维：社会角色理论

角色概念最早被用于演员在特定舞台上所扮演的某一特定人物的专门用语。美国社会心理学家米德（G. H. Mead）最早将"角色"一词用于社会心理学领域，戈夫曼（E. Goffman）的后续研究进一步推动了社会心理学领域中社会角色的相关研究。所谓社会角色，在社会学家看来，是指与人的某种社会地位及其与之相一致的权责规范及其行为模式。根据不同的分类标准，社会心理学中的社会角色可分为先赋角色（归属角色）和自致角色、规定性角色和开放性角色、功利性角色和表现性角色等。本书中的行政人员既是一种自致角色，需要通过个人活动和选择加以获得如接受长期的学历教育、参与行政人员选拔考试等，也是一种规定性角色，具有严格和明确的角色规范，还是一种表现性角色，其职业行为具有表现社会秩序、社会行为规范以及特定价值观念、思想道德等属性。

20世纪20—60年代，受到社会学的符号互动论、心理学的角色扮演理论、人类学中的结构功能论等多学科理论的影响，一种试图从人的社会属性出发去解释社会心理和行为的变化的社会角色理论研究取向逐渐形成。社会角色理论旨在通过对角色的分析来阐释社会关系对人的行为的重要影响，是社会心理学中的重要

---

① 李淮春. 马克思主义哲学全书. 北京：中国人民大学出版社，1996：369.

理论。社会角色存在两种主要理论观点：一是结构角色论，以林顿为代表；二是过程角色论，代表人物是特纳。结构角色论将社会组织视为各自不同地位的期望所组成的网络，网络中的行动者行为不仅受网络中的结构地位所制约，更受到与地位相关的各类期望的影响。这些期望包括剧本期望、其他演员期望、观众期望，依次代表来自社会规范的角色期望、情境中的其他互动主体的期望、行动者视为重要的"一般化"他人组成的参照群体的期望。这些不同期望影响着行动者对自我角色的形象定位和行为扮演。社会角色理论中的过程角色论则是从社会互动出发，通过角色建构（也称"角色领会"）、角色扮演、角色冲突、角色紧张等一系列角色行为把握角色扮演的过程。

在公共行政部门中从事公共事务管理的行政人员，具有特定的社会规范和高于一般职业的角色期望，因此也就面临较大的角色扮演压力。面对同等的角色压力，部分行政人员能够成为先进人物、优秀模范，有的则成为懒政、乱政的制造者，亦有部分行政人员在长期过程中从先进走向腐败、堕落。社会角色理论关于角色行为的阐释有助于本书基于角色对行政人格的生成与发展过程进行分析。

（三）个体之维：个体人格理论

直至 20 世纪 30 年代，现代心理学历史走过近半个世纪之际，现代心理学才开始关注个体人格的心理学研究。在弗洛伊德和阿尔伯特等美国著名心理学家的开创性研究和广泛影响下，人格研究逐渐成长为一门相对独立的学科分支，正式开创了现代心理学中的人格研究领域。一如当下对人格概念的多样性理解，心理学中的人格概念从开始便存在多种界定，阿尔伯特在其著名的《人格类型与成长》中更是列出了关于人格的 50 个定义，并将人格界定为"在个体那些决定其典型行为和想法的心理——生理系统的动态组织"[①]。伯格的人格定义则强调了人格是"源于个体的某种持久的行为模式和内心过程"[②]。舒尔茨等将人格视为"个体性格中独特的，相对持久的内部和外部方面，它们会在不同情境下影响个体的行为。"[③] 这些定义都强调了人格的持久性。对人格概念的界定上存在诸多差异，并未影响人格理论的发展，反而在一定程度促成了人格理论研究的多样性。正如克洛宁格（R. Cloninger）所总结的那样，在众多的人格理论研究中，其主要研究问题领域主

① 转引自方新，高隽. 心理学中的人格概念：一场艰难的拼图游戏//王世洲. 人格. 北京：北京大学出版社，2004：142.

② 伯格. 人格心理学. 6 版. 陈会昌，等，译. 北京：中国轻工业出版社，2004：3.

③ Schultz D P，Schultz S E. Theory of Personality. 8th Edition. 原文影印版. 北京：北京大学出版社，2007：255.

要集中为 3 个议题：一是对人格的描述特别是人格的个体差异的鉴别和测量；二是人格的动态性，即个体的人格如何受到不同因素的影响，又是如何影响个体的生活；三是人格的发展问题。①围绕人格研究问题的阐释，心理学的人格研究形成了六大主要理论研究流派或取向：精神分析取向、行为取向、人本取向、认知取向、社会学习取向、特质取向。以下着重对人本主义的人格理论和社会学习理论进行阐释。

1. 人本主义的人格理论及其新进展：积极人格

20 世纪中期，出于对精神分析取向与行为取向两大势力的质疑和反思，人格理论家中的第三势力应运而生。源自欧洲存在主义哲学和卡尔、罗杰斯、马斯洛等美国心理学家的研究，人本主义心理学流派得以创立并于 20 世纪 60 年代进入鼎盛时期。人本主义心理学的人格理论将人格研究从传统心理学和行为主义心理学对不健康人格的关注逐渐引入对健康人格的研究，"关注人格的积极方面"②。

1958 年，著名心理学家贾霍达（M. Jahoda）首次提出了"积极心理健康"这一概念，也是"积极"这一概念最早在心理学中被系统地提出。之后，在很长一段时间内，心理学界对"积极"这一概念的表达并不十分明确。塞利格曼（M. E. P. Seligman）于 1997 年担任美国心理学协会主席一职后，在西方心理学界掀起了一场"研究人类力量和美德等积极方面的心理学热潮"③——"积极"运动，开创了"积极心理学"（positive psychology）。与此同时，世界著名心理学杂志《美国心理学家》（*American Psychologist*）、《人本主义心理学杂志》（*Journal of Humanistic Psychology*）等分别于 2000 年和 2001 年创办了积极心理学专辑，"积极"这一概念逐渐在心理学界得到明确的界定。"心理学明确提出积极的概念，目的是想把积极的观念变成为社会的规范力量。"④积极心理学是一门旨在揭示人类优势和促进积极机能的应用科学，是一门倡导积极取向的心理学派，着重研究人的积极心理品质、关注和促进人类的健康幸福与和谐发展。积极心理学的研究内容主要包括积极主观体验、积极人格特质、积极社会环境，兼顾了个体与社会两个层面。

在积极心理学中，人的内在积极力量与外部环境如群体、社会文化等因素是

---

① 转引自方新，高隽. 心理学中的人格概念：一场艰难的拼图游戏//王世洲. 人格. 北京：北京大学出版社，2004：142.

② 伯格. 人格心理学. 6 版. 陈会昌，等，译. 北京：中国轻工业出版社，2004：194.

③ Sheldon K M，King L K. Why positive psychology is necessary. American Psychologist，2001，56（3）：216-217.

④ 罗艳红，蔡太生，张斌. 积极人格的研究进展. 医学与哲学（A），2001（1）：39-40.

相互影响和作用的，而非孤立的。培育积极人格，充分发挥人的个体潜能的同时，也要注重积极社会环境的营造。积极人格理论是积极心理学视野中的人格理论，强调人的积极方面，尊重和相信人的能动性，主张培养人的积极人格特质。积极人格特质的研究，以人格优势（character strengths，或译作"性格优势"）研究为核心，重点在于识别和测量个体的人格优势，以及建立在人格优势基础之上的美德体系。彼德逊和塞利格曼曾研究总结了 24 种人格优势。这 24 种人格优势其对应的中文内涵如下所示。[①]

仁慈：愿意向他人施以恩惠和为他人做好事；帮助他人；照顾他人。

公民意义（公民权）：作为团队的一分子，表现良好；对团队衷心。

公正：依据公平公正的观念，对所有人一视同仁。

爱：重视与别人的亲密关系，特别是那些互相分享与关怀的关系。

宽恕和宽容：宽恕做错事的人；接受他人的缺点。

感恩：留意身边发生的好事并为此感谢。

正直：说实话和真实地展现自己。

领导力：鼓励所在群体完成工作。

幽默：喜欢大笑和逗笑别人；给别人带来欢笑。

好奇心：对不断出现的事物感兴趣。

有活力：兴奋、充满干劲地面对生命；做事不会半途而废或失去干劲。

创造力：能想出新颖的和多产的做事方法。

洞察力：能够为他人提供明智的忠告。

希望：对未来抱有最好的期望并努力达成愿望。

社会智商：明白他人和自己的动机和感受。

欣赏美丽和卓越：留意和欣赏生命中的所有美丽、优秀和富于技巧之处。

勇敢：不因威胁、挑战、困难或痛楚而退缩。

精神信仰：对崇高的人生目的和宇宙意义持有一致的信念。

头脑开明：从多角度思考和考证事物。

审慎：对自己的选择谨慎小心；不会过分冒险。

坚持：完成自己的工作，即使工作过程中面对困难，也会坚持下去。

谦恭/谦虚：不张扬自己的成就。

---

① 转引自斯奈德，洛佩斯. 积极心理学：探索人类优势的科学与实践. 王彦，席居哲，王艳梅，等，译. 北京：人民邮电出版社，2015：55.

自我控制：规范自己的感觉和行为；自律。

爱学习：掌握新的技能、主题和知识内容。

积极心理学关于积极人格的特征和特质展开了大量研究，但并未对"积极人格"这一概念进行明确界定。从"人格""积极""积极人格"研究的内容来看，积极人格，可被视为能够促进自身发展的积极心理品质的总和，是个体积极的、稳定的内在规定性。积极心理学视野下的人格又称为积极人格，其研究致力于研究人的良好人格特质以及影响人格形成的积极因素（特别是个体积极的现实能力和潜在能力）在良好人格特质形成或发展中的作用。

2. 社会学习理论

社会学习理论主要是阐明人如何在社会环境中进行学习，进而形成和发展其人格特征的学习理论，因而又称为人格社会学习理论或道德行为的社会学习理论。

传统行为主义理论对动物实验的依赖，难以解释复杂的人的社会行为。为了了解人的社会行为，一些社会学习理论者如多拉德（J. Dorad）等开始将人的复杂行为简化，进而展开实验研究。20 世纪 50 年代前后，多拉德、米勒（N. Miller）、罗特尔（J. Roeter）相继出版《挫折与攻击》（Frustration and Aggression）、《社会学习与模仿》（Social Learning and Imitation）、《社会学习与心理治疗》（Social Learning and Clinical Psychology）等一系列著作，在行为主义的学习理论基础上构建了早期的社会学习理论。早期社会学习理论主张，学习通常与社会情境相关，学习所获得行为是在社会条件下形成的；人格是由大量习惯所构成的，是个人对情境反应的习惯方式。内驱力、线索、反应、强化（奖赏）四因素循环往复而组成人格的结构。

20 世纪 60 年代，班杜拉在早期社会学习理论的批判性继承和长期研究基础上，提出了从认知和行为联合作用的观点上去看待社会学习的新构建，开创了现代社会学习理论，又称为社会认知理论。班杜拉建构的社会学习理论主要包括交互决定论、观察学习、自我效能 3 个部分。

第一，交互决定论。主张"用行为、人的因素和环境因素相互联结着的不断交互作用来解释心理机能"[1]，也就是"环境影响、人的内部因素、行为三者彼此

---

① 阿尔伯特·班杜拉. 社会学习理论. 陈欣银，李伯黍，译. 北京：中国人民大学出版社，2020：译者前言 13.

相互联结、相互决定"①。这 3 个彼此相互作用的因素的相对影响力在不同条件下对不同的人是不同的，这就解释了为什么同样的环境条件下不同的人会有不同的行为，以及同一行为主体在不同的环境下可能产生差异化的行为选择。环境（奖励和惩罚之类的外因和观念）、人的内部因素（信念、思维、期望之类）和行为三因素互为因果的交互决定论观点，将人的行为与人的认知因素区别开来，重塑了认知因素的地位。

第二，观察学习，亦称"替代学习"。"观察学习"概念的提出，是班杜拉社会认知理论对理解人类行为和人格的最重要贡献。班杜拉社会学习理论在承认直接经验的学习作用之外，认为学习可以通过观察进行，并且更强调观察学习的重要性。观察学习理论认为，个体可以不必靠直接经验，而通过观察和听取其他社会个体的行为加以内化，以使自我的行为习惯发生改变；观察学习是人类学习的主要方式，包括注意过程、保持过程、运动再现过程、动机作用过程四个下位过程；道德行为通过学习获得及改变。在此意义上，外部条件的刺激如父母、同学、朋友、老师等重要他者在一定情境中的行为及处世态度，对于个体行为习惯乃至人格发展及改变具有重要的示范和榜样影响。"人可以通过观察别人来学习，但是否会表现出从观察学习中获得的行为，取决于对奖励或惩罚的预期。"②

第三，自我效能。"自我的影响部分决定着一个人的行为过程。"③自我效能是指个体对自我在特定情境中，有能力完成某个行为的期望，包括结果期望和效能期望。其中，结果期望是指"人们认为他们的行为在多大程度上会导致某种结果"，效能期望是指"他们能在多大程度上带来某种结果"。④效能期望也可理解为个体对自己在特定情境下实施某种行为的能力的主观判断，而对这种能力判断、信念或主体的自我把握与感受，则称为"自我效能感"。班杜拉认为，效能期望比结果期望能更好地预测行为，换句话而言，个体在多大程度上相信自己有能力达成某些目标，将对自己是否为之努力和坚持产生重要影响。

①　Bandura A. The self system in reciprocal determinism. American Psychologist, 1978, 33（4）: 344-358.

②　伯格. 人格心理学. 6 版. 陈会昌，等，译. 北京: 中国轻工业出版社，2004: 237.

③　Bandura A. Social foundations of thought and action: A social cognitive theory. Journal of Applied Psychology, 1986, 12（1）: 169.

④　伯格. 人格心理学. 6 版. 陈会昌，等，译. 北京: 中国轻工业出版社，2004: 231.

第二章 中国社会演进中的行政人格理想与现实

第一节 古代中国行政人格理想与现实

一、古代中国行政人格理想：君子人格

《尚书·康诰》曾记"惟乃丕显考文王，克明德慎罚"。可见，早在西周初期，统治者便以殷商衰亡为鉴，提出了"以德配天，明德慎罚"的治国思想，要求统治者加强自我德行修养和约束，以德治民而慎用刑罚。先秦时期，社会政治生活的巨大变革，对民众的政治生活和日常生活均产生了极大冲击，原有的既定秩序被打乱。为了重建社会秩序，先秦的先贤们开始寄希望于建设"大同"世界，渴望清明的政治。对清明政治的理想追求引起百家争鸣，经过百家争鸣及此后思想家的阐发、国家君主的政治实践的偏好，最终形成了以"德治"为核心的行政伦理信念体系。以"德治"为核心的行政伦理信念体系是儒家的基本政治理念。这一行政伦理信念体系形成的前提是对人性本善的认知，即"性善论"。《孟子·告子上》载"水信无分于东西，无分于上下乎？人性之善也，犹水之就下也。人无有不善，水无有不下"，提出"恻隐之心，人皆有之；羞恶之心，人皆有之；恭敬之心，人皆有之；是非之心，人皆有之。恻隐之心，仁也；羞恶之心，义也；恭敬之心，礼也；是非之心，智也"。换言之，人皆有不忍之心，善之端也。以此为起点，主张施行仁政。尽管先秦以后的思想家（如董仲舒、王充、韩愈等）均提出人性的两面性和可变性，但因为人性的可变性，所以更需要以道德去进行感化和教育，以德育人，以德治国。"为政以德，譬如北辰，居其所而众星共之。""政者，正也。子帅以正，孰敢不正？"（《论语·为政》）当为政之者，自身能够修身正己，下面的人自然会向其看齐学习。而"其身不正，虽令不从"（《论语·子路》）。

又如《荀子·君道》所言："君者，民之原也；源清则流清，源浊则流浊。"换言之，"一正君而国定矣"（《孟子·尽心上》）。为君者，必须以德治国。在这种德治行政伦理信念下，也形成了一套与之相适应的官吏的理想人格追求。与"德治"相匹配，必然要求其所选拔官吏本身同样能够具有良好的德行，施行地方教化。"格物而后知至，知至而后意诚，意诚而后心正，心正而后身修，身修而后家齐，家齐而后国治，国治而后天下平。自天子以至于庶人，壹是皆以修身为本""君子先慎乎德……德者本也，财者末也"（《大学》）。概要而言，中国古代行政人格理想要求在于能够修身，即具备良好的德性修养的"君子"人格。对于君子而言，要"素其位而行，不愿乎其。素富贵，行乎富贵；素贫贱，行乎贫贱；素夷狄，行乎夷狄；素患难，行乎患难。君子无入而不自得焉。在上位，不陵下，在下位，不援上，正己而不求于人，则无怨。上不怨天，下不尤人。故君子居易以俟命，小人行险以徼幸"（《中庸》）。拥有"君子"人格的古代行政人格，应能安于现状依其所处地位做其应做之事，不生非分之想。无论是富贵、贫贱、身处边远地区抑或是遭遇患难，都能安然自得。当处于上位时，能不欺侮下位之人；身处下位之时，能不刻意攀援上位之人。端正自己而不苛求别人，因而无怨尤。通过"修身""正己"，具备良好的德性，是古代官吏理想人格（君子人格）的内核所在。此外，作为协助君主统治地方的古代官吏，必须参与和处理俗世政务如军事、政治、经济、教育等。因而，在"修身""正己"的基础上，理想的古代官吏还要能够进行道德实践，治理地方"以安人"，明德于天下。换言之，中国古代官吏理想的人格——君子人格的实质在于"内圣外王"。对内，通过"正心""诚意""致知""格物"进行内心的修行，成为智者、仁者和勇者，"不惑""不忧""不惧"；对外，则修经世之才，兼济天下。君子人格是中国古代社会的行政人格理想追求，这一追求不仅体现在先贤的经典论述当中，也能见诸于中国古代社会的官吏选拔制度对贤德、贤能之士的看重。"为政列德而尚贤，虽在农与工肆之人，有能则举之。"（《墨子·尚贤上》）汉朝时期进一步完善的察举制中可见一二。汉文帝在即位第二年即下《罪己诏》"天下治乱，在予一人，举贤良方正，能直言极谏者，以匡朕之不逮"。至汉武帝时期采取董仲舒"独尊儒术，罢黜百家"政治主张，察举制进一步完善，设立孝廉、茂才、贤良方正、文学等诸多科目，且以孝廉、茂才、贤良方正、文学四科为先。这些科目的共同特点在于强调"德才兼备，以德为先"，学问上则以"儒学"为主，儒学本身便具有浓烈的入世思想。因而从中国古代社会统治者的政治实践来看，融合"内圣""外王"的君子人格同样为统治阶级所推崇。

二、古代中国行政人格的现实：依附人格

"人们自觉地或不自觉地，归根结底总是从他们阶级地位所依据的实际关系中——从他们进行生产和交换的经济关系中，获得自己的伦理观念。"[①]换言之，经济关系决定上层建筑。这意味着，真正主导并发生实际作用的上层建筑本身受制于其所处时代的经济关系基础，而不由人的主观构想所决定。因而，即使中国古代社会在文化和政治层面上大力倡导和推行儒家文化及其行政伦理思想，推崇"内圣外王"的君子人格，在其真实的行政实践活动，官吏所遵循的也是另一套自然经济基础上的行政伦理，并在这种真实的行政伦理体系中形塑自身的行政人格。与外在灌输和倡导的崇高的君子人格相悖的是，中国古代官吏群体及个人往往形成主奴二重性的行政人格。张分田就曾将中国古代行政人格总结为"亦主亦奴"，并进行了专门论述。主奴二重性是中国古代行政人格现实的生动写照。

中国古代社会是一个阶级社会，"以血缘为纽带的个体家庭内部的等级系统""以家国同构为契机的国家政治生活的等级系统""社会生活中的等级系统"3个层面的等级系统互相强化，进而形成一个严密的等级社会。[②]其中，战国以后，君（帝王/君主）—臣（官僚）—民（庶民）三大社会政治等级构成国家政治生活等级系统。身处等级系统君以下、民以上的臣，凭借其在结构中的位置掌握相关的权力和资源开展行政实践，同时不可避免地受到该等级结构的制约。"对下为君，对上为臣"[③]，亦主亦奴。一方面，相比于庶民而言，由国家选拔、任命的官吏，具有较高的权力地位和政治权威，成为庶民眼中的大人和父母官。其"大人"之"大"在官位之大、在权威之大却未必在人格之"大"；父母官虽在角色上被赋予"爱民如子"的高期待，而现实是多数的官员仅仅顶着父母官的帽子，凭借大家长权威凌驾于庶民之上。"上不陵下"是君子人格内容的一个侧面，但是在等级分明的官僚体当中往往难以实现，正所谓"官大一级压死人"。这种官上民下、官重民轻的权力结构与中国古代传统文化中民为邦本的思想相悖，更接近于中国古代社会运行的真实情境。另一方面，相比于最高统治者，所有官吏皆为臣。臣之谓，始见于商代甲骨文，其象形文字字形多像人在低头时的竖立眼睛，本义即含俯首屈从之义，如同奴仆，是以常有"俯首称臣"之说。《礼记·礼运》载"仕于公为臣，仕于家为仆"，可见臣的本质与仆无异，仅仅是工作的事务领域不同。由此可见，

---

① 马克思，恩格斯. 马克思恩格斯选集（第3卷）.3版. 中共中央马克思恩格斯列宁斯大林著作编译局，编译. 北京：人民出版社，2012：470.

② 杨艳. 论行政人格的历史类型. 中国人民大学博士学位论文，2006.

③ 张分田. 亦主亦奴——中国古代官僚的社会人格. 杭州：浙江人民出版社，2000：40.

臣者，奴也。天下之臣，莫非王臣，即王之奴也。也就是说，君为上，臣为下，臣是王之奴仆，听命于君。君臣之间，形成绝对的权力支配关系，皇权至高无上。

随着中央集权体制的建立和发展、皇权的不断强化，"君使臣有礼，臣事君以忠"（《论语·八佾》）的孔孟君臣之义逐渐在后世演变为单向度的君臣之道，"君要臣死，臣不得不死"。在这种绝对的权力支配关系下所建构的官僚制本身又进一步强化了这种不平等的关系。官吏由统治阶级选拔并加以任用、擢升或罢黜，其政治生涯的寿命长短及官职的升降尽管与德行修养、智慧和能动性相关，但更依赖于上级包括统治者和上级行政长官对其才与德的赏识。换句话，上级行政长官和统治者的赏识远比其客观的才能水平更为重要。正因如此，中国古代社会多数官吏缺少自身的独立人格，在行政实践当中面对上位者谄媚附上。

张分田所总结的中国古代官僚人格"亦主亦奴"，对中国古代官僚人格的真实状态进行了深刻洞察，对于理解官僚群体的矛盾性具有重要的价值意义。张分田在论述亦主亦奴人格特征过程中常常提及，这种主奴二重性人格特征的根源在于人身关系上"依附"。究其本质，中国古代官吏的人格实质在于"依附"，张康之和杨艳在比较不同历史阶段行政人格基础上，将这一时期的行政人格进一步总结为"依附人格"[①]，直达本质。

第二节　近代中国行政人格理想与现实

中国近代社会始于 1840 年鸦片战争，本书以 1840—1949 年中国处于半殖民地半封建社会的历史时期，作为考察近代中国行政人格的历史范围。

一、近代中国行政人格理想：民权导向下的工具人格

（一）民权意识的觉醒与晚清选官制度的变革

19 世纪前期，英国率先完成工业革命，成为资本主义头号强国。以英国为首的西方列强为扩大海外殖民地以抢占原料产地和商品市场，不惜以战争暴力为主要手段强行打开中国的贸易大门。自 1840 年 6 月第一次鸦片战争爆发开始，处于封建社会衰落期的中国被迫卷入近代化的进程。1840—1842 年的第一次鸦片战争、1856—1860 年的第二次鸦片战争、1883—1885 年的中法战争、1894—1895 年的中日甲午战争、1888—1890 年及 1903—1904 年英国两次侵藏战争、1900—1901

---

① 张康之，杨艳. 论行政人格的历史类型. 江海学刊，2004（6）：87-93+223.

年的八国联军侵华战争……列强侵华战争频发，打开了中国的大门，古老的中国被迫进入以半殖民地半封建为社会形态的近代史阶段。国家主权陷入危机，国家内部社会矛盾爆发，使得学习西方先进技术及制度文化成为近代中国救亡图存的迫切需求和重要方向。

在向西方学习的过程中，现代民主思想逐渐传入中国，并影响了当时的有识之士。清代启蒙思想家、政治家和文学家魏源以"经世致用"为宗旨，提出"变古愈尽，便民愈甚"的新主张，撰写《圣武记》《海国图志》，开启了中国近代社会了解世界、向西方学习的新潮流。作为中国近代社会"睁眼看世界的第一人"，魏源不仅提出了在技术上"师夷长技以制夷"的主张，更是在较早对当时资本主义国家的民主制度表达了称羡。清代第一位常驻外国使节大臣郭嵩焘，将出使英法等国见闻编写成书《使西纪程》，提出"西洋立国有本有末，其本在朝廷政教""西洋政教以民为重，故一切取顺民意，民权常重于君""西洋所以享国长久，君民兼主国政故也"等一系列警示箴言。黄遵宪著《日本国志》，着重介绍了日本明治维新的相关情况，肯定西方的立法制度，并提出一系列学习西方的主张。其在《职官志二》中明确提出"府县会议之制，仿于泰西，以公国事而伸民权，意甚美也"①。对西方民主政治制度的推崇，体现了魏源等有识之士民权意识的觉醒。改良派康有为、梁启超等通过著书立说、创办《时务报》、发起"戊戌变法"等举措极大地推动了民权思想的阐释和传播。在此背景下，中国近代社会行政人格理想逐渐从君子人格转向专门知识及能力突出的工具人格转变。

这一转变首先体现在晚清政府选官制度的重大变革上。曾国藩、李鸿章等洋务运动核心人物，对以"八股取士"的科举制进行抨击，主张建立新式学堂培养实用人才。1861年，恭亲王奕訢、文祥奏请开设同文馆，从科举考试出身的官员中招收学生以学习西方语言和科学技术。尽管遭到守旧派强烈反对，京师同文馆仍于1862年8月24日正式开办，成为清末第一所官办外语学校。1898年，光绪帝颁布《明定国是》诏书，宣布维新变法，在指出科举制弊端的基础上提出以京师大学堂为人才培养基地。康有为、梁启超等积极奏请废除科举制度，建立新的教育考试和人才选拔制度，得到光绪帝的支持。后虽因变法失败而一度中止，但在张之洞、李鸿章、刘坤一等大臣的努力下，科举改革得以继续，科举制度渐废。1905年，清廷宣布立停科举，各种新式学堂逐渐取代选官制度中的正统位置，成为官吏选拔的主要渠道。"国内外各种新式学堂毕业的学生，在通过毕业试及学部

---

① [清]黄遵宪. 日本国志（上卷）. 吴振清，徐勇，王家祥，点校整理. 天津：天津人民出版社，2005：396.

组织的若干类型考试后，即可直接被各部院、各省衙门直接录用。"①

（二）民权主义下公仆式的工具人格

1894 年，孙中山建立兴中会，在入会誓词中首提"建立合众政府"；1906 年，孙中山发表题为《三民主义与中国民族之前途》演讲，正式提出三民主义和五权宪法的主张，后经不断丰富和完善，从"旧三民主义"发展为"新三民主义"，包括民族主义、民权主义、民生主义。孙中山提出"当以民权为本位，保障民权为第一着""凡百政制，以民为主"。②孙中山民权主义"是以人民为主人，以官吏为奴仆的"③，因而"警吏为亲民之官，务宜躬为模范，以示公仆之责"④。从反帝反封建的革命运动中生发的新型行政人格——公仆式行政人格思想，在一定程度上是对中华传统文化中民本思想的继承，但从官民地位关系而言则具有颠覆性的变革。旧时百姓的"衣食父母"需要充当人民的"奴仆"。对于行政官吏（政务官）的产生，其主张人民既要有权可以进行选举，如果不好的官吏，"人民更要有罢官权"⑤。由此可见，孙中山先生的行政人格思想具有鲜明的民权主义色彩，较早提出了公仆人格思想，将行政官吏置于人民公仆之角色地位。

以民权主义为导向的公仆式行政人格实质上是一种理想化的工具人格，也可以理解为行政人格的工具化。一是行政人员其个体及群体需保持相对中立，不随政党变化而波动，具有自身的稳定性，在政党之间保持价值中立。二是行政人员的选拔要以扎实的专业知识和行政才能为基础，在一定水平基础上经由各种文官考试选拔产生。在考察和反思英美两国官吏选举制度基础上，孙中山认为"全国大小官吏，其资格系由考试院定之"⑥，而经由考试，"必要有才能有学问的人。才能够做官。当我们的公仆"⑦。对于行政人员而言，才能是一项极为重要的选拔和用人的标准。对才能的看重，其实是对行政人员作为公众权力委托代理者的权力执行者的公共角色的放大。三是这种公仆式的工具人格走向了另一种极端，在一定程度上抑制了行政官吏作为普通国民一分子所应享有的平等自由。"官吏为国民之公仆，必须牺牲一己之自由平等，绝对服从国家，以为人民谋自由平等。"⑧

---

① 关晓红. 清代选官之正途、异途述略. 学术研究，2008（7）：111-123+177.
② 《孙中山箴言》编辑组编. 孙中山箴言. 北京：华夏出版社，2010：212.
③ 陈建斌. 文明行政视野下的行政人格. 湘潭：湘潭大学出版社，2013：65.
④ 《孙中山箴言》编辑组编. 孙中山箴言. 北京：华夏出版社，2010：213.
⑤ 孙中山. 孙中山全集（上）. 上海：三民公司，1927：380.
⑥ 孙中山. 孙中山全集（上）. 上海：三民公司，1927：647.
⑦ 孙中山. 孙中山全集（上）. 上海：三民公司，1927：378.
⑧ 中国社科院近代史所，等. 孙中山全集（第 3 卷）. 北京：中华书局，1981：282.

对于新国家机器运转而言，行政官吏自身的个性、平等自由及发展本身成为被忽视的议题。

二、近代中国行政人格的现实：专制导向下的工具人格

（一）公仆式工具人格理想实践的搁置

自鸦片战争，中国被迫展开近代化进程，洋务运动、戊戌变法、辛亥革命、五四运动等变革与革命，冲击着自然经济的生产关系以及构建在自然经济基础上的上层建筑，变革人心。1912 年，辛亥革命顺利完成推翻清朝统治和结束封建帝制的旧民主主义革命任务，中国进入中华民国时期，资产阶级政治制度实践得以展开。为推动中国国家政治制度从封建模式向近代化转型与过渡的过程，效法西方政治制度成为当时的必然选择，其中就包括对官吏的选拔制度的创新探索。孙中山先生基于制度建设需要，提出了"人民公仆"这一先进的行政人格思想，并主张将国家交予"专门家"进行管理，"管理政府的人，便要付之于有能的专门家"①。民权导向的专家治政的思想理念成为民国时期部分精英的共同理念，得到罗隆基、胡适等的拥护。在创立中华民国政权的政治实践中，孙中山始终努力贯彻其提出的"人民公仆""专家政治"等任官思想，并寄希望于效法西方的文官制，通过考试用人网罗天下英才担当国家政事。1912 年 1 月 1 日，孙中山宣誓就职中华民国临时大总统，对中华民国创建初期的制度建设进行了诸多探索。在其努力督促下，法制局很快提出《文官考试委员官职令》《文官考试令》等多个考试法令草案，提交参议院审议。以上法案形成了南京临时政府文官考试制度的基本框架，若能实施，对于建立稳定的高素质的行政人员队伍无疑具有重要作用。遗憾的是，1912 年 4 月，秉持"三民主义"，极具人民公仆精神的孙中山迫于形势正式辞去中华民国临时大总统之职，以上多项草案尚未颁行便遭搁置。

（二）公仆式工具人格理想实践遇阻

1912 年 3 月，南京临时政府临时参议院推选原清朝内阁总理大臣袁世凯为临时大总统。袁世凯于北京就职，临时政府正式迁都北京，以袁世凯为首的北洋军阀政权建立，进入北洋政府时代。袁世凯本人尽管有一定的创建新式军队，逼迫清帝和平退位，大力倡导废除科举制度等新思想，但远不如孙中山所具有的民主共和思想及人民公仆的精神。经历晚清政府多年沉浮而成长起来的、一度为维新

---

① 孙中山. 孙中山选集（下卷）. 北京：人民出版社，1956：733.

派所看重并希望争取其支持的袁世凯，在成为民国临时大总统后不仅未能继续秉承孙中山等创建民国的初心，反而阻碍了民主共和思想的传播和政治实践。以袁世凯为核心的封建官僚、军阀在登上历史舞台后，逐渐展现本来面貌，开始对内镇压国民党力量。1913年10月，袁世凯就任中华民国第一任大总统，下令解散中国国民党并收缴国民党议员证书，以中央政治会议替代国会机构，歪曲解读孙中山等人所提出的民主共和等主张，解散国会，颁布《中华民国约法》替代《中华民国临时约法》，改责任内阁制为总统制，改中华民国为中华帝国，复辟帝制……他一方面打着尊孔的旗号，一面以军事力量为后盾，进行倒行逆施的种种行径，无不与孙中山对行政官吏"人民公仆"的思想相违背。在袁世凯复辟帝制的政治事件中，以杨度为首的筹安会势力表态支持袁世凯称帝且表现尤为积极；受过西方教育的旧官僚周自齐怂恿当时世界著名法学家、行政学家古德诺，撰写《共和与君主论》，利用古德诺在学界的权威影响力，鼓吹"君宪优于共和"思想，为袁世凯复辟提供理论支持；梁士诒等积极发起"全国请愿运动"，使各省区进行"代表"选举，为袁世凯称帝推波助澜。此外，多省在形式上的选举活动中予以响应等；周自齐、梁士诒等亦在经济上极力帮助袁世凯当局；大多数少将以上北洋系军官均在袁世凯复辟帝制的签名活动中签名……这些活动反映了这一时期行政官吏中的核心势力未能展现出公仆式行政人格的面貌，已然成为威权下的盲从者和屈从者，背离全体人民的根本利益。1916年3月，在蔡锷、唐继尧等发起护国战争形势下，袁世凯被迫取消帝制，各省起义军事行动却仍未停止，陷入军阀混战的局面，孙中山提出的行政人格理想亦难在行政制度上得以实践。

（三）专制导向下分化的工具人格

1924年，中国国民党一大召开，此后全国反帝反封建的国民大革命运动迅速开展，并于1926年开始北伐。1927年，南京国民政府成立并于次年完成二次北伐，实现全国统一，中国社会进入以蒋介石为首的训政时期。蒋介石上台后，逐渐撕下民主共和的外衣，暴露其专制政治的本来目的。先以国民党中央名义公布的《训政纲领》，是典型的"以党代政"纲领；后又将孙中山的权能分立政治主张，转变"法权"与"政权"合一，使其成为个人专断的制度工具。此外，蒋介石为加强自身之民主外衣下的专制统治，罔顾事实并大肆鼓吹法西斯主义，提出"有毅力而彻底明了事实的志士，都感觉到中国人必须放弃惰性的民主，实行正义的独裁。这样，法西斯主义就成了中国的对症要药了"[1]等论断。凭借完成北伐革命

---

① 高军. 中国现代政治思想评要. 北京：华夏出版社，1990：389.

的功勋及其带来的威望和一定的军事力量，为达到专制政治之目的，他鼓吹"一个主义、一个政党、一个领袖""阉制孙中山民主学说"①，并于1939年颁布《国民精神总动员纲领》，发起统一于国民党专制政治的国民精神总动员运动。在此环境下，中国近代社会南京国民政府时期的行政官吏其群体人格则逐渐向专制导向下的工具人转变。

一是行政官吏群体向专业技术官僚转变。1929年8月颁布并于1933年、1935年两次修正的《考试法》对参加普通文官考试和高等考试的资格均做了严格规定。应考资格的严格规定性，提升了行政官吏准入的门槛，加强了对行政官吏（如"机关中的科员、技士、技佐、法院审判员以及其他办事人员"②等）的专业能力考察。因此，比较而言，能够获得应考资格并成功通过文官考试的行政人员群体，"大多接受了近代教育""素质普遍较高"③。

二是具有一定的民主思想倾向。通过严格考试进入政府机关的行政人员，一般受过大学正规教育，"工作上有一定能力，思想上倾向于民主，而且具有较为强烈的民族感情"④。毫无疑问的是，在南京国民政府时期，确有相当国之贤才，不仅仅是"专门家"，更是忧国忧民、接受过民主思想洗礼的新式文官。这样的一批人在一定程度上实践着孙中山所倡导的民权导向下公仆式的工具人格理想。

三是随着蒋介石打着"三民主义"的旗号，不断强化个人独断专制统治，行政人员群体成为蒋氏独裁政治的拥众和强化独裁统治的工具。这些接受过近代教育和民主革命洗礼的行政人员，因为过分放大蒋氏完成北伐的功勋，将其视为革命的领袖而"服膺蒋氏的伟大精神与毅力，信仰蒋氏必能拯救国家和民族"⑤。这反而使其在实质上背离民主精神，阻碍了公仆人格的生成与实践。

四是专制导向下行政人员物欲渐趋膨胀，致使贪污之风盛行。尽管孙中山本人极力倡导"人民公仆"的思想，然军阀、独裁政治轮番上演，挂着民国的招牌，行专制之实。政权更迭之频繁，"官吏地位不稳""关系政治盛行""国民党内山头林立""买官卖官"之风仍存、"缺少舆论监督"⑥等诸多原因，本应为国家和民众

---

① 黄丽华，徐凌. 民国时期行政价值观体系的发展与演变. 社会科学家，2001（6）：86-90.

② 汪振国. 国民党统治时期文官考试与文官制度//中国人民政治协商会议全国委员会文史资料研究委员会. 文史资料选辑（第36辑）. 北京：中国文史出版社，1963：63.

③ 史新恒. 民国时期文官群体探略. 兰州学刊，2008（12）：132-135.

④ 汪振国. 国民党统治时期文官考试与文官制度//中国人民政治协商会议全国委员会文史资料研究委员会编. 文史资料选辑（第36辑）. 北京：中国文史出版社，1963：72.

⑤ 高军. 中国现代政治思想评要. 北京：华夏出版社，1990：407.

⑥ 王春南. 贪污——民国政治痼疾. 人民论坛，2004（4）：58-60.

谋公共利益的行政官吏，反而贪污之风更甚。"民国虽成立了十年，不但没有看见什么成绩，反比前清觉得更腐败。"①至南京国民政府时期，尽管出台了一系列反腐法规制度，但并未有效遏制贪污腐败之风，致使南京政府时期吏治腐败问题较北洋时代有过之无不及。尤其在抗日战争后期，在对敌伪财产的接收上，国民党行政官吏的腐败问题大大加剧。上自国民党高层如孔祥熙、吕咸等，下至地方县乡，贪腐成风，不仅使国内民怨沸腾，亦使南京国民政府"腐败的恶名远播海外"②。由此可见，此一时期，行政官吏对物质的依附更甚。

第三节　当代中国行政人格理想与现实

本节采用"当代史"的概念对 1949 年 10 月至今的中国社会行政人格进行考察。

一、当代中国行政人格理想：公仆人格

当代中国社会建设的指导思想根源于马克思主义及其中国化。当代中国行政人格理想，一言以蔽之，乃马克思主义指导思想下的行政人格，集中表现为公仆人格。

（一）马克思主义行政人格思想：公仆人格

马克思主义行政人格思想的根本原则：为绝大多数谋利益。1847 年 11 月国际共产主义者同盟第二次代表大会委托马克思、恩格斯二人起草一个周详的理论和实践党纲。1848 年 2 月 21 日，《共产党宣言》在伦敦首次以单行本问世，第一次全面系统地阐述了科学社会主义理论，为共产主义运动提供了理论和实践指导。在《共产党宣言》中，马克思和恩格斯明确指出，"过去的一切运动都是少数人的或为少数人谋利益的运动。无产阶级的运动是绝大多数的、为绝大多数的人谋利益的独立的运动"③。"为绝大多数人谋利益"既是无产阶级公共行政的根本目的，亦是"马克思主义行政人格思想中的一个根本原则"④。

---

①　孙中山. 孙中山全集（上）. 上海：三民公司，1927：364.

②　王春南. 贪污——民国政治痼疾. 人民论坛，2004（4）：58-60.

③　马克思，恩格斯. 马克思恩格斯选集（第 1 卷）. 3 版. 中共中央马克思恩格斯列宁斯大林著作编译局，编译. 北京：人民出版社，2012：411.

④　陈建斌，等. 文明行政视野下的行政人格. 湘潭：湘潭大学出版社，2013：77.

1. 马克思主义公仆人格思想内容

1871 年 3 月 18 日，巴黎工人起义，无产阶级革命爆发。巴黎无产阶级革命，建立了无产阶级革命政权，并进行了公社选举，于 3 月 28 日正式成立巴黎公社。尽管这一革命政权存在时间非常短暂，却是人类历史上第一次无产阶级革命政权的伟大尝试。巴黎公社实行选举制和罢免制，"所有官吏需经过选举"①，确立人民管理国家的民主制度，是对资产阶级官僚制度的颠覆性创举，为无产阶级革命和政权的建立提供了宝贵的经验。在对巴黎公社这一无产阶革命经验的总结中，马克思、恩格斯对公仆人格的思想进行了多次论述。"旧政府权力的纯粹压迫机关应该铲除，而旧政府权力的合理职能应该从妄图凌驾于社会之上的权力那里夺取过来，交给社会的负责的公仆。"②巴黎公社不同于以往的剥削阶级统治的国家，它应当为组织在公社里的人民服务，其官员应当是社会的负责的公仆。巴黎公社创社过程中，其国民自卫军中央委员会在发表关于公社选举的公告中明确以"人民最热忱的公民"而自居，并在选举公告中热心地忠告选民："只有从你们中间选出来的，与你们同甘共苦的人，才能最好地为你们服务"③"要挑选真心实意的人，出身平民，坚定、积极、有正义感，公认为正派的人"④。巴黎公社的中央委员会等公职人员切实践行公仆人格的要求，完全以普通劳动者的身份自居，忠实地为人民工作，为无产阶级和广大民众利益服务。无产阶级取得政权后，人民成了国家的真正主人，各级领导干部受人民委托，代表人民的意志管理公共事务，行使公共权力。列宁继承了马克思、恩格斯关于行政人格的基本思想，结合俄国革命和建设实践，揭示了行政人格的本质内容："人民当家作主是其本质核心；为工农群众服务是其本质要求。"⑤列宁曾深有感触地说："在人民群众中，我们毕竟是沧海一粟，只有我们正确地表达人民的想法，我们才能进行管理。"⑥他从行政人员组织国家管理的角度阐明了行政人员必须为广大工农群众服务，对工农群众负责，在行政活动中体现他们的意志。

① 列宁. 列宁论巴黎公社. 华东师范大学历史系世界近代及现代史教研组翻译室，编译. 上海：华东师范大学出版社，1958：2.

② 马克思，恩格斯. 马克思恩格斯全集（第 17 卷）. 中共中央马克思恩格斯列宁斯大林著作编译局，编译. 北京：人民出版社，2006：359-360.

③ 罗新璋. 巴黎公社公告集. 上海：上海人民出版社，1978：53.

④ 罗新璋. 巴黎公社公告集. 上海：上海人民出版社，1978：54.

⑤ 陈建斌，等. 文明行政视野下的行政人格. 湘潭：湘潭大学出版社，2013：80.

⑥ 列宁. 列宁选集（第 4 卷）. 3 版修订版. 中共中央马克思恩格斯列宁斯大林著作编译局，编译. 北京：人民出版社，2012：695.

2. 马克思主义公仆人格的本质要求：为人民服务

马克思主义公仆人格思想的提出和发展，源于对人民主体地位和国家主人地位的认知和自觉，是历史唯物主义以人民群众为历史创造主体的群众观在行政领域的反映。马克思主义认为，人民群众是社会实践的主体，是社会物质财富和精神财富的创造者。人民，只有人民，才是历史前进的真正动力。国家的权力源于人民也应为人民所有。无产阶级革命及建立政权的根本目的都在于为绝大多数人谋利益，保障人民当家作主。"具有优秀精神品质的是少数人，而决定历史结局的却是广大观众，如果这些少数人不中群众的意，群众有时就会对他们不太客气。"①任职于国家机关的行政人员以服务于人民为存在，是人民的公仆而绝不是人民的主人。人民是公仆人格支撑下的行政实践的服务对象，而非是特权阶层的、少数人的。换句话，为人民服务则是马克思主义行政人格的本质要求。

（二）新民主主义革命时期马克思主义公仆人格思想的中国化

在西学东渐的浪潮下，在先进知识分子探索救国救民的道路上，1899 年，马克思的名字首次出现在中文报刊——上海的《万国公报》中。此后，马克思学说逐渐零星地进入中国，直至 1917 年俄国十月革命的爆发，在李大钊等的大力倡导下，马克思学说在中国开始广泛传播。《新青年》《晨》《国民》《湘江评论》等宣传和讨论马克思主义的刊物大批出现；在李大钊、陈独秀、毛泽东等的组织下，北京大学马克思学说研究会、上海马克思主义研究会、湖南新民学会、利群书社、齐鲁书社等宣传和研究马克思主义的团体相继成立；《马克思主义》《我的马克思主义观》《马克思主义浅说》《唯物史观解说》《马克思经济学说》《社会问题总览》等马克思主义阐释和翻译著作大量出版……共同推动了马克思主义在中国的广泛传播，深深地影响着当时的革命党人和知识分子。1919 年五四运动中，中国工人阶级首次独立登上近代中国的政治舞台。"马克思主义同中国工人运动相结合，为中国无产阶级政党的诞生奠定了阶级基础。"②1921 年 7 月 1 日，中国共产党诞生，明确以马克思主义为指导思想，马克思主义在指导中国社会主义革命和建设的同时，中国社会主义革命和建设也丰富和发展着马克思主义。伴随马克思主义中国化的进程，马克思主义公仆人格思想与中国传统文化的民本思想相结合，形成中国共产党人的行政人格理想，并延续至当代中国。

---

① 列宁. 列宁选集（第 4 卷）. 3 版修订版. 中共中央马克思恩格斯列宁斯大林著作编译局，编译. 北京：人民出版社，2012：679.

② 卢毅. 中国共产党诞生纪事. 中国党政干部论坛，2011（7）：14-16.

　　马克思主义公仆人格早在新民主主义革命时期就已经成为中国共产党的行政人格理想。毛泽东同志对公仆人格的本质内容"为人民服务"思想的多次论述，体现了这一行政人格理想追求。为谁服务的问题的实质是国家的主权归属问题。自近代不丹提出主权问题，许多思想家围绕这个问题展开了争论。在主权在君还是在民的问题上，卢梭基于自然法和社会契约论，首次系统地阐述了人民主权理论，成为该理论的奠基人。在人民主权理论中，人民作为整体来说是主权者，人民的主权是至高无上的，也是不可分割、不可转让的。政府以及其行政人员和人民的关系，是公仆和主人的关系，政府和行政人员必须无条件地服从人民的意志。作为人民权力的直接使用者，政府以及其行政人员必须忠于主权者的利益，为权力委托人即主权者服务。马克思主义公仆人格的思想体现的正是主权在民的思想。中国共产党人在早期的新民主主义革命中深刻地领会到马克思主义中主权在民的政治思想及其为绝大多数人谋利益的根本追求，将其发展为"全心全意为人民服务"。"早在1939年2月，毛泽东同志在《关于〈孔子的哲学思想〉一文给张闻天的信》中就提出了'为人民服务'的概念。"[1]1942年在延安文艺座谈会上，毛泽东明确提出要对过去时代的文艺形式加以改造和添加新内容，使其变成革命的为人民服务的东西。在毛泽东看来，人民群众是行政权力的真正意义上的主体，政府的权力"是占人口90%以上的广大劳动群众给的"[2]，既然行政权力是人民赋予的，必须用来为人民服务。"全心全意地为人民服务，一刻也不脱离人民群众；一切从人民的利益出发，而不是从个人或小集团的利益出发；向人民负责和向党的领导机关负责的一致性；这些就是我们地出发点。"[3]行政权力的运用和实施必须以人民的根本利益为出发点和归宿。为人民服务，必须对人民负责，"我们的责任，是向人民负责，每句话，每个行动，每项政策，都要适合人民的利益，如果有了错误，定要改正，这就叫向人民负责"[4]。1944年9月8日，毛泽东在张思德同志的追悼会上做了题为《为人民服务》的讲演，号召全党、全军和全体同志树立全心全意为人民服务的革命人生观。在这篇讲演中，毛泽东明确指出，中国共产党所领导的革命队伍"完全是为着解放人民的，是彻底地为人民的利益工作的"，在革命的艰难道路上，"为人民而死，就是死得其所"。[5]《为人民服务》的讲演是毛

① 白世康. 我们党是彻底地为人民的利益工作的——学习毛泽东同志关于党的群众路线理论的体会 北京邮电大学 王欢 王晓东.（2013-12-31）. https://news.12371.cn/2013/12/31/ARTI1388436875934334.shtml?from=singlemessage.
② 王立胜. 晚年毛泽东的艰苦探索. 西安：陕西人民出版社，1995：355.
③ 毛泽东. 毛泽东选集（第3卷）. 2版. 北京：人民出版社，1991：1094-1095.
④ 毛泽东. 毛泽东选集（第4卷）. 2版. 北京：人民出版社，1991：1128.
⑤ 毛泽东. 毛泽东选集（第2卷）. 2版. 北京：人民出版社，1991：526.

泽东同志关于公仆人格思想的系统性阐述。"共产党人的一切言论行动，必须以合乎最广大人民群众的最大利益，为最广大群众所拥护为最高标准。"①以群众的根本利益为出发点，同时不能忽视群众的切身利益问题，"从土地、劳动问题，到柴米油盐问题"②。一切群众的实际问题都是党政干部要切实关心和着力解决的问题。

（三）马克思主义公仆人格理想的当代发展

新民主主义革命时期，毛泽东充分继承了马克思主义的公仆人格思想，将其与中国传统文化中的民本思想和中国的工人运动革命实际相结合，将马克思主义群众观和公仆人格思想结合，提出"全心全意为人民服务"命题。1949 年 10 月中华人民共和国成立后，"全心全意为人民服务"为本质的公仆人格思想，经过党和国家领导人的不断丰富和完善，成为始终贯穿于当代中国行政制度和文化建设中关于行政人格的共同理想。

20 世纪 70 年代中后期、80 年代实行改革开放前后的中国，正处于拨乱反正、百废待兴之际，迫切需要充满力量的党政领导队伍带领群众前进。邓小平认为，"中国的事情能不能办好，社会主义和改革开放能不能坚持，经济能不能快一点发展起来，国家能不能长治久安，从一定意义上说，关键在人"③。此处"关键的人"指的便是"真正坚持马克思主义、毛泽东思想和党性强的人"。邓小平充分肯定了社会主义接班人在实现中国稳定和四个现代化中的重要作用，将其视为关乎国家前途、事业成败的"战略问题"。1975 年，邓小平指出，"领导班子就是作战指挥部，一个指挥部不强，作战就没有力量"④。一个觉悟高、道德好、作风硬的领导班子，才有资格、有能力承担起自己的社会职责，带领群众前进；一个软、懒、散的没有战斗力的班子"不要说带领群众前进，就是开步走都困难"⑤。行政人员由于社会地位、社会职责以及行为对象的特殊性，使得他们的行政人格状况成为全社会关注的焦点，并具有了其他职业道德所不可比的突出示范性和价值导向性。邓小平从历史使命、社会责任着手，从实现现代化的根本目标出发，全面表述了行政人格在社会主义事业中所具有的社会价值和重要意义。马克思主义公仆人格理想的当代继承和发展，主要体现为以下几个方面。

①　毛泽东. 毛泽东选集（第 3 卷）. 2 版. 北京：人民出版社，1991：1096.
②　毛泽东. 毛泽东选集（第 1 卷）. 2 版. 北京：人民出版社，1991：138.
③　邓小平. 邓小平文选（第 3 卷）. 北京：人民出版社，1993：383.
④　钟道新. 权力场. 北京：时事出版社，2002：4.
⑤　邓小平. 邓小平文选（第 2 卷）. 2 版. 北京：人民出版社，1994：25.

1. 为人民服务，为最广大的人民群众服务，坚持人民主体地位

行政人员是社会主义事业的领导者与组织者，是党的路线、方针、政策的贯彻者和执行者，他们的道德人格水平对社会道德人格具有示范性、辐射性和价值导向性作用。1985 年，邓小平在全国教育工作会议上提出了"领导就是服务"的重要命题。[①]共产党人是为最广大人民群众服务的，是代表人民进行领导的，其服务范围具有最广泛的特性。高级干部更要带头发扬党的优良传统，同群众打成一片，不仅不搞特殊化，而且同群众一起吃苦。党的十五大报告中进一步强调了"为人民服务"的宗旨，明确指出"我们党来自人民，植根于人民，服务于人民"[②]。党的十六大至党的十八大，以胡锦涛为总书记的中央领导集体，在坚持"为人民服务"的宗旨下，进一步提出以人为本的科学发展观与构建和谐社会的执政理念，明确提出"必须坚持以人为本"。胡锦涛要求"各级领导干部要坚持深入基层、深入群众，倾听群众呼声，关心群众疾苦，时刻把人民群众的安危冷暖挂在心上，做到权为民所用，情为民所系，利为民所谋"[③]。在新时期保持共产党先进性专题报告会上，胡锦涛强调，"我们党的根基在人民、血脉在人民、力量在人民"[④]。党的十八大以来，以习近平同志为核心的党中央，顺应时代发展，创立了习近平新时代中国特色社会主义思想，提出了"以人民为中心"的重要命题。习近平指出，"一定要始终与人民心心相印、与人民同甘共苦、与人民团结奋斗，夙夜在公，勤勉工作，努力向历史、向人民交一份合格的答卷"[⑤]。党的十九大报告对"以人民为中心"这一重要命题进行了深入的阐述，强调人民是历史的创造者，是决定党和国家前途命运的根本力量。党的二十大报告重申了"坚持以人民为中心的发展思想"，并提出"必须坚持人民至上"，"要站稳人民立场、把握人民愿望、尊重人民创造、集中人民智慧，形成为人民所喜爱、所认同、所拥有的理论，使之成为指导人民认识世界和改造世界的强大思想武器"。

2. 为人民服务，要坚持利为民所谋

政府的一切工作都是为了人民的，为人民服务，不是简单的工作，而是形式纷繁复杂、内容丰富的领导活动，不仅包括服务的思想意识，还包括服务的行为。

---

① 淑云. "领导就是服务"思想探要. 毛泽东邓小平理论研究，1998（3）：47-51.

② 田建华. 领导干部密切群众关系需要注意的三个问题. 当代社科视野，1998（2）：15-16.

③ 中共中央文献研究室. 十六大以来重要文献选编（上）. 北京：中央文献出版社，2004：83-84.

④ 胡锦涛. 在庆祝中国共产党成立八十五周年暨总结保持共产党员先进性教育活动大会上的讲话//中共中央文献研究室. 十六大以来重要文献选编（下）. 北京：中央文献出版社，2008：535.

⑤ 江岩. 人民日报：敢于担当是领导干部必备的基本素质——深入学习贯彻习近平同志关于历史担当精神的重要论述. 人民日报，2014-04-08（07）.

坚持利为民所谋，包括群众的局部利益和眼前利益的服务，但归根到底强调的是广大人民群众的根本利益、整体利益和长远利益。邓小平提出的"三个有利于"标准，鲜明地提出以"人民利益标准"作为检验和评价领导活动的最高标准，成为衡量行政人员是否坚持利为民所谋的重要尺度，是对毛泽东"全心全意为人民服务"思想的继承和发展。党的十六大报告中旗帜鲜明地提出"三个代表"思想。除了"始终代表中国先进生产力的发展要求，代表中国先进文化的前进方向"外，中国共产党始终"代表中国最广大人民的根本利益"。"三个代表"思想的提出，从理论上将中国共产党、中国社会的发展进步、中国最广大人民群众连为一体。作为广大人民群众根本利益的代表，坚持利为民所谋更成为为人民服务的题中之义。正如党的十九大报告中提出"必须始终把人民利益摆在至高无上的地位，让改革发展成果更多更公平惠及全体人"。党的二十大报告指出，"维护人民根本利益，增进民生福祉，不断实现发展为了人民、发展依靠人民、发展成果由人民共享，让现代化建设成果更多更公平惠及全体人民"。

3. 为人民服务，要坚持权为民所用

历史归根到底是人民群众创造的，共产党人的天职就是为人民的根本利益服务。邓小平同志提出的"领导就是服务"①命题，是对马克思主义公仆人格思想的继承。作为国家公职人员的领导干部只能是人民的仆人，而不是发号施令的人；领导干部手中的权力只能是为人民服务的工具，而不能变为个人或小团体谋私的手段；领导权更是服务的责任，领导者在行政过程中，必须把为人民服务放在一切工作的首位，真正为人民掌好权用好权。党的十五大报告指出，"我们的权力是人民赋予的，一切干部都是人民的公仆，必须受到人民和法律的监督。要深化改革，完善监督法制，建立健全依法行使权力的制约机制。坚持公平、公正、公开的原则，直接涉及群众切身利益的部门要实行公开办事制度。把党内监督、法律监督、群众监督结合起来，发挥舆论监督的作用。加强对宪法和法律实施的监督，维护国家法制统一。加强对党和国家方针政策贯彻的监督，保证政令畅通。加强对各级干部特别是领导干部的监督，防止滥用权力，严惩执法犯法、贪赃枉法。"这再次阐明了党的领导干部密切联系群众的重要性。领导干部必须坚持权为民所用，树立为民服务的公仆意识。权为民所用，为人民掌好权、用好权，用人民赋予的权力服务于人民，造福于人民，绝不以权谋私。2012 年 11 月 15 日，习近平新当选中共中央总书记，在同中外记者见面会演讲中，19 次提到"人民"

---

① 淑云."领导就是服务"思想探要. 毛泽东邓小平理论研究, 1998（3）：47-51.

二字。①党的十八大以来，习近平总书记发表了一系列重要讲话，进一步发展了"以人民为本"的执政思想，并多次强调权为民所赋，权为民所用。2012 年 12 月 4 日，习近平总书记明确提出"要健全权力运行制约和监督体系，有权必有责，用权受监督，失职要问责，违法要追究，保证人民赋予的权力始终用来为人民谋利益。"②党的十九大报告中，亦明确提出要"发展社会主义民主政治"，"体现人民意志、保障人民权益、激发人民创造力，用制度体系保证人民当家作主"。种种论述充分体现了"以人民为中心"的执政理念。党的二十大报告中强调，"必须坚定不移走中国特色社会主义政治发展道路，坚持党的领导、人民当家作主、依法治国有机统一，坚持人民主体地位，充分体现人民意志、保障人民权益、激发人民创造活力"。

二、当代中国行政人格的现实：多元化的行政人格

马克思主义公仆人格，是贯穿于当代中国社会的理想行政人格，在不同历史时期，其内涵和外延虽有所变化，但为人民服务的本质始终未变。从这一本质出发，对当代中国行政人格的现实进行考察可见，不同的历史时期都存在积极践行"为人民服务"思想的国家公仆，但也存在背离人民的行政人员，呈现出多元化的行政人格。

（一）公仆人格

公仆人格是当代中国社会中的主流行政人格，正是因一大批具备公仆人格的国家行政人员队伍，方能切实坚持党的领导，并在实践中切实地贯彻执行党和国家的大政方针，促进了社会主义革命任务的完成和建设事业的开展。在当代中国的伟大征程中，在为人民服务的事业中，一批又一批的人民公仆不断涌现。

1. 革命创业型公仆人格

1949 年 10 月，新民主主义革命开始的第 30 个年头，经历了严峻的革命考验，中国共产党人终于带领广大人民群众建立了属于无产阶级的国家政权。多年的革命斗争实践，塑造和强化了新中国初期党政人员的革命精神。"新中国的党政干部绝大部分在人格特质上都保持了充分的革命性"③，以饱满的精神、昂扬的斗志、

---

① 常雪梅，程宏毅. "始终同人民想在一起、干在一起"——中国共产党率领亿万人民实现中国梦的政治本色与力量源泉. 人民日报，2017-10-12（01）.

② 习近平. 在首都各界纪念现行宪法公布施行 30 周年大会上的讲话（2012 年 12 月 4 日）. 中国人大，2012（23）：8-11.

③ 陈建斌，姬鹏超. 建国 60 年中国行政人格演变述评. 求索，2010（2）：47-48+137.

高尚的品格践行马克思主义的人民主权思想，甘当人民的公仆，投入新中国的建设当中。这一类型的典型代表如人民所敬爱的周总理、焦裕禄等。

"热爱人民、勤政为民的杰出楷模"——周恩来。[1]新中国成立后百废待兴之际，担任政府总理职务的周恩来总理，以过硬的专业知识和智慧，成功组织国民经济恢复工作；以清醒的认知和智慧奋力扭转"大跃进"造成的经济困难局面；即使在极其困难充满政治风险的"文革"时期依然勉力维持国民经济建设，并与林彪、江青集团进行各种形式的斗争，竭尽所能保护大批领导干部和民主人士；即使身体不适，依然宵衣旰食，投身于国家需要的经济建设、政治稳定和外交事业当中。周恩来总理的政治和行政生涯，充分彰显了作为共产党人的公仆精神，成为"人民的好总理"。

"县委书记的榜样"——焦裕禄。1962年12月就任河南省兰考县的焦裕禄，坚持实事求是，遵循群众路线，与当地深重的自然灾害进行了顽强斗争。即使身患肝癌，他依旧坚持亲自探查兰考县"三害"（内涝、风沙、盐碱）的成因，开创水利工程，变二十多万亩盐碱地为良田；带领干部和群众翻淤泥压沙丘治理风沙；因地制宜，基于兰考县县情，领导群众大规模栽种泡桐树，惠及兰考县当下……多种举措下，使兰考县"三害"得到有效治理。焦裕禄身体力行，用生命铸就了"焦裕禄精神"，感染了无数国家公职人员。兰考"焦陵"中，毛泽东同志为其题词"为人民而死 虽死犹荣"，表达了对焦裕禄精神"永恒"的肯定。[2]1991年2月9日，江泽民同志为兰考县焦裕禄纪念馆题词"向焦裕禄同志学习 全心全意为人民服务"[3]；胡锦涛充分肯定其为党和国家、人民所做的贡献，评价其为"全党同志和全国各族人民公认的中国共产党的好党员，人民的好公仆，县委书记和广大干部的好榜样"[4]；习近平总书记在中央党校县委书记研修班学员座谈会上的讲话中，认为，"焦裕禄同志为县委书记树立了榜样"，"做县委书记，就要做焦裕禄式的县委书记"。[5]焦裕禄用他的一生生动地诠释了作为人民公仆的共产党人的精神，他是那个时代革命创业型公仆人格的典型，亦是当下千千万万行政人

① 李永鹏. 习近平：在纪念周恩来同志诞辰120周年座谈会上的讲话. (2018-03-01). http://news.youth.cn/sz/201803/t20180301_11459206.htm.

② 王传志 许华卿. 精神的力量. (2019-04-25). http://www.qstheory.cn/laigao/ycjx/2019-04/25/c_1124415996.htm.

③ 阮玉秀. 江泽民同志为兰考县焦裕禄纪念馆题词. (2014-05-13). https://news.12371.cn/2014/05/13/ARTI1399971544133580.shtml.

④ 阮玉秀. 胡锦涛在纪念焦裕禄同志逝世三十周年大会上的讲话（一九九四年五月十三日）. (2014-05-13). https://news.12371.cn/2014/05/13/ARTI1399944717641211.shtml.

⑤ 习近平. 做焦裕禄式的县委书记. 北京：中央文献出版社，2015：3.

员的精神模范。

2. 改革发展型公仆人格

1978 年党的十一届三中全会提出改革开放的伟大战略，中国翻开改革开放的新篇章。在党的领导下，以改革促发展成为时代的主旋律，公仆人格的内涵从革命创业型逐渐向改革发展型行政人格转变，不变的是"为人民服务"的本质精神。"改革发展型行政人格的内涵本质是一种以改革促发展的奋进精神""有较强的适应和感知能力等""智慧层面有了实质性的发展"。①改革开放以来，在充满机遇和挑战的新环境下，在改革发展的早期浪潮中，涌现出大批行政人员积极探索改革发展期的行政实践经验，以及为人民服务的新道路新方法。党员领导干部的楷模孔繁森，全面从严治党中纪检监察干部的优秀代表王瑛，带领牧民脱贫致富的优秀基层干部廷·巴特尔，维护社会公平正义的模范检察官张飚，"铁骨柔情"的纪委书记王瑛，积极探索罪犯管理办法、被称为"最亲的监区长"的王伟，探索"民情日记"工作法、得到广大农牧民爱戴的孟克，探索"徐占海乡镇工作五步法"、带领全镇人民创造"周坨子发展奇迹"的徐占海，全国模范检察官、"反贪尖刀"郭有利，"高墙内的灵魂工程师"曾凯，探索总结出"四三三四"调解工作法的"沂蒙办案状元"王永涛，探索创立"孙连进社区工作法"，被誉为社区居民的"贴心人"的孙连进，创立立体巡防、社区警务、信息化刑侦等一系列好经验好做法的侯向前等都属于改革发展型人民公仆。

随着改革逐渐进入"深水区"和中国社会主要矛盾的转变，改革创新在治国理政中的地位日渐凸显，亦对国家行政人员在创新方面提出了更高的要求，创新逐渐成为行政人格中的突出特质。

无论是革命创业型、改革发展型还是创新型行政人格，都是公仆人格的具体表现和拓展，都指向"为人民服务"。

（二）工具人格

"与现代社会理性化进程相适应，现代法治的生成与法律秩序的形成，确立了理性化的官僚制在政府组织模式中的主体地位。"②生发于近代理性资本主义的理性官僚制，成为西方资本主义国家的政府组织模式，也是当代中国政府组织模式的真实反映。依职能和职位将权力进行分工、分层，以规则为主线建立的组织体

---

① 陈建斌，姬鹏超. 建国 60 年中国行政人格演变述评. 求索，2010（2）：47-48+137.
② 杨艳. 论行政人格的历史类型. 中国人民大学博士学位论文，2006.

系和管理方式，成为现代国家政府供给社会秩序的共同历史选择。出于追求公共行政的效率追求，理性官僚制以科层化和部门化的制度设计实现对行政人员行为的标准化和程序化调控，在一定程度上塑造了行政人员的工具人格。工具型行政人格表现为行政人员对制度规范的机械式依附，它诞生于官僚制行政体制中。官僚制组织的结构特征以及运行逻辑是塑造工具人格最为根本的框架。官僚制组织追求理性化、非人格化以及效率至上的理念，通过制定一系列规范和程序，引导行政人员对行为选择和行为后果进行理性判断。但同时，理性官僚制也可能存在组织僵化、效率减低、盲从、人浮于事等问题。

工具人格是当代中国社会行政人员群体当中公仆人格以外的一种主要行政人格。1963—1966 年的"社会主义教育运动"及 1966—1976 年的"文革"，是当代中国行政人员工具人格外显化的显著阶段，工具人格的非人格化所带来的沉默等消极影响在这一时期最为显著。在恢复和平建设的年代，随着国家法治建设的完善，法治追求成为重要的社会共识，中国行政人员的理性化特征加强，在制度的约束下，履行为人民服务的职责。在健全的法治体系和组织管理下，行政人员的工具人格有助于提高行政的效率，通过效率的提升实现为人民服务的宗旨，如果仅从为人民服务的角度而言，理性官僚制下的行政工具人格塑造在绝大多数的情况下是利大于弊的。但是有一些行政人员不能正确理解为人民服务的宗旨，无视人民群众的合法利益，凭借权力的强制性，以管理的名义肆意罔顾人民群众的合法利益。暴力强拆等类似的行政行为，在一定程度上便是因为部分行政人员其行政人格工具化。国家公职人员的身份，使其完全视自我行政行为为维护公共利益的合法举措，以严格执法的名义消解自身在事件中所应承担的道德责任和情感，却不顾人情。

（三）利益依附型行政人格

公仆人格是当代中国社会的行政人格理想和主要实践人格，理性官僚制的建立和健全在一定程度上则强化了对行政人员工具人格的塑造。但是就现实而言，行政人格的塑造既非一蹴而就，亦非千人一面。总是会存在这样的行政人员，他们的所作所为不仅与全心全意为人民服务的公仆精神相去甚远，亦与法治官僚制中工具人格的基本要求相违背，走向行政人格的异化之路，如行政人格的非独立化，形成依附型行政人格。尽管依附型行政人格是中国古代社会的主流现实行政人格，但在其他的历史时期依然存在。当代中国社会的行政人格的非独立化，主要表现为对权力的依附和对物质的依附，本质上都是一种利己导向的利益依附，其内在精神品质发生了稳定性变异。利益依附型行政人格包括权力依附型行政人格和物质依附型行政人格。

1. 权力依附型行政人格

权力依附型行政人格通常既具有对上级组织领导或其他权威与制度盲目服从的心理和行为倾向（质言之，依附型行政人格就是试图把主体自我与他者高度"捆绑"在一起，消解自我意识，寻求某种"集体"的安全感），同时又具有对权力强烈的占有欲与支配欲，向下呈现出一种"家长式"的威权倾向。依附型人格主要存在于集权式的等级结构中，权力的运行向度是自上而下的，行政人员个人价值的实现以及仕途的发展与上级领导的满意度直接联系在一起，客观上导致行政人员唯上是从，而对下恃威弄权。具有此类行政人格的行政人员，往往缺乏独立行为能力和道德判断能力，缺乏社会责任感和主体意识以及对其他行政人员主体意识的尊重，一方面在工作中对上级察言观色，对领导的话言听计从，即使上级领导要求他们做与法律、道德相悖之事，也依然执行领导的意志；另一方面，喜欢对下发号施令，强调下属的无条件服从与执行，阻碍政府治理的民主化、法治化与科学化进程。

2. 物质依附型行政人格

物质依附型行政人格与权力依附型行政人格有所区别的地方在于行政人员行使行政权力的目的主要在于谋取个人私利，并以谋取私利为个人行动指南的心理与行为倾向，是一种对"物"的依附。拥有该依附型行政人格的行政人员其精神信仰早已被物欲所侵蚀，大搞"权钱交易"与"权色交易"而不以为然，彻底沦为个人及其家属不当私欲的满足工具。除了陈良宇、成克杰、丛福奎等"老虎"之外，更有一些"蝇贪"存在于公共行政系统当中，破坏政治生态，损害人民利益。部分行政人员贪污腐败行为的习惯化，本质上是对物质的依附。物质依附型行政人格，往往以个人利益最大化为出发点，主动消解行政人员职业的使命感与责任感，逐渐将腐败行为"道德合理化"，或在程序正义的外衣下，行利己之实，"明修栈道，暗度陈仓"；抑或明目张胆地"拉帮结派"，鼓吹"小集团主义"等潜规则，将腐败思想扩大化，腐败行为组织化。其对物质的依附也体现出其对权力的依附。权力的滥用是物质依附型行政人员主动腐化和被外界物质诱惑的根源，没有权力，就不会存在腐败的现实空间。

第三章 积极行政人格的提出

完善中国特色社会主义制度，推进国家治理现代化，关键是提高各级干部、各方面管理者的思想政治和科学文化素质。习近平总书记指出，"我们在国家治理体系和治理能力方面还有许多亟待改进的地方，在提高国家治理能力上需要下更大气力"①。这里关键是提高各级干部、各方面管理者的思想政治和科学文化素质（包括工作本领）。"只有健全提高党的执政能力和领导水平制度，提高各级干部、各方面管理者的思想政治素质、科学文化素质和工作本领，提高党和国家机关、企事业单位、人民团体、社会组织的工作能力，国家治理体系才能更加有效运转。"②2016年3月7日，习近平在黑龙江代表团参加审议时强调，"干部干部，干是当头的，既要想干愿干积极干，又要能干会干善于干，其中积极性又是首要的"，要"真正把那些想干事、能干事、敢担当、善作为的优秀干部选拔到各级领导班子中来"。③这里的"积极"不仅仅是行政行为上的积极，更是思想、心理与情感上的积极，主要强调的是行政人员个体人格的积极对行政人员职业人格的积极的意义。将"想干""能干""善干"等联系起来加以综合考察，则会发现，这些其实都是具有积极意义的，是个体人格与职业人格的双重积极，而这正是政府治理现代化进程中马克思主义行政人格的内在要求。"马克思主义具有鲜明的实践品格，不仅致力科学地解释世界，而且致力于积极改变世界。"④政府治理现代化建设，是政府从消极防御转向积极主动治理的重要过程，行政人员的积极性的发挥是实现这种转变的重要前提，而积极性发挥的过程其实也是个体人格的积极化与职业人格

---

① 习近平：完善和发展中国特色社会主义制度 推进国家治理体系和治理能力现代化.（2014-02-18）. http://cpc.people.com.cn/n/2014/0218/c64094-24387048.html.

② 健全提高党的执政能力和领导水平制度.（2019-12-03）. http://www.china.com.cn/opinion/theory/2019-12/03/content_75471417.htm.

③ 新华社. 干部干部，干是当头的.（2016-03-15）. https://www.gov.cn/xinwen/2016/03/15/content_5053635.htm.

④ 符永寿 李雪阳. 从《共产党宣言》感悟马克思主义的真理力量.（2018-05-24）. http://theory.people.com.cn/n1/2018/0524/c40531-30009908.html.

的积极化过程。在此意义而言，"积极"正成为马克思主义行政人格的显性要求，并成为首要要求。这是提出和研究积极行政人格的重要现实背景。

第一节　行政人格类型研究与积极行政人格的概念

行政人格的类型划分，是行政人格研究的着眼点，也是行政人格研究的基本内容之一。无论是行政人格的理想追求还是行政人格的现实考察，都离不开对行政人格类型的划分及其对具体行政人格类型内容的描述与研究。基于不同学科的视角，国内外学者对行政人格的类型进行讨论，为考察行政人格提供了理论参考。

一、多学科视角下的行政人格类型研究

（一）行政学视野的行政人格类型研究

1. 马威克：体制主义者、专家和混合类型

马威克从公共官僚的个人目标与理性的角度，依照职业风格将其分为体制主义者、专家和混合类型 3 种类型。体制主义者是相信组织的具有"高尚"职业承诺的人，多为中层官僚；专家则与体制主义者完全相反，并不追求自己在组织中的地位，而是无意识地要求发挥自己的职业技能；混合类型的人是政治化的专家，并不追求自己任何高尚的职业目标，而特别注重自己在政府中的职位和仕途，是"组织中的现实主义者"[①]。

2. 唐斯：权力攀登者、保守者、狂热者、倡导者和政治家

唐斯在《官僚制内幕》一书中，基于官员动机的不同组合，将官员划分为权力攀登者、保守者、狂热者、倡导者和政治家 5 种类型，并在此基础上，分析官员的动机、目标和行为对官僚组织决策的影响，探讨官僚组织所承担的社会职能及其所处的环境对其结构、行为和决策的影响。根据动机的程度，官员主要分为两类，一类是"完全自私的官员"，另一类是"混合动机的官员"。

"完全自私的官员"包括权力攀登者和保守者两种类型。权力攀登者非常重视和积极寻求权力、收入和声望的最大化，他们希望通过晋升、扩张、跳槽等技巧来实现自己的抱负；保守者主要考虑的是便利和安全，寻求的仅仅是为维护已得到的权力、收入和声望，而不是其最大化。

---

① 杨艳. 行政人格研究现状及述评. 南京社会科学, 2007（1）：68-76.

"混合动机的官员"，其目标是自利动机和效忠于更高价值的利他动机的结合，即在追求个人利益的同时也关注公共利益，包括狂热者、倡导者和政治家三种，其主要差别为效忠于更高价值程度的不同。狂热者效忠于相对狭窄的政策或观念，追寻权力，不仅追求权力本身所带来的好处，而且追求对其效忠的政策产生影响；倡导者效忠于一套比狂热者更为宽泛的组织，其追寻权力的原因在于对那些与职责或组织相关的政策和行为产生重要影响；政治家则效忠于整体的社会，为了对国家政策和行为产生重要影响而渴望得到权力①。

3. 个人（体）人格与组织人格

齐明山认为，国家公务员存在双重人格，即"组织人格与个人人格"②。曹芳与陈建斌在相关论述中将国家行政人员的人格称为公仆人格，并且认为公仆人格是公仆行为规范与人的个性化发展的辩证统一，具有组织人格与个体人格的二重属性③。这里的双重人格主要是指行政人格个人与职业双重身份人格属性，是中性词汇，与当下一些研究中所讲的"双重人格"（偏向消极）存在明显区别。

（二）心理学视野的行政人格类型研究

1. 亦主亦奴

张分田从历史社会学的角度对我国古代官僚人格进行了论述，认为"亦主亦奴是中国古代最具普遍意义的社会人格，而官僚的政治人格又是主奴综合意识的典型代表"④。主者，在权利、意志、人格等方面处在支配和超越地位的状态；奴者，在权利、意志、人格处于被支配和被超越的状态。亦主亦奴的行政人格，其个体人格与职业人格均具有内在的矛盾性，这种双重性是一种人格分裂的状态，而不仅仅是一种身份的双重性。"主奴根性的本质是奴性"⑤。这一类型的行政人格，是中国古代社会行政人格现实的生动写照，体现出这一历史时期，行政人员由于历史原因存在的人身依附关系。

2. 幼稚型/成熟型、顺从型/独立型

早期中国台湾学者张金鉴在借鉴美国学者阿吉里斯的研究成果上，在《行政

---

① 袁明旭. 经济人假设与官僚的行动逻辑：安东尼·唐斯的官僚制理论简析. 经济问题探索，2010（5）：64-68.
② 齐明山. 浅谈国家公务员的组织人格与个人人格. 新视野，2001（1）：44-46.
③ 曹芳，陈建斌. 行政文化视野中的行政人格塑造. 行政与法，2005（10）：25-27.
④ 张分田. 亦主亦奴——中国古代官僚的社会人格. 杭州：浙江人民出版社，2000：导言.
⑤ 张分田. 亦主亦奴——中国古代官僚的社会人格. 杭州：浙江人民出版社，2000：导言.

学典范》一书中，从管理与激励的角度提出了幼稚型和成熟型两种行政人格类型①。王沪宁和竺乾威从心理学角度分析了行政人员的能力、性格、气质与行政行为的关系，按照个体独立程度，将行政人格分为顺从型和独立型两种类型②。顺从型行政人员，在团体之中比较盲从，缺少自信和主见，倾向于通过对他人的依赖和顺从获得认可；独立型行政人员则比较具有主见，敢于表达自己的意志，较少出现盲从的行政行为。

3. 健康型、双重型、病态型

人格心理学认为，人格与自我密切相关。人格是由"真实我"、"现实我"和"理想我"组成的人格体系，三者之间的距离，表示着自我的"张力"的程度和自我同一的程度。李建华与夏方明在《论行政人格的基本类型》一文中，从人格自我同一性过程的变化规律出发将行政人格划分为"自我同一（健康型）""自我分化（双重型）""自我分裂（病态型）"三种类型③。他们认为，健全的行政人格与建立在自我同一性心理基础上的自我的同一紧密相关。健康型行政人格，其外在言行与形象是其内在真实自我的表现，其内在行政人格与外在行政风格是其践行行政规格、获得行政资格的必然结果，它是一种健康的行政人格。

（三）交叉视野下的行政人格类型研究

除了行政学与心理学视野，行政人格的研究还涉及社会学、伦理学等其他学科视野，由于行政人格自身的复杂性，在对行政人格的研究上往往需要借助多学科的交叉研究，因而在行政人格的类型的研究方面出现交叉学科视野趋势与特点。

1. 依附人格、工具人格和独立人格

张康之和杨艳在综合行政学与伦理学，从历史唯物主义的角度，对行政人格的历史类型进行了考察，将行政人格分为依附人格、工具人格和独立人格三种类型，分别对应不同的历史时期，并将独立人格视为服务行政的理想人格类型。其认为，行政人格既是行政人员个体的人格，又是行政人员区别于其他社会成员的群体人格和职业人格，是行政人员共同拥有的普遍人格。行政人格是与行政管理模式联系在一起的，统治行政中的行政人格是一种依附人格，管理行政中的行政人格则是一种工具人格，而服务行政则需要行政人员的独立人格与之相伴。张康

---

① 张金鉴. 行政学典范. 台北：中国行政学会，1979：455-456.
② 王沪宁，竺乾威. 行政学导论. 上海：三联书店上海分店，1988：25.
③ 李建华，夏方明. 论行政人格的基本类型. 湖南科技大学学报（社会科学版），2005（5）：45-51.

之和杨艳明确对服务行政中的独立人格的必然性、基本内容及其实践价值等做了进一步的论述。首先，服务行政中的行政人员被要求以创新精神、主体精神、主体意识和积极的服务理念开展行政管理活动。其次，独立人格的基本内容，在特征上是完整的人格意识；在功能上赋予行政人员独立的行为能力；在现实根据上，是自由的社会关系的人格体现。[①]杨艳还提出服务型政府只有立足于行政人员独立人格之现实建构的基础上，才能实现对传统政府管理模式的超越。[②]

2. 多角度的行政人格类型

李建华和夏方明在行政人格基本类型的考察中，不仅从心理学视野中自我同一的角度，将行政人格的类型划分为健康型人格、双重型人格和病态型人格三种类型，还从人格把握必然获得自由的发展程度出发，将行政人格划分为他律、自律和自由三种类型；从人格主体对社会角色要求的遵从程度出发，将其划分为盲从-依附型、屈从-虚伪型、信从-忠诚型、自主-创造型四大类型；从行政的政治特征角度，将其划分为统治型、管理型和服务型三种类型。[③]

此外，陈建斌和姬鹏超对新中国成立 60 年以来，先后经历的社会主义改造、全面建设社会主义、改革开放初期以及当前全面建设小康社会这四个不同的社会时期的行政人的演变进行了研究，得出革命创业型、乌托邦型、发展型和创新型四种行政人格[④]。

二、行政人格类型划分的新框架：消极–积极

从行政人格的类型划分情况来看，单一的学科视野难以描述行政人格重点突出的是行政人格某一方面的特征，而不是总体特征，多学科交叉视野的综合研究成为必然。当下已有的行政人格类型研究呈现出交叉视野的特点，但在一定程度上比较散乱，不利于后续行政人格类型研究在实践中的运用。因而，对已有的行政人格研究成果进行整合，寻找一种新的分类框架，从总体上对行政人格类型进行描述和判断，显得尤为重要。

关于行政人格所有正向的表达都可以归结为一种积极的状态，与之相对的则是消极的状态，由此得到一种行政人格类型划分的新思路，即依据行政人格积极

① 张康之，杨艳. 论行政人格的历史类型. 江海学刊，2004（6）：87-93+223.
② 杨艳. 服务型政府建设的导向：公务员独立人格的追求. 南京社会科学，2005（9）：57-61.
③ 李建华，夏方明. 论行政人格的基本类型. 湖南科技大学学报（社会科学版），2005（9）：48-49.
④ 陈建斌，姬鹏超. 建国 60 年中国行政人格演变述评. 求索，2012（2）：47-48+137.

的程度将行政人格划分为不同的类型。从马克思主义行政人格发展脉络和国内外其他学者的行政人格类型研究来看，要想对行政人格加以把握，既要将行政人员的个体人格与职业人格分开考察，又要在此基础上对两者进行综合考察。个体人格的积极并不必然带来职业人格的积极，职业人格的积极也并不能必然说明其个体人格的积极。故个体人格与职业人格的双重积极才是公共行政人员积极行政人格的应有之义。由此，笔者提出，"积极行政人格是一种与服务行政相适应的理想行政人格，是指公共行政人员个体和职业人格的和谐"①。根据个体人格的积极化与职业人格的积极化的不同组合，可得到关于行政人格的不同类型（图3-1）。从个体人格的积极化与职业人格的积极化程度的组合出发，得到以下5种类型的行政人格类型。

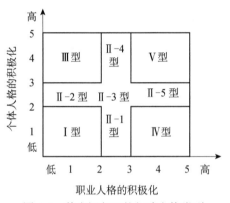

图3-1　整合视角下的行政人格类型

从个体人格的积极化与职业人格的积极化程度的组合出发，可以得到以下5种类型的行政人格类型。

（一）"消极-积极"框架下的行政人格类型划分

1. I型（迷失型）

图3-1中左下区域代表低积极化的个体人格与低积极化的职业人格的组合。处于该区域的公关行政人员在个体人格和职业人格两个维度上的积极化程度同时处于较低状态。处于这一区域的行政人员，其个体本身在日常生活中便是一种非积极状态，较为悲观，缺少明确的人生目标和价值追求，也缺少为之奋发拼搏的内在动力；在行政实践中，则表现为得过且过、敷衍塞责、不求上进、懒政怠政。

---

① 徐苏兰，段鑫星. 积极行政人格：理念与框架. 学海，2018（3）：211-216.

拥有 I 型行政人格无论是在职业人格实现上还是个体人格的发展上都比较受限，同时缺少活力和职业动力，与理想的积极状态相差甚远。

2. II 型（中间型）

图 3-1 中除左下、左上、右下和右上 4 个区域以外的区域，代表的是一组中间型行政人格，是低积极化和一般积极的或一般积极与一般积极的不同组合。其中 II-1 型表示该公共行政人员职业人格的积极化程度总体处于一般水平，不消极也不积极，个体人格的积极化程度较低；II-2 型表示公共行政人员职业人格积极化程度较低而个体人格积极化程度则处于一般水平；II-3 型表示公共行政人员职业人格与个体人格的积极化程度均处于一般水平，两者发展程度大致相当，但是均尚未达到比较积极的水平；II-4 型表示公共行政人员职业人格积极化程度一般，个体人格的积极化程度则处于较高水平，个体在工作以外的场合看上去更加积极；II-5 型表示公共行政人员职业人格的积极化程度较高而个体人格积极化程度一般，拥有此类行政人格的公共行政人员在扮演行政角色中表现相对尚可，能够基本完成职业任务，履行自身行政责任，具有一定的责任意识；而在工作场域之外，个体的精神状态、行为表现等与常人并无明显不同，虽然不是特别活跃、充满拼搏精神，但是也不太精神萎靡。

3. III 型（自我型）

图 3-1 中的左上区域代表高积极化的个体人格与低积极化的职业人格的组合。处于该区域的公共行政人员的个体人格发展良好而其职业人格发展比较受限，即在职业上不太积极，行政人格内部存在明显冲突。拥有此类型的公共行政人员通常比较重视自我感受，有明确的自我发展目标并能够为之努力，但职业人格发展不良，对职业投入不足，缺少责任心抑或背离公共价值，将其视为个人谋利的工具，在行政角色的扮演上并不尽心。还有一种情况可能是个体缺少足够的行政能力，导致行政人格的外显行为不够积极。

4. IV 型（强迫型）

图 3-1 中的右下区域代表的是低积极化的个体人格与高积极化的职业人格的组合。处于该区域的公共行政人员在职业人格发展上比较积极，但缺少个体人格的积极的内在支撑，行政人格内部同样存在明显冲突。拥有该类型行政人格的公共行政人员非常重视自身行政角色的扮演，但这种扮演更多依靠的是外部压力和自我道德强迫，具有显著的他律性特征。强迫型个体行政人格具有被动特征，其

道德意识和行政行为的约束依赖外界的支配和监督规范，具有一定的顺从性，并且这种顺从性的产生主要是为了规避外在道德规则和法律制度的处罚。对于强迫型行政人员，社会的奖罚具有非常重要的意义。

5. Ⅴ型（积极型）

图 3-1 中的右上区域代表的是高积极化的个体人格与高积极化的职业人格的组合。处于该区域的公共行政人员不仅仅职业人格发展上比较积极，而且具有个体人格的积极的内在支撑，其个体人格与职业人格高度正向和谐，即积极型行政人格。拥有该类型的公共行政人员的职业人格的发展与个体人格的发展总体上较为一致，面临较少的内在冲突，具有可持续发展的潜力。无论对于组织来讲还是对于行政人员个人来讲，这种积极行政人格的养成都具有正向意义。

如果主要从有利于组织发展角度来看，对于上述不同类型的行政人格比较而言，Ⅴ型>Ⅱ-5 型>Ⅳ型>Ⅱ-4 型>Ⅱ-3 型>Ⅱ-1 型>型>Ⅲ型>Ⅱ-2 型>Ⅰ型（">"表示"优于"，下同）；如果主要从有利于个体人格发展的角度来看，则是 Ⅴ型>Ⅱ-4 型>Ⅲ型>Ⅱ-5 型>Ⅱ-3 型>型>Ⅱ-2 型>Ⅳ型>Ⅱ-1 型>Ⅰ型；如果从既有利于组织发展又有利于个体人格发展的角度综合来看，则是 Ⅴ型>Ⅱ型（Ⅱ-1—Ⅱ-5 型）>Ⅳ型>Ⅲ型>Ⅰ型。个体人格与职业人格的内在和谐，是个体人格与职业人格趋于一致的内部纽带，也是检验积极行政人格的重要标准。

（二）积极行政人格的核心：积极性

服务行政是一种全新的行政模式，既不同于统治行政也不同于管理行政，其对应的行政人格自然也不同于统治行政中的"依附人格"和"独立人格"。李春成从行政伦理学的视角出发，结合亚里士多德的德性论传统，提出了一种新型却又极其古典的行政人规范，即功能性的"德性行政人"，突出了公共行政人员道德人格特质，张扬了人的道德自由。[①]张康之和杨艳站在历史唯物主义的视角下认为，服务行政下的公共行政人员"被要求以创新精神、主体意识和积极的服务理念去开展行政管理活动……在服务行政条件下，行政人员的行政人格必然是一种独立人格"[②]。李建华与夏方明则直接提出了服务行政人格，其个体人格特征表现为"社会公仆"这一基本现实样态。"公职人员必须依据其职务、职责和素质，为社会提供高质量的公共产品。"[③]将公民满意度作为行政的评价标准；更关注结果导向和

---

① 李春成. 行政伦理学研究的旨趣. 南京社会科学, 2002（4）: 31-35.

② 张康之, 杨艳. 论行政人格的历史类型. 江海学刊, 2004（6）: 87-93+223.

③ 李建华, 夏方明. 论行政人格的基本类型. 湖南科技大学学报（社会科学版）, 2005（5）: 45-51.

外部评价，强调通过民主合作来塑造个体人格，并将行政道德化作为主体行为的约束机制……这些不同行政人格理想的实现，无不需要以行政人员自身的积极性为前提和基础，因为：其一，缺少积极性的公共行政人员，其"德性"的养成必须依赖于强大的外部力量加以引导和制约，是一个倒逼过程，不仅成本巨大，而且其获得的结果所呈现的"德性"可能是一种虚假道德；其二，缺少积极性的公共行政人员，将习惯性地听组织安排或严格按照规则和制度行事，而"不需要信念和价值判断"，在意识和行为上依附于组织或组织权威，独立性也就无从谈起；其三，缺少积极性的公共行政人员，其服务性的实现则会大打折扣，流于形式，偏离服务的本质，在可为可不为的事项上选择不为，在可以选择的事项上拈轻怕重，在本该便民利民之处故意为难群众，出现"丁义珍式窗口"等现象。在此意义上，积极性是积极行政人格概念的核心。积极行政人格中的"积极"代表一种肯定的、正向的、和谐的、可持续的人格倾向特征。

第二节　积极行政人格的基本属性和结构[①]

积极行政人格是对所有可归结为正向的行政人格或行政人格理想的总结性描述。综合行政人格研究的理论积淀、行政人格实践的历史演变及发展需要，把握积极行政人格的基本属性和结构，有助于更加深刻地理解积极行政人格的内涵，并为后续积极行政人格的实证研究提供理论指导。

一、积极行政人格的基本属性

（一）公共性

公共性是行政人员行政人格的根本属性，也是行政人格存在的首要意义。行政人员不单代表一种身份和权力，更代表一种严肃的责任心和崇高的使命感。行政人员在"公共领域"中执行的是国家公务，管理的是公共事务，行使的是公共权力，理当作为公共利益的维护者、实现者以及公平正义等社会核心价值的维系者，对公共利益负责。公共性，是社会发展对行政人员积极行政人格的根本要求，是行政主体坚持公共利益至上的一种"利他"属性。是否坚持公共利益至上的价值观念和在多大程度上能够践行这一观念，是衡量行政人员公共性的根本原则，也是衡量行政人员行政价值实现程度的重要标准。行政人员进入公共场域，应主

---

① 徐苏兰，段鑫星. 积极行政人格：理念与框架. 学海，2018（3）：211-216.

要出于"一种对公民广泛的和问心无愧的热爱"①，维护和实现公共利益的需要而非单纯追逐私利的需要。对于实现和维护公共利益，"促进建立一种集体的、共同的公共利益观念"②，行政人员个体及其所在群体都具有不可推卸的责任。行政人员责任的履行不仅仅是尽心尽责地完成本职工作，更要对所处的组织行政风气以及整个大的行政环境负责，对于组织中不合理的风气和行为，行政人员有责任采取积极的态度和行为去改变它，而不是默许或者从众。行政人员不同于一般的群体，在其选择成为行政人员而享有公共权力行使权时，必然比社会一般成员对公共利益的实现有着更高的责任。当小我与大局冲突时，应顾全大局，以公共利益为先，坚持"民本位"而非"官本位"，寻求公共利益最大化。行政人员在行使公共权力、管理公共事务时，还要自觉树立和践行民主要求，关切和回应民众的意见和需求。坚持和保障民主，对广泛的公共参与给予肯定和鼓励的态度，充分尊重参与公共事务的公众意志；此外，要保证行政权力运行的公共性，主动接受相关监督，遵守规章法纪。在服务型政府建设的背景下，行政人员更要牢固树立"为人民服务"的价值观念，积极服务于民。

（二）自立自为性

独立自主性是行政人员行政人格的现代化指向，是行政人格现代化过程中需要成长和成熟的关键要素。目前，国内外学者基于对官僚制中工具性人格的批判，纷纷提出了新的理想行政人格主张，其中关于独立人格及独立人格的建构有关论述在学术界引起了较大反响。但是，学者对独立人格的概念的界定莫衷一是，在内涵和外延上与西方的"独立人格"存在较大的语义差异。中国是一个集体主义文化国度，这种文化强调集体性和伦理秩序，因而，其独立人格的概念实质上已经将可能危害组织的消极独立成分剔除，是有前提的独立，并包含自主性、主动性和创造性等多种内涵。但是以"独立"来命名与依附人格、工具人格相区别的人格概念，其所要表达的内涵既包括一般意义上独立性、自主性，也有主动性以及创造性的含义，这与普通民众以及行政人员自身对一般"独立性"的直观反映存在较大出入。根据国内心理学研究专家夏凌翔和黄希庭的语义分析研究，以"自立"③替代"独立自主"或许更加贴切。但是"自立"本身并不能很好地包含"主

---

① 弗雷德里克森. 公共行政的精神. 张成福, 刘霞, 等, 译. 北京: 中国人民大学出版社, 2003: 203.

② 珍妮特·V. 登哈特, 罗伯特·B. 登哈特. 新公共服务: 服务, 而不是掌舵. 丁煌, 译. 北京: 中国人民大学出版社, 2010: 47.

③ 夏凌翔, 黄希庭. 自立、自主、独立特征的语义分析. 心理科学, 2007 (2): 328-331+307.

动和创造"的意蕴，故本书将之称为"自为"。"自立自为性"更加贴切行政人员所应具备的伦理自主内涵，表达更加清晰。自立自为性是相对的而非绝对的，对于行政人员而言，其自立自为性的实现理应以遵循公共性为根本前提。行政人员行政人格的自立自为性包含 3 个不同但又相互联系的层次，分别为独立自主性、主动性、创造性，这也是个体主观能动性的不同层次。高自立自为性的行政人员，不仅在组织中保持人格的相对独立和自主，还需要更加主动地开展工作，并尽可能地运用自己的聪明才智，提出有创造性的方案或创造性地解决问题。

（三）和谐性

人本主义心理学家罗杰斯认为，当一个人自我观念中没有冲突的心理现象，也就是自我内部的协调一致以及自我与经验协调时，则为自我和谐的状态。[①]自我和谐是人格和谐的核心内容，人格和谐则对整个心理和谐的形成具有正向的调节功能，心理和谐必然对个体的身心健康及积极行为的养成具有重要影响。"没有心理和谐，心理健康就无从谈起。"[②]对于行政人员而言，保持自我与角色的和谐、自我内部的总体和谐，既是保障身心健康的前提，也是优化行政人格的重要基础。近年来，少数行政人员在面临困境时选择极端的方式结束自己的生命，自绝于亲朋，也自绝于社会与人民。一项关于行政人员心理健康测量数据统计研究发现，"行政人员心理异常人数比例偏高"[③]，行政人员的心理健康水平低于常人。邵景均根据近年来中央纪委和地方各级纪委查办的案件情况分析指出，存在严重的心理疾患是一些干部违纪违法以及贪腐的一个重要因素。[④]这些都表明，行政人员群体的心理健康问题已经不容忽视。因而，在建构积极行政人格的过程中，在充分关注公共性、自立自为性的同时，也应当充分关注行政人员自我和谐的状态。以自我和谐为基础的公共性和自立自为性，具有良好的心理基础，才可能是真实的、可持续的。

二、积极行政人格的结构之个体人格维度

积极的个体人格特质描绘和判断个体人格积极特征强弱的基本单元，也是了解个体人格积极化程度的重要依据。积极心理学家彼得逊（Peterson）等经过大量

---

① Rogers C R. Client-Centered Therapy. London：Constable and Company，1951：1.
② 石国兴，王紫微. 心理和谐概念辨析. 心理科学，2013（1）：234-239.
③ 朱小根. 公务员心理健康教育的社会管理研究. 广西社会科学，2014（6）：152-155.
④ 邵景均. 心理健康应成为选任干部的重要标准. 中国党政干部论坛，2016（3）：16-18.

访谈总结出了 24 项积极人格特质，帕克（Park）等据此编制了"优势行动价值问卷"（VIA-IS）。该问卷及其应用结果表明，24 项积极人格特质具有跨文化的一致性。段文杰等通过对原版 VIA-IS 问卷的精简、验证与探索，得到了更加适用于中国文化情境的三大长处结构："亲和力""生命力""意志力"①。亲和力、生命力、意志力是衡量中国文化情境下个体人格的一般依据，其强弱则代表了个体人格中具备这些长处的积极化程度。

（一）高亲和力

促进公共利益最大化是公共行政人员的行政价值所在，要实现这一价值，必须坚持党的群众路线，密切联系群众，真心实意地为人民办事。这就需要公共行政人员具备高度的利他属性（亲和力），如慈爱、乐于助人、具备团队合作精神、尽可能保持公正等。这些属性的生成是一个长期的发展过程，是个体人格的重要内容，可以在长期的职业生涯中加以强化或改变，却不能在获得公职之初就自动形成。"为人民造福，为发展社会生产力、为社会主义事业做出积极贡献"②是行政人员的使命所在。行政人员作为公共权力的行使者，可以追求行政价值与自我价值的统一，绝不能是利己主义者，绝不能只为自己的利益而汲汲营营。缺少仁慈与乐于助人品质的公共行政人员，高居庙堂之上，难以对处于水深火热的困难群众共情，也不可能密切联系群众，忧其所忧。团队合作精神则是公共行政人员生成"合作共赢目标的行政价值理念"③、"承担起合作治理的职责"④、促进行政价值实现的必然要求。对于公共行政人员而言，尽可能保持公正也是必要的，因为公共行政人员还代表着政府形象，当人们认为一个或一些公共行政人员缺少公正这样的品质时，更容易质疑其所在部门甚至整个单位的公正性和真实性，进而造成政府公信力的下滑。

（二）高生命力

生命力主要与个体的活力状态相关，与个体所具有的精神信仰、希望、欣赏美丽和卓越、有活力、勇敢、创造力、洞察力、社会智力等心理品质相关，是行政人员开展各项活动的内在动力之源。对于行政人员而言，具有坚定的精神信仰

① 段文杰，谢丹，李林，等. 性格优势与美德研究的现状、困境与出路. 心理科学，2016（4）：985-991.

② 兰华，何海涛. 邓小平人才思想新论. 中共济南市委党校学报，2001（3）：45-47.

③ 张康之，姜宁宁. 社会治理变革中的公共管理研究：人大复印资料《公共行政》2016 年重点及 2017 年研究预测. 中国行政管理，2017（2）：47-55.

④ 张康之. 论合作治理中行动者的独立性. 学术月刊，2017（7）：68-77.

是极其重要的，精神信仰是公共行政人员心中的"灯塔"，缺少"灯塔"的照明与指向，公共行政人员就会将自我价值与行政价值割裂开，陷入对自我的过度关注。希望表现为一个人对未来的一种乐观倾向，对事物的发展抱持较为积极的态度，于公共行政人员而言，相信改革道路前途的光明，是保障其不陷入盲目悲观主义而消极以待的认知基础；欣赏美丽和卓越、有活力，则有助于激发公共行政人员在行政实践中追求人民满意的美好生活的实现，积极进取，充满干劲；勇敢是一种魄力，是公共行政人员不畏道路之曲折，愈挫愈勇并有所担当的底气；当下的行政人员，其面对的是高度不确定性和高度复杂性的社会，需要处理的公共事务不仅大量、烦琐，而且更具难度，要在这些事务中游刃有余，不仅需要其创造性的发挥，探索和应用行政实践相关的新理论、新技术、新方法，还需要具有前瞻性思维，观察入微的洞察力，对事物与形势进行准确判断，在涉及人的复杂关系的处理时，则需要具备较高的情商（社会智力），避免弄巧成拙。

（三）高意志力

意志力是个体决定达到某种目标而产生的心理力量以及为实现目标而自我调节和控制、克服困难的相关品质（头脑开明、审慎、坚持、自我控制与爱学习等）的集中反映。无论是行政价值的实现过程还是个体自我价值的实现过程，都不可能是一帆风顺的坦途，要想"玉汝于成"，就要具备顽强的意志力。行政人员要"富于牺牲精神，能独立解决问题，在困难中不动摇，忠心耿耿地为民族、为阶级、为党而工作"[1]，缺少高意志力的行政人员，即使相信发展前途是光明的，自身具备相应的潜能条件，也会因为道路上的重重曲折而不战自屈，功亏一篑。

三、积极行政人格的结构之职业人格维度

行政人员职业人格的积极主要表现为：先进的行政理念、灵活有度的行政自由、良善于行的行政道德、明确统一的行政权责与渐趋优秀的行政职业能力。

（一）先进的行政理念

行政理念作为"行政理论理念和行政实践理念的统一"[2]，是行政实践的先导，对于行政实践方向的把握具有重要的意义。陈腐落后的行政理念，会助长行政实践中的官僚风气和守旧思想，有碍于行政改革的推进和行政实践的改良；先进的

---

[1] 毛泽东. 毛泽东选集（第1卷）. 2版. 北京：人民出版社，1991：277.
[2] 颜佳华，范文锋. 行政理念探析. 学海，2014（2）：101-105.

行政理念，则会促进公共行政人员牢固树立"民本位"思想，在为人民服务的前提下与时俱进，以人民的美好生活需要的满足为己任，不断创新行政实践的理论与方法，有效促进行政目标和行政价值的实现。领导干部更要坚持做"心中有党、心中有民、心中有责、心中有戒"的"四有"干部，做"政治的明白人、发展的开路人、群众的贴心人、班子的带头人"①。

（二）灵活有度的行政自由

传统行政模式下官僚制构建给行政人员的行政行为设下严格、统一的程序和标准，一方面为其提供了工作上的指导，另一方面也使其失去自由度。灵活有度的行政自由，其实质是公共行政人员主体性意识的觉醒、价值理性的发挥与行政规范和行政目标的有机结合。灵活有度的行政自由是"随心所欲而不逾矩"，是在法律真空地带时的自律，是在自由裁夺下的人性温度，是对公共权力的审慎运用与价值守护。行政主体在行政管理活动中充分调动自己的积极性、主动性、能动性，利用一切可资利用的行政资源，努力追求行政管理目标的实现，把行政价值内化为自我价值，实现个性的充分发展和自由的充分发挥，达到一种自觉、自为、自主的境界，即行政自由的境界，最终实现行政人的全面自由发展。

（三）良善于行的行政道德

习近平指出，"做官先做人，做人先立德；德乃官之本，为官先修德"②，领导干部更"常修为政之德，常思贪欲之害，常怀律己之心，在实践中把做人与做官统一起来，把学习与改造统一起来，把'立言'与'立行'统一起来，真正做到为民、务实、清廉"③。行政道德是行政主体"在行政活动中所必须遵循的职业道德"④，是行政主体的"道德意识、道德规范以及道德行为的总和"⑤，也是实现公共行政价值、目标的必要保障。"我们一方面需要通过社会的改造去逼近自由的目标；另一方面更需要在自我的道德建构中去使我们变得更自由。"⑥行政道德是抽象与具体、主观与客观的统一。对于行政人员而言，行政道德的判断不仅需要主观地感

① 习近平要求广大县委书记做——政治的明白人 发展的开路人 群众的贴心人 班子的带头人 谆谆教诲 殷殷嘱托. 党建，2015（7）：4-5.

② 转引自王杰. 政德乃为官为政之本.（2020-07-15）. https://m.gmw.cn/baijia/2020/07/15/33996237.html.

③ 田延华. 习近平谈做人：大事讲原则 小事讲风格.（2016-01-13）. http://www.0733.gov.cn/jrgz/xwjj/2016-01-13/201601136662.html.

④ 陈奇彪. 论行政道德的法制化. 行政与法，2004（3）：38-40.

⑤ 庞洪铸. 官德层次论. 道德与文明，2010（4）：98-101.

⑥ 张康之. 道德建构与人的自由——兼议行政人员的行政行为自由. 河北学刊，2007（2）：192-197.

知和评价，更需要通过行政实践来验证和衡量。真正的道德一定是良善于行、知行合一、他人能够觉察而信服的，而不是自我的想象与自吹自擂。如何修德，成为有高尚品德的人？习近平指出，修炼道德操守，提升从政道德境界"最好的途径就是加强学习，读书修德，并知行合一，付诸实践"①。

（四）明确统一的行政权责

行政权责包括行政权力、行政责任和行政权利。行政权利的提法虽然尚存争议，但在当下的行政生态下，否定行政权利的存在，既是对行政机关及其工作人员不信任的表现，也是对"权利与义务对立统一"这一原则的违背。明确自身的行政权利，是防范和抵御领导权力乱用、减轻非法定行政责任以外负累、增强行政理性的必要举措。行政权利是行政权力的有效补充，共同构成行政责任履行的工具。正确认识行政权力、行政责任和行政权利三者之间的关系并在制度规范上加以明确，是公共行政人员定位与调整自身行为的重要基础。

（五）渐趋优秀的行政职业能力

优秀的行政职业能力是行政人员行使行政权力与权利、承担行政责任、落实行政道德、发挥行政自由、展开行政活动、实现行政理念的能力基础。公共行政人员面对的是大量烦琐的行政事务，对这些事务的有效处理，离不开自身行政职业能力的发展。渐趋优秀的行政能力既是公共行政人员为完成本职工作而不断追求卓越的责任意识与发展意识的体现，也是其学习能力的反映。行政人员应当学有所长，具备过硬的本领，具备做好本职工作的专业知识和能力，能够独立解决问题，成为能干会干善于干的人。行政能力的获得是一个渐进的过程，在前期的理论学习的基础上，还需要通过大量的行政实践和教育加以拓展和提升。

第三节　积极行政人格实践的根本立场：坚持以人民为中心

积极行政人格是马克思主义公仆人格思想的继承与新发展，在根本立场上与马克思主义公仆人格具有高度一致性，那就是坚持以人民为中心。坚持以人民为中心，是"关于新时代坚持和发展中国特色社会主义的根本立场"②，也是政府治

---

① 万鹏，谢磊. 习近平之江新语：多读书修政德 用思想武器管好自己.（2014-06-09）. http://theory.people.com.cn/n/2014/0609/c40531-25120721.html.

② 中共中央宣传部. 习近平新时代中国特色社会主义思想学习纲要. 北京：学习出版社，人民出版社，2019：40.

理现代化进程中积极行政人格实践的根本立场所在。积极行政人格实践的人民中心立场集中表现为以下几个方面。

一、积极行政人格实践的奋斗目标：为人民谋幸福

"人民性是马克思主义最鲜明的品格。始终同人民在一起，为人民利益而奋斗，是马克思主义政党同其他政党的根本区别。"①积极行政人格的公共性属性，是在继承马克思主义公仆人格人民性思想的同时，融入现代公共行政理论的精髓，从根本上规定了积极行政人格实践的方向，在于谋求公共利益并创造公共价值。在中国实践情境中，积极行政人格的公共性属性实践指向集中表现为人民谋幸福的奋斗目标，就是要坚持从人民的根本利益出发，全心全意为人民服务。新时代的行政人员，在改革的浪潮中，必须紧跟时代的发展，洞察人民群众根本利益时代诉求的发展变化，顺应时代发展。党的十九大报告中深刻指出，"中国特色社会主义进入新时代，我国社会主要矛盾已经转化为人民日益增长的美好生活需要和不平衡不充分的发展之间的矛盾"。新时代下的行政人员，必须深刻认识习近平总书记提出的关于我国社会主要矛盾变化的论断，深入理解新时代中国特色社会主义坚持以人民为中心的根本立场。新时代下的积极行政人格实践的奋斗目标，根本上仍然是"为人民谋幸福"，但阶段性集中表现为满足人民对美好生活的向往。在实践层面上，则要着眼于人民群众对医疗、教育、就业、居住条件和生活环境、精神文化生活等多方面美好生活的向往，"始终把人民利益摆在至高无上的地位，始终同人民想在一起、干在一起以人民忧乐为忧乐，以人民甘苦为甘苦，努力为人民创造更美好、更幸福的生活"②。为人民谋幸福，要求行政人员在事关是公共利益的治理事务中，谋根本、谋大利、不谋私利，以人民群众美好生活需要的满足程度作为行政实践活动的重要行为尺度。在实践目标上，具体表现为，为人民提供更好的教育、更稳定的工作、更可靠的社会保障、更高水平的医疗卫生服务、更舒适的居住条件、更优美的环境等。

二、积极行政人格实践的评价主体：人民群众

人民群众是历史的创造者，是推动历史发展的决定力量，这是马克思主义唯

---

① 中共中央宣传部. 习近平新时代中国特色社会主义思想学习纲要. 北京：学习出版社，人民出版社，2019：40.

② 中共中央宣传部. 习近平新时代中国特色社会主义思想学习纲要. 北京：学习出版社，人民出版社，2019：41.

物史观的基本观点之一。在《论联合政府》中，毛泽东旗帜鲜明地提出，"人民，只有人民，才是创造世界历史的动力"①。"信任群众，紧紧地和群众一道，并领导他们前进，我们是完全能够超越任何障碍和战胜任何困难的，我们的力量是无敌的。"②深刻认识人民群众在历史发展和社会进步中的主体性地位和重要力量，决定了人民群众始终是马克思主义政党积极行政人格实践的评价主体地位。中国共产党，作为始终坚持贯彻和发展马克思主义理论的无产阶级政党，始终强调人民在国家治理中的主体地位，人民是国家的主人。党的十八大以来，以习近平同志为总书记的党中央，进一步明确以人民为中心的发展思想，紧扣民生福祉，发展依靠人民、发展为了人民、发展成果由人民共享。习近平总书记指出，"时代是出卷人，我们是答卷人，人民是阅卷人"③。人民群众既是党的各项工作的最高裁决者和最终评判者，也是新时代行政人员公共行政实践活动及其成效的评判者。新时代背景下的行政人员，在党的领导下，同样需要"坚持把人民拥护不拥护、赞成不赞成、高兴不高兴、答应不答应作为衡量一切工作得失的根本标准，努力向历史、向人民交出新的更加优异的答卷"④。

三、积极行政人格实践的工作路线：群众路线

群众路线是中国共产党创造性地运用马克思主义唯物史观关于人民群众是历史的创造者的基本原理，创立于新民主主义时期，并在社会主义革命、建设和改革中始终坚持和不断完善的根本工作路线。毛泽东曾经指出，"在我党的一切实际工作中，凡属正确的领导，必须是从群众中来，到群众中去"⑤。"知屋漏者在宇下，知政失者在草野"（《论衡》）。"问政于民方知得失，问需于民方知冷暖，问计于民方知虚实。"⑥行政人员作为公共行政实践的具体承载者，必须充分"尊重人民所表达的意愿……自觉拜人民为师，向能者求教，向智者问策"⑦，坚持人民主体地位，充分调动人民积极性。群众路线是党永葆青春活力的重要传家宝，也是行政人员积极行政人格实践的根本工作方法。新时代坚持群众路线，则要坚持、

① 毛泽东. 毛泽东选集（第3卷）. 2版. 北京：人民出版社，1991：1031.
② 毛泽东. 毛泽东选集（第4卷）. 2版. 北京：人民出版社，1991：1265.
③ 中共中央宣传部. 习近平新时代中国特色社会主义思想学习纲要. 北京：学习出版社，人民出版社，2019：43.
④ 习近平. 习近平谈治国理政（第2卷）. 北京：外文出版社，2017：40.
⑤ 毛泽东. 毛泽东选集（第3卷）. 2版. 北京：人民出版社，1991：899.
⑥ 王天义. 始终坚持以人民为中心的基本方略. 马克思主义研究，2017（12）：26-29.
⑦ 中共中央宣传部. 习近平新时代中国特色社会主义思想学习纲要. 北京：学习出版社，人民出版社，2019：43.

继承和发扬党的优良传统，与新技术手段相结合，不断提升群众路线工作的实效。具体而言，行政人员一方面要继承和发扬过去深入群众，与人民群众面对面、心贴心沟通交流的工作作风，主动拉近自身与人民群众的地理距离和心理距离，听取真实的群众意见和建议；另一方面，则要深入研究新形势下群众工作的新规律和新特点，充分发挥互联网、大数据、人工智能等新技术的积极作用，不断拓展和创新践行群众路线的方式、方法，强化、优化、提高干群互动的频率、渠道、反馈速度和解决群众问题的实效。过硬的政治素质，是积极行政人格践行群众路线的思想保证；精于业务的行政能力，是践行群众路线的能力基础，要善于从群众的意见中总结和分析问题，并从专业的角度加以解决。践行群众路线不是靠喊口号就能实现的，必须在行动上脚踏实地，这样才能持续调动人民群众的积极性。此外，践行群众路线的过程中，行政人员更要注意行政道德的实践，过分讲究排场等形式主义作风，不仅不会增进干群关系，反而会引发更多的不满。

第四节　积极行政人格的现实缩影："最美公务员"

积极行政人格的提出，兼顾当前社会发展阶段官僚制将继续存在并塑造行政人员工具人格的现实，以及行政人员发展自我独立个性的内在诉求，是调和工具人格与独立人格的一种尝试。因而，它不是完全超越当前社会发展阶段现实的一种远大理想，而是可能并正在现实中生发的一种行政人格形态。拥有积极行政人格的行政人员，能够很好地调试自我个体人格与职业角色人格的关系，将自我融入职业，并在职业角色的扮演中充分实现自我的能动性与创造性。那些获得各类先进表彰的行政人员，在其获得表彰的相关行政实践活动，都可被视为积极行政人格的外显。

一、"最美公务员"遴选活动概要

2020年8月，为深化拓展做"人民满意的公务员"，中央组织部、中央宣传部联合开展"最美公务员"学习宣传活动，遴选公务员群体中的先进典型。"最美公务员"遴选标准如坚持政治标准、突出实绩导向等。各地推荐人选则需符合以下基本要求：认真学习贯彻习近平新时代中国特色社会主义思想，增强"四个意识"，坚定"四个自信"，做到"两个维护"；不忘初心、牢记使命，深入贯彻落实习近平总书记重要指示批示精神和党中央决策部署，恪尽职守、真抓实干，用心用情用力解决群众的操心事、烦心事、揪心事，事迹感人、群众满意，工作实绩突出，一贯表现优秀；带头践行社会主义核心价值观，清正廉洁、公道正派，受到人民群众广泛赞誉。

在具体人选的推荐上，根据中央组织部等部署的相关通知要求可见，"最美公务员"的评选主要面向基层、面向一线，重点推荐在扎实做好"六稳"工作、全面落实"六保"任务特别是脱贫攻坚、疫情防控、复工复产、防汛救灾等重大工作一线扛重活、打硬仗，敢担当、善作为，新涌现出来的公务员先进典型。换句话而言，要被推荐为"最美公务员"，就必须是近年来在涉及国计民生方面特别是脱贫攻坚、疫情防控等方面做出重要贡献的先进典范，切实践行"为人民服务"的行政宗旨和"情为民所系""利为民所谋""权为民所用"的群众路线。

二、"最美公务员"获选人物信息

经过层层遴选，2020 年 12 月 2 日，中央组织部、宣传部公布"最美公务员"评选结果。刘立飞、高燕梅、冯强等 32 名同志被确定为"最美公务员"。统计 32 位"最美公务员"，其性别、民族、入选时年龄、政治面貌、入选时所在工作单位等基本信息见表 3-1。在这 32 位获选同志中，男性 20 人、女性 12 人；汉族 23 人，少数民族 9 人；中共党员 31 人，群众 1 人；获选时年龄处于 30 岁及以下的 2 人、31—35 岁的 2 人、36—45 岁的 19 人、45 岁以上的 9 人。

表 3-1　全国"最美公务员"基本信息

序号	姓名	性别	民族	年龄	政治面貌	工作单位
1	刘立飞	男	汉	39	中共党员	北京市医院管理中心医疗护理处副处长、三级调研员；北京市援鄂医疗队队长
2	高燕梅	女	汉	49	中共党员	天津市河东区体育局党组书记、局长
3	冯强	男	汉	38	中共党员	河北省赤城县扶贫开发办公室党组书记、主任
4	吴苏俊	男	汉	50	中共党员	山西省大同市财政局煤炭基金管理科科长，驻浑源县东坊城乡荆庄村第一书记、工作队队长
5	刘叶阳	男	蒙古	31	中共党员	内蒙古自治区喀喇沁旗河南街道党工委委员、管理办公室副主任，驻马鞍山村第一书记
6	张彪	男	汉	57	中共党员	辽宁省阜新市阜新蒙古族自治县司法局党组成员、副局长、一级主任科员
7	于洋	男	汉	37	中共党员	吉林省吉林市住房和城乡建设局综合计划统计处处长，驻蛟河市拉法街道海清村第一书记
8	沈淼	女	汉	45	中共党员	黑龙江省嫩江市联兴乡党委书记

序号	姓名	性别	民族	年龄	政治面貌	工作单位
9	孙筱和	男	汉	36	中共党员	中国（上海）自由贸易试验区临港新片区管理委员会高新产业和科技创新处副处长
10	聂永平	男	汉	53	中共党员	江苏镇江丹徒区世业镇副镇长，先锋村党总支书记
11	钟毅	男	汉	30	中共党员	浙江省杭州市公安局科技信息化局计算机应用管理科副科长、警务技术三级主管
12	刘双燕	女	汉	45	中共党员	国家税务总局亳州市税务局机关党委副书记，驻利辛县汝集镇朱集村第一书记、工作队队长
13	梁志埠	男	汉	36	中共党员	福建省运输事业发展中心城市公共交通运输管理处副处长、二级主任科员
14	桂河标	男	汉	42	中共党员	江西省余干县梅港乡人民政府四级主任科员
15	朱明明	女	汉	37	中共党员	河南省女子强制隔离戒毒所四大队大队长。
16	韩沂妤	女	汉	33	中共党员	湖北省宜昌市夷陵区应急管理局党委委员、政治部主任
17	曾维光	男	汉	43	中共党员	湖南省湘阴县教育局党组书记、局长
18	刘志刚	男	汉	41	中共党员	广东省工业和信息化厅装备工业处处长、一级调研员
19	黎明华	男	壮	44	中共党员	广西壮族自治区崇左市宁明县峙浪乡党委副书记、乡长、一级主任科员
20	张庆福	男	壮	36	中共党员	海南省海口市公安局特警支队五大队副大队长、二级警长
21	梅玫	女	汉	39	中共党员	重庆市大渡口区人民检察院检察五部主任
22	师玉容	女	汉	41	中共党员	四川省沐川县高笋乡党委书记
23	张厚学	男	汉	43	中共党员	贵州省安顺市人民政府办公室人事科科长，驻紫云苗族布依族自治县大营镇大营村第一书记
24	段莉萍	女	汉	49	群众	云南省楚雄市人民法院民事二庭庭长、审判委员会委员、四级高级法官
25	多布杰	男	藏	57	中共党员	西藏自治区林芝市巴宜区更章门巴民族乡人民政府二级科员，久巴村党支部书记
26	靳康鹏	男	汉	42	中共党员	陕西省铜川市卫生健康委员会党委委员、副主任，驻宜君县哭泉镇哭泉村第一书记、工作队队长
27	刘韶华	女	汉	51	中共党员	甘肃省永昌县城关镇党委委员、二级主任科员，永福苑社区党总支书记、居委会主任
28	布周	男	藏	56	中共党员	三江源国家公园管理局长江源园区可可西里管理处党委书记、主任、一级调研员
29	海萍	女	回	51	中共党员	宁夏回族自治区固原市原州区人民政府办公室四级主任科员，驻官厅镇东峡村第一书记、工作队队长
30	依米然·白和提	女	维吾尔	36	中共党员	新疆维吾尔自治区阿克苏市兰干街道办事处党工委副书记、办事处主任
31	胥小翠	女	汉	46	中共党员	新疆生产建设兵团第十三师哈密垦区公安局治安管理大队大队长、二级警长
32	胡银宽	男	汉	29	中共党员	广州海关所属广州白云机场海关旅检二处卫生检疫科副科长

注：根据共产党员网公示名单、网络相关报道资料整理而成。

三、"最美公务员"之积极行政实践风采

对"最美公务员"相关信息的梳理,有助于我们切实感受积极行政人格的实践内涵。

(一)为人民服务的行政理念

先进的行政理念促进行政人员牢固树立"民本位"思想,在为人民服务的前提下与时俱进,以人民的美好生活需要的满足为己任。

来自北京市医院管理中心医疗管理中心的中共党员刘立飞,在疫情形势严峻之时,担当北京市援鄂医疗队队长,第一时间带领 151 名队员奔赴疫情前线。刘立飞等同志始终牢记习近平总书记"把人民群众生命安全和身体健康放在第一位"[①]的讲话精神,"向英雄的武汉人民交出了一份满意的答卷"[②]。走在高原脱贫攻坚路上的天津市河东区体育局党组书记、局长高燕梅,坚持"党的干部到哪儿都要发光发热"[③]的思想信念,挂职地方,深入藏区,助民利民。张家口市赤城县扶贫办主任冯强,在主抓扶贫工作中,坚持"以百姓心为心,以群众事为事"[④],以"为民"为其价值追求。吴苏俊同志主动请缨奔赴脱贫攻坚的一线工作当中,做一名驻村干部,甘当"一名为村民谋幸福的'店小二'"[⑤]。马鞍山村第一书记刘叶阳,坚守脱贫攻坚一线,从思想上帮助群众拔掉"穷根",在接受相关采访时表示"为摘掉村里的'穷帽子',我宁愿付出我的全部""只要能帮乡亲们做点儿事,受点儿委屈不算啥"[⑥],用实际行动走进群众的心里。辽宁省阜新市阜新蒙古族自治县司法局副局长张彪,即使荣誉等身,亦始终坚持为政初心,"时刻将老人的急难愁盼挂在心上,累计处理信访案件 3800 多件",成为"群众交口称赞的贴心人"[⑦]。嫩江

---

① 白剑峰,李红梅,申少铁. 把人民生命安全和身体健康放在第一位(新时代的关键抉择). 人民日报. 2021-12-08(01).

② 靳建朋. 不抛弃不放弃,挽救每个生命. (2020-12-08). http://www.12371.cn/2020/12/08/ARTI1607392509611465.shtml.

③ 宋德松. 高原脱贫攻坚路上最美格桑花——记最美公务员、天津市河东区体育局党组书记、局长高燕梅. (2020-12-09). http://tj.people.com.cn/n2/2020/1209/c375366-34464754.html.

④ 张云. 冯强:"为民"就是我的价值追求. (2020-12-07). http://m.hebnews.cn/hebei/2020-12/07/content_8245802_2.htm.

⑤ 赵志诚,董毅. 当好服务群众的"店小二"——记"最美公务员"吴苏俊. (2020-12-15). http://www.sxdygbjy.gov.cn/content/2020-12/15/97_301357.html.

⑥ 汤家河,夏文晨. 青年人的楷模——最美公务员刘叶阳. (2020-12-16). https://www.sohu.com/a/438532494_99895194.

⑦ 杨翠婷. "最美公务员"张彪当好群众贴心人. (2020-12-24). http://www.moj.gov.cn/Department/content/2020—12/14/612_3261783.html.

市联兴乡党委书记沈淼，驻村 6 年间，沈淼的扶贫笔记本里记录了村里的大事小事近万件，并想尽各种办法一一解决。她带领乡亲们建成了滑子蘑扶贫产业基地，带动全村贫困户及村民 30 余人务工，人均增收 4000 余元。终于，曙光村摘掉了贫困村的帽子①，成功带领村民实现脱贫。原镇江先锋村党总支书记聂永平，将"人民对美好生活的向往"作为自身的奋斗目标；以"让农民富起来、让乡村真正振兴起来"作为他的奋斗方向②。刘双燕多年奋斗在税务系统扶贫的一线岗位上，凭借其对理想信念的坚定和对家国大义的坚守、真诚而深刻的为民情怀，成为国务院扶贫办主任交口称赞的"党的好女儿，民的亲闺女"③。此外，韩沂妙坚持筑牢安全底线，守护百姓平安；曾维光扎根基层，坚持"群众利益无小事"；孩子们的知心"莎姐"——梅玫，以拳拳赤子心，感受群众冷暖，书写司法情，始终践行为党积极工作的初衷；3 次选择留在乡村振兴路上的逆行者师玉容，"视百姓为亲人，把冷暖放心上"④。主动请缨到麻山腹地，用脚丈量"扶贫路"的张厚学，脱贫攻坚、疫情防控两手抓，把热情挥洒在祖国需要的地方。信念如磐，始终坚守法治信仰，心系群众的段莉萍，"用爱让法徽更闪亮"⑤……每一位"最美公务员"的相关事迹，都闪耀着"为人民服务"的价值理念，生动诠释了行政人员"情为民所系"的深刻情怀。

（二）行政自由的创造性运用

具有行政自由意识的行政人员，更能在遵守基本原则和规定的行政情境中，善于充分发挥积极性、主动性、能动性，达到"一种自觉、自为、自主的境界"。"最美公务员"，之所以美，一定是出色地、超额地完成了本职的工作，真正将自己融入人民群众当中。他们能够在全国脱颖而出，成为先进模范的代表，离不开他们高度的积极性、主动性、能动性以及创造性的发挥。

刘立飞同志带队抗疫中，制定疫情防控的 18 项核心制度，提出标准化、表单

① 仲欣. 黑河市全国"最美公务员"沈淼载誉归来. （2020-12-15）. https://heihe.dbw.cn/system/2020/12/15/058559039.shtml.

② 郁芬. "最美公务员"聂永平：群众事无小事，渐渐上心. （2020-12-10）. http://www.jszzb.gov.cn/info_132.aspx?itemid=31538.

③ 曲胜博. 税务干部刘双燕荣膺"最美公务员"称号. （2020-12-11）. http://www.chinatax.gov.cn/chinatax/n810219/n810724/c5159666/content.html.

④ 邢瑞华. 师玉容：我深爱这片土地. （2021-01-21）. http://www.sxdygbjy.gov.cn/content/2021/01/21/428_306221.html.

⑤ 云南省高级人民法院. 段莉萍：爱让法徽更闪亮，法让社会更和谐. （2020-11-24）. https://www.sohu.com/a/434058860_120056527.

化、制度化管理模式，为援鄂抗疫贡献了院感防控的北京方案。高燕梅针对甘南藏族自治州医疗条件落后现状，开创"组团式，院包科"的帮扶模式，最大限度地缓解了当地的医疗困境。冯强多方联系、沟通，克服重重困难，建立当地"精准扶贫大数据平台"，为全县扶贫工作装上"导航仪"。刘叶阳带领村干部，在企业、合作社及农户之间沟通斡旋，面对闭门羹亦坚持不懈，创建了马鞍山村"公司+基地+农户""种植—加工—销售"一条龙的产业模式。张彪，多年工作在司法一线，首创并推广"四级联调"和法律援助诉讼引导机制，充分把握群众纠纷调解要点，建立其所在县首个以个人名义命名的人民调解工作室，形成"彪哥"精神。于洋主动申请驻村扶贫，以党建聚民心，"因户施策定向帮扶、整合力量多角度切入"[1]，让吉林省蛟河市海清村焕发新颜。沈淼改变传统"等、靠、要"的脱贫思路，充分发挥主动性，积极奔走各相关单位，为曙光村争取到项目资金2000余万元，形成"党员+合作社+扶贫基地+农户"[2]脱贫攻坚模式。孙筱和主动在每一场临港宣介会、招商会，公布手机号与微信号，并承诺"回复一般不过夜、绝不超过24小时"[3]，拼搏在临港区域发展与改革创新的前线。聂永平深入调查，为先锋村锁定"发展现代高效农业"的出路，与村民推心置腹地进行面对面沟通，独立承担早期探索道路上的亏损风险。钟毅及其同事，加班加点，运用大数据，开发杭州市疫情防控系统，出色完成开发健康码的紧急任务，"'码'上战役写担当"[4]，彰显科技警察的魅力。梁志埠刚刚组建小家，便主动请缨奔赴抗疫前线，"火线逆行"并"积极参与制定全省交通检疫方案"[5]，承担起交通检疫组的诸多工作，贡献党员热情与专业智慧。朱明明带领队员，"帮助戒毒人员寻找失散的家人、唤回遗失的亲情、扶弱救贫、上户口、找工作……"[6]，远远超出了其本职的职责范围，能多做一些便多做一些，让戒毒人员回归走向新生的道路。曾维光，"把初心写进使命，把群众写进心里"[7]，身先士卒，积极守护一方"水土"平安，

① 于洋:用奋斗书写无悔青春.(2021-01-29).https://www.12371.cn/2021/01/29/ARTI1611891795862981.shtml.
② 省妇联宣传部.【她与脱贫攻坚故事】沈淼:把扶贫事业扎根在龙江沃土.(2020-12-07).https://www.sohu.com/a/436831010_120207625.
③ 洪俊杰."最美公务员"孙筱和,13年间,他为临港翻天覆地添砖加瓦 为临港拼搏,未来会继续向前奔跑.解放日报,2020-12-07(02).
④ 邢瑞华."码"上战疫写担当.(2020-12-15).https://www.12371.cn/2020/12/15/ARTI1608002095607681.shtml.
⑤ 梁志埠:时代召唤 不负青春.(2021-01-18).https://www.12371.cn/2021/01/18/ARTI1610938205935373.shtml.
⑥ 朱明明:愿天下无毒.(2021-02-01).https://www.12371.cn/2021/02/01/ARTI1612149207744869.shtml.
⑦ 曾维光:把初心写进使命,把群众写进心里.(2021-01-07).https://www.12371.cn/2021/01/07/ARTI1609987320866126.shtml.

打造多个党建品牌及党建教育基地，组织落地公益停车场等一批民生工程。刘志刚在疫情暴发后，带着团队"冒着风险奔波在各地，帮助企业解决实际问题"①，超额完成全国防护服压条机生产调度任务，为全国抗击疫情做出了重要贡献……他们具有坚定的信念，在各自的岗位上兢兢业业，充分发挥自我的主动性、创造性和积极性，灵活、有效地完成并超越自己本职工作。遇到困难不退缩、不找借口、奋勇前行、积极奔走、多方协调，贡献专业智慧，彰显公仆本色。

（三）令人信服的行政道德

行政道德，是行政学研究的一个重要理论范畴，是行政价值观的子集，但比行政价值观更为具体。"道德行为意味着脱离单纯的目的论和义务论理性，根据个人的美德，忠诚于现有团体或同伴制定的规章。"②行政人员所在团体或共同体制定的规章具有特殊性，因而不同国家及团体的行政道德体系的具体内容往往存在差异。换言之，并没有普适的标准化的行政道德体系。休伯茨等关于改革领域的道德标准目录中，强调了"责任、善意、合议、承诺、同情心、竞争力、勇气、奉献、经济、效益、效率、平等、忠实、公平、诚实、客观、诚信、公正、忠诚度、中立、不歧视、无偏见、乐观、公共利益、质量、可靠性、代表性、责任、回应性、无私、透明、真实性"③。其他学者提出的行政道德在某些方面与此相似，但数量以及词汇的表达上则存在差异。

中国自古以来在干部的选拔任用中就强调"德"的重要性，"德才兼备"更是现代中国社会行政人员选拔的基本标准。在毛泽东同志看来，行政人员要以"能否坚决地执行党的路线，服从党的纪律，和群众有密切联系，有独立的工作能力，积极肯干，不谋私利"为标准，"懂得马克思列宁主义，有政治远见，有工作能力，富于牺牲精神，能独立解决问题，在困难中不动摇，忠心耿耿地为民族、为阶级、为党而工作"④的，高尚的，纯粹的，有道德的，脱离低级趣味的，有益于人民的人。"选人用人要坚持德才兼备、以德为先"，胡锦涛同志亦明确提出"要教育党员、干部特别是领导干部自觉加强道德修养，常修为政之德，常思贪欲之害，常

① 走进最美公务员 刘志刚：在抗疫物资保障战中践行"两个维护". (2021-02-23). https://www.sohu.com/a/452268644_100211261.

② 米歇尔·S. 德弗里斯，金判锡. 公共行政中的价值观与美德：比较研究视角. 熊缨，耿小平等，译. 北京：中国人民大学出版社，2014：7.

③ 米歇尔·S. 德弗里斯，金判锡. 公共行政中的价值观与美德：比较研究视角. 熊缨，耿小平等，译. 北京：中国人民大学出版社，2014：137.

④ 毛泽东. 毛泽东选集（第1卷）. 2版. 北京：人民出版社，1991：277.

怀律己之心，牢固树立马克思主义世界观、人生观、价值观和正确的权力观、利益观、地位观，模范遵守社会公德、职业道德、家庭美德，坚决抵制各种腐朽落后思想文化的侵蚀，永葆共产党人的高风亮节"[①]。习近平同志在论述做人做官的论述中亦多次强调"当'官'要有'官德'"[②]。行政人员的行政道德不是自吹自擂产生的，而是实实在在干出来的，是要通过一系列的行政实践行为体现出来的。那些在行政实践中切切实实干了真事、取得了真绩、有利于人民群众根本利益的行政人员，具有令人信服的行政道德。在中国的国家公务员局网站在较为醒目的位置上列出了公务员所应具备的职业道德，包括"坚定信念""忠于国家""服务人民""恪尽职守""依法办事""公正廉洁"。

广州海关胡银宽在疫情暴发期间，主动报名卫生检疫监管模式改革，与同事24小时坚守航站楼，承担了大量的数据采集任务和疫情防控作业信息化管理系统调试工作，恪尽职守，是"国门前的抗疫担当"[③]。胥小翠"铁肩担道义，热血铸安宁"[④]，带领治安大队干警完成辖区90%的信息数据核查汇总，高效应对乌鲁木齐疫情，保障着辖区内人民群众的生命安全。依米然·白和提，积极奔走，为阿克苏冰糖心苹果打开销路，并全力破解当地群众就业难题，切实践行"为人民服务"的初心，成为辖区大爷大妈口中的"老闺女"[⑤]。海萍历经民政、危房改造、信访等多个岗位，"把五保老人、残疾人视为自己的亲人，把群众的事当自己家人的事去解决""把群众的来信当家信"[⑥]，在岗位上发光发热。生态保护前沿阵地工作者布周，面对可可西里恶劣的自然环境，始终坚持守护，"多年来严格执法、严密保护"[⑦]，使可可西里成为名副其实的"动物王国"。靳康鹏积极探索多渠道旅游扶贫模式，把"助农增收致富作为自觉行动"[⑧]，帮助哭泉镇实现脱贫的同时，

---

①　中共中央文献研究室. 十六大以来重要文献选编（下）. 北京：中央文献出版社，2004：177.

②　习近平. 之江新语. 杭州：浙江人民出版社，2007：3.

③　邢瑞华. 胡银宽：国门前的抗疫担当.（2020-12-21）. http://www.sxdygbjy.gov.cn/content/2020-12/21/428_302096.html.

④　靳建朋. 胥小翠：热血为民 誓保一方安宁.（2021-01-28）. http://www.12371.cn/2021/01/28/ARTI1611803464502555. shtml.

⑤　邢瑞华. 依米然·白和提：做一棵胡杨坚守在南疆.（2021-02-08）. http://www.sxdygbjy.gov.cn/content/2021-02/08/428_308476. html.

⑥　靳建朋. 海萍：一颗芳心系"亲人".（2021-01-28）. http://www.12371.cn/2021/01/28/ARTI1611793662334286. shtm.

⑦　邢瑞华. 布周：只为心中那份沉甸甸的责任.（2020-12-18）. http://www.sxdygbjy.gov.cn/content/2020-12/18/428_301991.html.

⑧　靳建朋. 靳康鹏：哭泉梁上的"玉米书记".（2021-02-05）. http://www.12371.cn/2021/02/05/ARTI1612494973838641.shtml.

关心困难群众，成为留守老人、单身贫困户等困难群众的"亲人"。段莉萍积极践行法治担当，年均办案 342 件，且"无一错案、无一上访、无一缠诉"[1]，在依法办事中彰显司法为民的情怀，依法办事的职业道德，用公正凝聚司法信任，维护司法权威，在国家"脱贫攻坚"使命的号召下，凭借坚定的信仰，或主动奔赴，或倾情驻守多年，与群众融为一体，察民情、体民意、解民纷、聚民心、带民脱贫，在依法办事、恪尽职守中，自觉担当起忠于国家、服务人民的行政使命。

（四）运用行政权力，积极践行行政责任

行政人员在行使行政权力时，必须充分了解和敢于承担相应的行政责任，并在行政责任的履行过程中，注意保障与行使自身的合法性行政权利。正确以及创造性地行使行政权力与行政权利，担当行政责任，是"最美公务员"的基本职业底色。

身为广州白云国际机场海关旅检二处卫生检疫科副科长，胡银宽在一线工作中具有清醒的角色认知，充分践行带班组长的行政角色，"切实感受到一名国家公务员的责任，感受到一名共产党员的含义"[2]，带领科室成员成功经受登革热、埃博拉等疫情考验，并成长为疫情防控的中坚力量，担负起守护国门及人民群众生命安全的使命。身为新疆生产建设兵团第十三师哈密垦区公安局治安管理大队大队长、二级警长，胥小翠在疫情防控关键时刻，始终牢记自己作为警察和党员身份与责任，坚持"疫情不退，我不退"[3]，带领大家一起战斗，抗击疫情。海南省海口市公安局特警支队五大队副大队长张庆福，作为中层指挥员，"深感责任重大，深知每一次抓捕、每一场战斗、每一次跨国押解都是一次生死考验，都是一次使命担当，都是一次践行入警誓言的有力行动"[4]，忠实地履行身为人民警察的神圣职责。广西壮族自治区宁明县崃浪乡党委副书记、乡长黎明华，深知作为一名公务员的责任，认为自己"既然选择了这个神圣的职业，就要扛起肩上的责任"[5]，

---

① 靳建朋. 段莉萍：用心办好每一个案件.（2021-01-22）. http://www.12371.cn/2021/01/22/ARTI16112849 06173437.shtml.

② 邢瑞华. 胡银宽：国门前的抗疫担当.（2020-12-21）. http://www.sxdygbjy.gov.cn/content/2020-12/21/428_ 302096.html.

③ 靳建朋. 胥小翠：热血为民 誓保一方安宁.（2021-01-28）. http://www.12371.cn/2021/01/28/ARTI16118034 64502555.shtml.

④ 靳建朋. 张庆福："尖刀"力量践行特警使命.（2021-01-20）. http://www.12371.cn/2021/01/20/ARTI1611128 606258812.shtml.

⑤ 靳建朋. 黎明华：边陲赤子 扶贫闯将.（2021-01-19）. http://www.12371.cn/2021/01/19/ARTI1611024057972492. shtml.

积极帮助乡里寻找产业增收出路、控辍保学、完成危房改造任务，以实干诠释行政人员的人民公仆本色。张家口市赤城县扶贫开发办党组书记、主任冯强，上任之初便"感受到一份沉甸甸的责任和压力"[①]，为了担负起这份责任，他走遍全县400多个行政村，白天下乡调研，晚上研究工作，切实履行着脱贫攻坚的责任。中国（上海）自由贸易试验区临港新区管理委员会高新长野和科技创新处副处长孙筱和，抱着"'功成必定有我'的责任感"[②]，与同事一岗多责，积极承担临港区域内多个领域的工作，为临港新区发展贡献智慧、挥洒汗水……行政责任的履行，离不开行政权力的运用。

（五）实践中锻炼和提升行政职业能力

在社会主义建设时期，毛泽东根据新的历史任务要求"我们各行各业的干部都要努力精通技术和业务，使自己成为内行，又红又专"[③]。又红又专的思想，虽然在时代的发展中为其他术语所替代，"但毛泽东关于干部和知识分子必须具有坚定政治信仰、深厚的理论功底、远大的理想追求和高尚的道德情怀，与党和人民保持一致，为国家民族利益奉献，德才兼备的要求没有过时"[④]。"德才兼备"的人才选用观下，同样要求行政人员具备较为优秀的行政职业能力。社会主要矛盾的变化，不仅对物质文化生活提出了更高的要求，而且对民主、法治、公平、正义、安全、环境等多个方面均提出了多样化的、更高层次的要求。新时代，中国行政人员的工作内容将更加多样化、更加复杂化、更具挑战性。要担当行政使命，切实履行行政责任，离不开优秀的行政职业能力的锻炼和提升。"最美公务员"，美在忠诚于党和国家的坚定信仰，美在为人民服务的深厚情怀，美在为人民办实事、增实效、促民生的实践行动。曾维光在参加工作的23年里，历经鹤龙湖管区、县委统战部、县委办、新泉镇、县教育局多个岗位，每一次身份的转变都伴随着能力的提升。常年实践中提升的行政职业能力，使他在新的岗位上依然得心应手，守护一方"水土"平安，打造党建品牌与基地、民生项目和民生工程，收获群众的认可。张厚学在脱贫攻坚战的关键时刻，主动请缨到脱贫攻坚任务最繁重、条件最艰苦的麻山腹地，坚定地走在脱贫攻坚的道路上，从走访摸底、与群众建立

---

① 靳建朋. 冯强：扶贫路上的"答卷人". (2021-01-04). http://www.12371.cn/2021/01/04/ARTI1609728834404439.shtml.

② 靳建朋. 孙筱和：为临港奇迹贡献光和热.（2020-12-14）. http://www.12371.cn/2020/12/14/ARTI1607917253231827.shtml.

③ 毛泽东. 毛泽东文集（第7卷）. 北京：中央文献出版社，1999：309.

④ 欧阳雪梅. 毛泽东"又红又专"思想的提出及影响. 毛泽东研究，2015（4）：45-51.

密切联系，调动村民积极性，提高村"两委"干部履职能力和综合素质等多举措，带领大营村"顺利实现贫困人口高质量脱贫"①……所有"最美公务员"荣誉获得者，都在自己的岗位上发光发热，在为带领群众脱贫攻坚抑或开展疫情防控等活动中展现出优秀的行政职业能力。

---

① 靳建朋. 张厚学：为主动请缨战贫困 不负韶华显忠诚. （2021-02-04）. http://www.12371.cn/2021/02/04/ARTI1612406264339837.shtml.

第四章　行政人员积极行政人格的
生发画像

　　"积极行政人格"是一个复杂的理论概念，具有个体及职业人格双重面向，所涉内容广泛，要对其进行问卷调查本身具有一定的难度，需要采取一种更为综合的视角。立足积极行政人格的三大属性（公共性、自立自为性、和谐性），自编《积极行政人格问卷》（附录一），调查了解当前行政人员积极行政人格的生发现状及其统计学上的差异，有助于为描绘当前行政人员积极行政人格生发现状提供一定的数据支持。对积极行政人格生发程度现状的问卷调查前后分两轮展开，共发放问卷 500 份，回收问卷 480 份，其中有效问卷 432 份，有效问卷回收率为 86.4%。在筛选和剔除无效问卷时，坚持以下原则：整份问卷呈规律性作答，如同一性作答、之字形作答等，破坏性问卷答题空白多于 3 个的。经信度检验发现，积极行政人格问卷总信度为 0.967，公共性、自立自为性、和谐性 3 个分问卷信度分别为 0.914、0.930、0.905；经效度检验发现，积极行政人格问卷中公共性、自立自为性和和谐性三大属性与总体水平之间 Person 相关系数分别为 0.932、0.959、0.912。信效度检验综合表明，积极行政人格问卷较为可靠。运用 SPSS 19.0 软件对所获数据进行处理，分析内容主要包括描述性分析、独立样本 t 检验、单因素方差分析、相关分析、回归分析等。本章研究中所用描述性分析主要以计算数值型单变量的统计量为主，如均值、方差、标准差等。独立样本 t 检验与单因素方差分析共同用于分析行政人员积极行政人格的人口统计学差异。相关分析主要用来判断两个变量或多个变量之间的相关性，在本章研究中主要采用的是 Person 简单相关系数，检验变量之间的相关性。

第一节　行政人员积极行政人格的生发现状

一、行政人员积极行政人格生发整体状况

《积极行政人格问卷》问卷结构主要包括个人基本信息和问卷正文两大部分。其中，个人基本信息部分包括性别、年龄、政治面貌、最高学历、单位类型、职务级别、职位类别、现职工龄等，共 9 题；问卷正文包括公共性、自立自为性、和谐性三个维度，共 42 个题目，采用利克特五级计分法，从"非常不符合"到"非常符合"，分别计 1—5 分。各维度及对应题项如下：公共性维度总计 15 道题，对应题项 1—15，具体由服务性（题项 1—6）、尽责性（题项 7—12）、民主性（题项 13—15）三个子要素构成。自立自为性维度总计 16 道题，对应题项 16—31，具体由独立自主性（题项 16—22）、主动性（题项 23—26）、创造性（题项 27—31）构成。和谐性维度总计 11 道题，具体由自我与角色和谐（题项 32—33、35—37）、自我内部和谐（题项 34、38—42）构成。

统计行政人员积极行政人格的总体水平均值及不同水平层次之间的人数占比发现，行政人员积极行政人格生发的总体水平较高，比较具备积极行政人格特征。在划定较高水平、一般水平、较低水平 3 个等级的基础上，将具有较高水平的积极行政人格的个体视为拥有积极行政人格的个体。进一步统计个体层面积极行政人格生发的情况发现，被调查的行政人员积极行政人格已经具备相当比例的群体基础，但另有近一半尚未呈现较高水平的积极行政人格特征（处于较高水平者占比 56.3%，不到六成），具体情况参见表 4-1。

表 4-1　行政人员积极行政人格生发的总体状况

题项	较高水平	一般水平	较低水平	M
T1—T42	56.3%	40.6%	3.1%	4.03

进一步考察行政人员在三大属性上的具体情况发现，被试群体在积极行政人格的三大属性（公共性、自立自为性、和谐性）的均值分别为 4.09、3.96、4.03。说明被调查的行政人员总体比较具备"公共性""和谐性"两种属性特征；此外，行政人员在"自立自为性"上的均值最低，且低于 4，这说明，被试群体具备部分自立自为性特征，但不太明显，其自立自为性仍有提升空间。自立自为性是政府治理现代化中对独立人格的追求，是在处理日益复杂和高风险社会管理公共事务

中所必须的自主精神。由于当前的行政体制总体上呈现鲜明的科层制特征，强调从上至下的行政主导逻辑，故相比于一直以来持续强调的公共性而言，自立自为性属性较难生发。

二、行政人员积极行政人格"公共性"属性及子要素生发现状

（一）行政人员总体比较具备"公共性"属性

在社会治理层面，"'公共性'是社会治理的基础和目标"，"是多元主体合作治理的价值支撑"。[1]要走出当前社会治理中公共性缺失的困境，首先要确保行政人员具备公共性属性，公共性是行政人员行政人格的根本属性，也是行政人格存在的首要意义。与普通社会成员的公共性内涵有所不同的是，行政人员的公共性集中表现为公共行政精神。"政府的公务员要对其所执行的公共管理活动负责，而不是滥用其所占用的公共权力。一方面要维护公共利益，不能将个人利益凌驾于公共利益之上；另一方面，要尊重公民个人的权利，不得假借公共之名侵犯个人的权利。"[2]在此意义上，缺少公共性属性的行政人格必然异化为权力型行政人格，将人民和国家赋予的行政权力化为自身谋取私利的工具，而忽视对公共利益的增进与人民福祉的实现。调查统计发现，多数行政人员在"公共性"维度上处于较高水平，比较具备公共性特征；少数行政人员在"公共性"维度上处于一般水平，其公共性特征不明显，有待加强；同时也存在极少数行政人员在"公共性"维度上处于较低水平，不太具备公共性特征，值得关注。具体情况参见表4-2。这一研究结果与当前学界关于行政人员公共行政精神理论阐述较为一致，"我国部分政府机构及其行政人员缺乏现代公共行政精神，导致一系列行政不作为现象在内的公共治理问题"[3]。与已有研究不同的是，通过对行政人员公共性属性的测量，支持了当前行政人员群体中多数行政人员比较具备公共性的经验性结论。

表4-2　积极行政人格"公共性"属性均值及群体分布

题项	较高水平	一般水平	较低水平	M
T1—T15	61.5%	35.4%	3.1%	4.09

进一步对行政人员在"公共性"维度3个子要素——服务性、民主性、尽责

---

① 马克林. 论我国社会治理中的公共性困境及其超越. 甘肃社会科学，2020（1）：31-37.

② 苏春艳. 弗雷德里克森的"公共行政精神"论析. 上海行政学院学报，2017（2）：30-37.

③ 丁志刚. 现代政府治理视域下的行政不作为及其治理. 西南民族大学学报（人文社科版），2017（1）：205-211.

性进行描述性统计，得到表 4-3。

表 4-3　积极行政人格 "公共性" 子要素生发状况统计

变量	较高水平	一般水平	较低水平	M
服务性	71.4%	25.5%	3.1%	4.13
尽责性	58.8%	36.9%	4.3%	3.92
民主性	81.3%	16.1%	2.6%	4.24

（二）行政人员服务性特征较为突出

行政人员的服务性是一种公共服务精神，具有较为浓厚的利他色彩，有助于激发行政人员的公共服务动机，使其发自内心地从事公共事业并为之付出时间和精力。由表 4-3 可见，在积极行政人格的 "公共性" 维度，行政人员的 "服务性" 较为突出。具体而言，在 "服务性" 子要素上，71.4% 的行政人员处于较高水平，25.5% 的行政人员处于一般水平，另有极少数（3.1%）行政人员处于较低水平。这说明，绝大多数行政人员具有服务意识，这可能与当前环境和组织一直强调为人民服务的思想及对群众路线的坚持存在关联，也可能是多年来推进服务型政府建设的成果之一。超过七成的行政人员比较具备 "服务性" 的问卷调查结果与公共服务动机研究的相关主张具有高度一致性，"大部分的政府工作人员将为公众服务和对社会事务发挥影响作为加入政府的重要原因，而很少重视金钱报酬和工作保障"[①]。进一步提升行政人员的服务性，有助于继续深入推进当前服务型政府建设。笔者建议在加强对少数行政人员服务性意识培育的同时，应同时着重优化相关体制、机制和制度建设，为多数行政人员服务性的展现提供组织支持和技术支持。

（三）行政人员民主性特征较为突出

"直面后工业化社会动荡、不断演进的社会环境是每一个组织不可逃避的任务。环境、组织、信息技术和民众价值观的复杂性迫切需要行政管理者通过与民众的互动、对话和信息分享，促成新的理解和思维方式，促成与民众的广泛合作。"[②]在高度不确定性的风险社会中，要实现政府治理现代化和社会治理现代化，离不开广泛的公共参与。在当前科层制组织体制下要促成这一广泛的合作，离不

---

① 孙德超，周媛媛. 变 "压力" 为 "动力"——基于公共服务动机理论的基层扶贫干部工作压力研究. 吉林大学社会科学学报，2020（2）：159-166+223.

② 张康之，张乾友. 公共性视角下的公共行政概念——20 世纪后期公共行政研究视角的转变. 东南学术，2013（3）：9-17.

开当前体制内主体成员行政人员民主行政的理念和行为支撑。行政人员的"民主性"则是适应当前治理现代化建设的重要职业人格要素，是破解传统官本位思想及其组织惯性的价值基础。由表4-3可见，在"民主性"子要素上，81.3%的行政人员处于较高水平；16.1%的行政人员处于一般水平，同样存在极少数行政人员（2.6%）处于较低水平。这说明，被调查行政人员群体具有较为良好的民主基因。结合当前社会公共行政仍然存在与民主价值相悖的官僚作风遗留问题和公共参与存在显著不足的实践现状，说明行政人员民主性属性可能未能在组织内得到高度支持。出现这一结果的其他原因可能与样本的构成中多为非领导职务的行政人员相关，非领导职务的行政人员更容易感受到组织内权威主义和官僚作风带来的负面体验而更倾向于民主行政。值得警惕的一个问题是，为什么体制内的行政人员群体中具有良好的民主倾向，而现实中的"官本位"思想顽疾和"一言堂"等与民主行政相悖的行为仍时有发生。要在科层制中保护和发扬当前较为良好的民主基因，不仅要在行政理念中强化民主集中制的价值，更要在行政实践的诸多方面强化权力公有的色彩，减少个人公权私用的自由裁量空间，实现民主行政。

（四）行政人员尽责性特征不突出

"任何责任都不是一种纯粹的外部性设置，任何责任都只有通过具体的人的信念才能发挥作用，才能得到履行。"[1] "公共行政人员的责任行政意识就是保证负责任行为的一种重要的心理因素和主观条件。"[2]对于行政人员而言，尽责性不仅是外在制度和规定的要求，更应成为一种内化的信念意识和行政作为的基本要求。理论而言，具有较高水平的服务性和民主性，意味着能够自觉摆正自身的位置，以民为本，重视公共利益的维护，这样的行政人员应具有较高水平的尽责性。但由表4-3可见，相比于服务性、民主性，行政人员在"尽责性"子要素上均值未达到4，具有较高水平责任意识和责任能力的行政人员不足六成（58.8%），36.9%的人员更容易满足对基本责任的履行。这样的统计结果可能与当前社会的深刻变革及行政体制改革的局限性相关：一方面，当前社会正在处于工业社会向后工业社会的转变期，充满着风险以及风险蕴藏的高度不确定性，给行政人员的职责履行带来了全新的挑战。除去本就欠缺责任行政意识的可能，社会变革所带来的挑战在一定程度上也使部分行政人员难以尽责。另一方面，21世纪以来，行政体制的作用机制正在发生重要转变，强化了行政问责制，在容错机制尚不健全的情况下，

---

① 张康之. 寻找公共行政的伦理视角. 北京：中国人民大学出版社，2002：257.

② 孙彩红. 责任行政意识：建构责任政府的主观条件. 云南行政学院，2005（2）：57-60.

一些行政人员为求稳妥，不敢尽责。近年来在公共行政中出现的"懒政""怠政"等行政不作为问题与行政人员尽责性不强存在一定关联。在社会发展急剧变革的当今社会，要加强行政人员的尽责性，不仅要依托传统的教育培育活动，更要健全和优化体制机制，为法内主动尽责行为提供相对安全的探索空间。

三、行政人员积极行政人格"自立自为性"属性及子要素生发现状

（一）行政人员总体自立自为性属性不突出

自立自为性属性与传统的依附性属性相对立，强调行政人员作为主体性存在的人格自我独立的价值。随着社会发展进程中不确定性和风险性的加大、公共事务的处理日益复杂化，行政人员需要唤醒自我主体意识，积极主动地履行自身的工作职责。行政人员行政人格的自立自为性包含 3 个不同但又相互联系的层次，分别为独立自主性、主动性、创造性。统计发现（表 4-4），行政人员的"自立自为性属性"不突出，仅 53.1% 的行政人员具备较高水平的自立自为性；43.8% 的行政人员处于一般水平，基本具备自立自为性特征，但其特征不明显；另有极少数行政人员（3.1%）处于较低水平，基本不具备自立自为性特征。

表 4-4　积极行政人格"自立自为性"属性均值及群体分布

题项数	较高水平	一般水平	较低水平	M
T16—T31	53.1%	43.8%	3.1%	3.96

进一步考察行政人员在自立自为属性维度的独立自主性、主动性、创造性 3 个子要素，经描述性统计得到表 4-5。由表 4-5 可见，行政人员的独立自主性、主动性、创造性 3 个子要素的样本均值分别为 3.89、4.12、3.91。

表 4-5　积极行政人格"自立自为性"子要素统计

变量	较高水平	一般水平	较低水平	M
独立自主性	53.7%	40.5%	5.9%	3.89
主动性	73.1%	23.4%	3.6%	4.12
创造性	60.5%	33.3%	6.3%	3.91

注：由于四舍五入，加总可能不为 100%，余同。

（二）行政人员独立自主性特征不突出

"传统公共行政学领域中，几乎所有行政学理论都是从限制行政人员的自主性

的角度去进行研究和探讨的。"①20 世纪的行政改革同样以限制行政人员的自主性问题展开,在满足工业社会传统公共行政效率追求的同时,也为行政人员独立自主性的生发设置了种种障碍。"一个人的生涯都从预定的命数中解脱出来,并为人们自己所掌握,容许并依赖于决定","个体必须学习将自身看作行动的中心和自己生涯、能力、取向和关系等的规划者"。②随着行政学理论发展以及变迁,行政人员的独立自主性议题渐趋形成和显现,日益复杂的公共行政实践迫切需要弥补行政人员独立自主性的先天不足。然而与理论关切和实践需要不相适应的是,行政人员的独立自主性的生发和外显仍然面临诸多掣肘,使之成为行政人格培育的难题。由表 4-5 可见,具备较高水平"独立自主性"的行政人员刚过一半,四成左右的行政人员的"独立自主性"处于一般水平,且总体样本的"独立自主性"亦处于一般水平。这些都表明,被调查的行政人员的"独立自主性"特征并不突出,印证了行政人格研究中有关行政人员独立自主性生发难的观点。

(三)行政人员主动性较高,存在双重可能

行政人员的主动性人格特征有助于行政人员以较强的意志力克服社会变革中来自技术、他人以及自身惰性等诸多阻碍,应对政府治理中的多重挑战。由表 4-5 可见,被调查的行政人员在"主动性"这一子要素上表现良好,73.1%的行政人员的主动性特征处于较高水平。主动性既是心理特征也是行为特征,具有高水平主动性的行政人员往往具有较强的自主动机和内部动机,在行政实践中往往更愿意对诸多公共事务的处理做出"有理由做"的判断,引导其爱岗敬业、努力作为、主动创新等。在行政实践主动行政的价值导向影响着行政人员主动行政的实际效能。在相关制度无法事无巨细地予以妥当安排、需要行政人员发挥主观能动性的情境中,行政人员的主动性水平显得尤为重要。当行政人员以公为先为行政导向,其高水平主动性特征就可能转化为增进人民群众的公共利益和社会福祉的积极行政行为;当行政人员过于看重、自我追寻的是个人私利的满足时,其高水平主动性特征则可能转化为乱政行为和寻租行为。对于政府治理现代化建设和人民群众而言,行政人员的高水平"主动性"只有与高水平"服务性"相结合,才能在公共行政实践中发挥积极的价值。基于表 4-3 和表 4-5,行政人员总体上呈现出高水平"主动性"特征的同时,也存在高水平"服务性"的特征,由此可见行政人员的高水平"主动性"主要是一种积极意义上的主动性。

---

① 段鑫星. 论行政人员独立人格的生成. 理论学刊, 2014(5): 82-86+128.
② 乌尔里希·贝克. 风险社会. 何博闻, 译. 南京: 译林出版社, 2004: 165-166.

（四）行政人员创造性特征不突出

"创造性或创造精神是创造性人格的本质方面，在创造活动中具有动力作用、导向作用以及对智力因素与非智力因素各要素间关系的调节作用。"[1]创造性不足的个体在认知逻辑和行动逻辑上习惯于遵循旧例，难免陷入按图索骥的误区，像机器一样行动而缺乏创造性的行政人员难以适应复杂多变的现代公共行政。现代公共行政早就发出关于"以人为本"理念的倡议，"坚持以人为出发点和中心，以强调人的主体意识、激发人的创造潜能和满足人的需要为特征而实现组织既定目标"[2]。在未来的公共行政更需要行政人员在既定的法律法规框架内，结合实际需要创造性地开展工作，不断增强为人民服务的实效。由表4-5可见，虽然有六成行政人员的"创造性"处于较高水平，但行政人员的"创造性"总体水平还有待进一步提高。对于行政人员而言，要获取这一身份，首先要通过竞争性考试并在行政人员选拔中脱颖而出，报考的基本条件为至少具有一定的高等教育学习培养经历。尽管"知识本身不会自动带来创造力提升，但创造力确实需要一定的基础知识"[3]。当前我国公务员选拔招录考试的唯分数导向延续了应试教育的特征，要求社会成员通过激烈的竞争才能获取行政人员这一公职身份，对行政人员的专业知识基础提出了较高要求。创造性的生成与实现要求行政人员必须具备相当的专业知识基础，为积极行政人格中创造性职业人格特征的生成奠定基础。但是知识水平的提升并非创造性生成的充分条件，长期应试教育培养和经由高竞争性考试遴选胜出的行政人员在创造性方面的不足并非不可改变。行政人员创造性发挥的关键不在于专业基础知识的再提升，而在于知识的创新性运用，突破量变有余而质变不足的思维局限。

此外，在行政情境中行政人员创造性的展现，不仅与其创造性职业人格特征强弱相关，还与行政情境中的其他互动因素相关。行政领导作为组织中领导活动的主体和主要负责人，担当领导职责，享有用人治事之权，在对组织内成员施加影响方面具有显著优势。"领导是促进行政人员职业生涯发展的重要他人中最重要的主体"[4]，入职初期的第一任领导、直接主管领导和组织内最高领导，其领导风格与行为都可能影响行政人员创造性的发挥。有关实证研究统计结果表明，"包容

---

① 班华. 培养创造性人格是根本. 教育理论与实践，2000（3）：20-21.

② 蒙怡. 以人为本的管理思想及其在组织中的运用. 科技创新导报，2008（7）：124.

③ 柯政，梁灿. 论应试教育与学生创造力培养之间的关系. 华东师范大学学报（教育科学版），2023（4）：72-82.

④ 徐苏兰，段鑫星，张悦. 积极行政领导的性格优势及长处特征. 领导科学，2022（5）：60-63.

型领导对员工创造力具有直接正向的影响"，且"关系型和平衡型的心理契约在包容型领导对员工创造力的关系中具有正向促进作用，交易型心理契约对包容型领导和员工创造力之间的关系具有消极抑制作用"。[①]具体到公共行政实践情境，包容型领导对行政人员创造力的正向促进作用主要表现为对行政人员积极行政价值观下行政行为失误的理解和担当，折射出合理限度问责制度建设的必要性。问责制度的本质是一种负向思维的惩罚机制，需要通过行政人员对惩罚的畏惧起到震慑作用。过度问责虽然加大了震慑力度，但也会存在减弱和压缩行政人员依法探索创造性行政方式方法的行政热情及行政空间，抑制其创造性的发挥。

四、行政人员积极行政人格"和谐性"属性及其子要素生发现状

（一）行政人员总体比较具备和谐性属性

因行政人员身份的双重属性，其自我人格与职业人格必然存在一定的冲突，人的自我人格本身亦有可能存在冲突的内容。和谐性是判断行政人员自我人格内部、自我人格与职业人格之间一致性程度的重要维度。通过问卷调查发现，行政人员"和谐性"属性特征较突出，61.3%的行政人员具有较高水平的和谐性属性；35.2%的行政人员处于一般水平，基本具备和谐性特征；另有极少数行政人员（3.5%）在该维度处于较低水平，基本不具备和谐性特征（表4-6）。

表4-6　积极行政人格"和谐性"属性均值及群体分布

变量	题项	较高水平	一般水平	较低水平	M
和谐性	T32—T42	61.3%	35.2%	3.5%	4.03

（二）行政人员总体上"自我与角色和谐"度较高

"人们是形形色色的，没有整个是黑的，也没有整个是白的。好的和坏的在他们身上搅在一起了——这是必须知道和记住的。"[②]对于行政人员而言，其行政理念、行政自由的运用倾向、行政道德品质、行政权责的认知与履行、行政智能结构及其水平等多种要素，共同构成了行政人员行政人格中实质内容——职业人格或角色人格。隐藏于角色人格下却在更深层次对其角色人格的生成、发展以及行

---

①　于静静, 苑玲玲, 蒋守芬. 包容型领导对员工创造力的影响研究——心理契约的中介作用. 经济问题, 2023（5）: 94-101.

②　高尔基. 给马·加·西瓦齐夫的信//高尔基. 高尔基文学书简. 曹葆华, 渠建明, 译. 北京: 人民文学出版社, 1962: 219.

政人员自身心理系统中有深远影响的则是行政人员的个体人格。基于行政人员人格冲突的诸多理论研究的意见性结论，行政人员因公职人员和社会一般成员双重身份属性往往更容易出现自我个体人格与角色人格之间的冲突。

进一步考察行政人员在"和谐性"属性维度的"自我与角色和谐""自我内部和谐"两个子要素生发状况，得到表4-7。

表4-7 积极行政人格"和谐性"子要素统计

变量	较高水平	一般水平	较低水平	M
自我与角色和谐	68.8%	27.6%	3.6%	4.15
自我内部和谐	58.9%	35.4%	5.7%	3.95

表4-7所示，行政人员总体样本在"自我与角色和谐"这一子要素上的均值高于4，处于较高水平，且近七成行政人员在该子要素上达到了较高水平。这一结果表明，多数行政人员自我与角色之间总体呈现较为和谐的状态，并不是对其双重人格冲突结论的否定，而是印证了行政人员自身在调适自我人格与角色人格冲突中的主观能动性作用。换言之，尽管行政人员面临由于特殊身份所带来的冲突必然性，但并不必然为其所困扰，通过适当的调适方法可以将这一冲突管理在可控的范围之内。

（三）行政人员自我人格内部和谐度处于一般水平

由表4-7可见，不到六成的行政人员在"自我内部和谐"子要素上处于较高水平。另有极少数行政人员（5.7%）在"自我内部和谐"子要素上处于较低水平，且行政人员在"自我内部和谐"这一子要素上的样本均值低于4。综合表明，被调查行政人员自我人格内部的统合程度一般，需要加以关注。

第二节 积极行政人格生发中身份的意义

一、性别与积极行政人格

作为区分生物和社会文化角色及特征的性别，有其特殊的统计学意义、心理学和社会学研究意义。从生理解剖学的角度，由于生理结构差异和生殖功能的差异，人被划分为男性和女性。在关于人的问卷调查统计研究中，性别早已成为一个基本的人口统计学概念变量，是对诸事物进行差异分析中不可回避的基本议题。对性别的关注不仅在于其生理属性，还在于其背后所蕴含的心理、社会等多方面的复杂因素。在心理层面，性别往往与性别模式、刻板印象、性别角色认同、性别角色期望等相关联。在社会层面，性别被赋予更多的两性互动色彩，性别差异、性别平等是重要的议题。

（一）男性行政人员积极行政人格生发状况总体较优

相比女性而言，男性群体参与政治及行政的历史更悠久，且在现代社会公共行政体系中男性群体依旧是主要群体。作为国家公职人员的行政人员，具有较高的职业名望和社会地位，往往成为许多成年男性职业的首要选择。一方面，由于种种原因，在现行的国家公务员队伍中，男性行政人员的数量仍远大于女性行政人员；另一方面，在决策部门特别是高级决策部门中，男性的比例通常高于女性，其发展空间较大、锻炼及培训机会较多，更容易流向权力尖端。数量及分布上的存量特点本身构成了男性行政人员的既有优势，为其积极行政人格的生发提供了相对有利的组织基础。

第一，男性行政人员"公共性"属性突出。问卷调查结果显示，大多数男性行政人员比较具备"公共性"属性特征，群体层面具有较强的公共利益导向，总体上"公共性"属性特征突出（均值4.11）；具体而言，具有较高水平的"服务性"（均值4.18）和"民主性"（均值为4.28），但尽责性处于一般水平。

第二，男性行政人员"自立自为性"属性突出。基于问卷调查结果显示，男性行政人员在"自立自为性"属性维度的均值达到4以上，表明比较具备该属性特征。具体而言，男性行政人员总体上既具有较高水平的"主动性"，又具有较高水平的"创造性"，但在"独立自主性"子要素上的得分处于一般水平。

第三，男性行政人员"和谐性"属性突出。在我国社会文化情境中，对成年男性的评价更多集中于其职业发展，而鲜少关注其在家庭生活中扮演的其他角色履责情况，减少了男性行政人员的职业外角色负荷。习惯和认同传统家庭模式的男性行政人员，较少有对自身在家庭生活等其他领域中的缺席而深感自责等负面情绪，可以尽力追求职业生涯发展。因而，男性行政人员自我与角色之间的和谐程度以及自我内部的和谐程度总体上均处较高水平，"和谐性"属性特征较为突出（均值为4.07）。

综合而言，男性行政人员总体上比较具备积极行政人格的三大属性特征，且积极行政人格总体水平较高（均值4.07），仅在"尽责性""独立自主性"两个子要素上处于一般水平。由此可见，男性行政人员积极行政人格生发状态总体较优。

（二）女性行政人员积极行政人格生发状况总体一般

女性行政人员已经成为现代社会中国家公职人员的一个重要代表群体，但从整个人类社会发展过程来看，女性参与政治及行政的历史相对短暂。无论是东方社会还是西方社会，在现代社会以前的长期历史发展中，受制于根深蒂固的男尊女卑思想，女性曾一度被视为不具备参与公共政治的能力而被排除在公共生活之外。在传统封建社会中，女性群体被视为在政治、经济、家庭生活方面都需要依附男性而生存，其人格主体性地位长期受到贬低和抑制，被视为缺少政治及行政能力的人。即使有极少数女性在父权社会中突破性别的限制在政治舞台上扮演重要角色，其参与政治及行政事务的权力也多依附男性。随着社会生产力的发展和生产关系的变革，以及启蒙思想家对两性关系的反思，男尊女卑的思想得以逐渐松动，两性平等意识逐渐在社会生根发芽。女性主义先锋者通过著书立说对传统的性别秩序发起挑战，"认为男性和女性在智力、发展潜力、理性判断力上并无显著差异，女性应该拥有和男性平等的教育、政治、经济、社会权利，争取和男性平等的社会地位"[①]。如果没有性别平等思想兴起和发展，女性就难以获取参与政治及行政的机会而持续被排斥于公共生活之外。现代社会中，女性地位有了较为显著的提高，在接受一定教育的前提下追求自身的职业发展，参与公务员招录考试，获取行政人员这一国家公职人员身份资格。那么，在获取行政人员身份之后，女性行政人员其积极行政人格的生发状况如何？

基于积极行政人格问卷调查统计结果分析发现：第一，女性行政人员"公共性"属性特征突出。积极行政人格问卷调查结果显示，尽管女性行政人员的积极行政人格总体水平处于一般水平，但其"公共性"属性较为突出（均值高于4）。具体而言，女性行政人员"服务性""民主性"处于较高水平，而"尽责性"处于一般水平。综合可见，女性行政人员具有较为显著的公共行政导向，具有较强的服务意识和民主倾向。这可能是因为女性行政人员具有独特的人文优势，"易善于与人沟通交流，建立良好的人际关系"[②]。

第二，女性行政人员"自立自为性"属性特征不突出。传统的一些观点倾向于认为女性受到后天教育和社会角色规范的影响，在工作上呈现出更多的被动性和畏难性等特点，但女性行政人员"主动性"子要素特征的考察结果（均值为4.06）与这一意见性结论并不一致。女性行政人员同样具有较强的主动性意识和行为倾

[①] 叶延禹. 高校教师职业发展的性别差异研究——基于文化、制度和组织特征的分析. 浙江大学博士学位论文，2021.

[②] 董庆玲. 浅谈我国女性公务员的职务激励. 云南行政学院学报，2009（3）：161-163.

向，追求自我实现。在"自立自为性"维度，女性行政人员在"独立自主性""创造性"子要素上均处于一般水平。

第三，女性行政人员"和谐性"属性特征不突出。在对性别平等的追求过程中，人们往往忽略了性别本身带来的生理和心理差异，过于强调通过同等参与政治及经济生活获取权利平等。这一性别平等发展的思路"忽略了生活中最重要的家庭模式对女性生活的影响"[①]，在扩大女性受教育和就业等权益的同时，也加剧了女性的角色负荷。在中国传统的社会性别角色定位中，女性被赋予明显高于男性的家庭角色期待，"对于在职业中寻求更大发展机会的女性公务员在职业生涯的整个周期都面临社会性别角色冲突"[②]。身处传统家庭模式下的女性行政人员，尽管同样追求职业上的自我实现，但因为身处多重角色之中且角色跨度较大而需要处理更高程度的自我与角色的冲突和自我人格内部的冲突。无论是自我与角色冲突还是自我内部冲突的存在，都可能使女性行政人员更容易感受日常工作和生活的压力。有关机关单位女性公务员的一项实证研究表明，"社会环境、赡养与子女教育、工作压力是排在前三位的压力源且工作生活中心理应激事件较多"[③]。如果能够得到社会、家庭及组织多方面良好的社会支持，将有助于女性行政人员应对以上压力，调适自我与角色冲突、自我内部冲突，进而提高和谐性水平。

总体而言，尽管女性行政人员的"公共性"属性特征突出，但女性行政人员积极行政人格生发的总体水平一般（均值为3.98），需要给予关注。

（三）基于性别的积极行政人格生发状况比较

基于性别视角对行政人员的积极行政人格生发状况的具体分析结果可见，女性、男性行政人员在积极行政人格生发状态存在异同之处。其不同之处主要在于女性行政人员"自立自为性"和"和谐性"属性特征不够突出，且积极行政人格总体水平不高。利用SPSS软件的独立样本t检验功能进行性别差异显著性检验发现，两性行政人员在积极行政人格总体水平以及公共性、自立自为性、和谐性等方面的差异均不显著。进一步考察子要素层次的差异发现，男性行政人员仅在"自立自为性"属性维度的"创造性"子要素上的得分显著高于女性行政人员，而在

---

① 叶延禹. 高校教师职业发展的性别差异研究——基于文化、制度和组织特征的分析. 浙江大学博士学位论文，2021.

② 宁本荣，赵晓康. 女性公务员职业发展模式——基于内容分析法的研究. 上海行政学院学报，2014，15（3）：100-111.

③ 霍团英. 女性公务员心理状况调查与对策分析——以H市为例. 浙江学刊，2013（4）：199-204.

其他 7 个子要素上两者无显著差异（表 4-8）。这一结果与崔淑苑和翟洪昌 20 年前在《管理人员创造性人格特征研究》中提出的关于男女创造能力无性别差异的结果不同。研究结果的不一致，可能是因为崔淑苑和翟洪昌的研究样本中女性占比过小（不到男性的 1/8），且样本中部分包括一般事业单位及企业管理人员，与本书研究样本构成存在差异；也可能是因为两者关于创造性的测量量表不同。

表 4-8 不同性别行政人员积极行政人格"创造性"子要素均值比较及差异分析结果

性别	M	p
男	4.01	0.021*
女	3.78	

*$p<0.05$，余同。

二、政治面貌与积极行政人格

政治面貌是一个人政治身份最直接的反映，表明一个人在政治上的身份归属，往往与一个人所参加的政党、政治团体相关，因而也可间接表明个体的思想倾向、政治立场和政治观点。不同政治面貌的个体往往具有不太一致的政治意识、政治态度、政治观念和政治行为。在个人人事档案、户籍等事项填写中，往往设有政治面貌一栏，用以区别个体的政治身份归属，有时也成为公务员群体研究中的一个统计学变量。在中华人民共和国国家标准政治面貌代码中，政治面貌分为中共党员、中共预备党员、共青团员、民革会员、民盟盟员、民建会员、民进会员、农工党党员、致公党党员、九三学社社员、台盟盟员、无党派人士、群众（现称普通居民）。在具体实践中，在无特别说明和区分的情况下，中共预备党员往往被默认为中共党员。政治面貌作为一种职业条件，被嵌于我国行政人员选拔工作当中。1993 年国务院通过《国家公务员暂行条例》和 1994 年人事部发布《国家公务员录用暂行规定》文件以来，公务员考试（简称"考公"）录用制度不断发展和完善，成为当前行政人员队伍建设的重要遴选机制。依据《公务员法》和《公务员录用规定》，社会成员要成为行政人员往往必须具备一定的职位条件并通过公务员招录考试，政治面貌是其中一个较为常见的职位条件。部分职位将政治面貌为中共党员或中共预备党员设为限制性条件，无特殊要求的一般会注明不限，通常不会涉及对具体民主党派政治面貌的要求。因此，对不同政治面貌行政人员积极行政人格生发状况的探讨可简化为中共党员（含中共预备党员）[1]和非中共党员（共

---

[1] 此处将预备党员归于中共党员类别主要出于研究需要。

青团员、民主党派人士、群众）两大类别。

（一）中共党员积极行政人格生发状况总体较好

党的十八大报告指出，"对马克思主义的信仰，对社会主义和共产主义的信念，是共产党人的政治灵魂，是共产党人经受住任何考验的精神支柱"[①]。党的二十大报告指出，"中国共产党人深刻认识到，只有把马克思主义基本原理同中国具体实际相结合、同中华优秀传统文化相结合，坚持运用辩证唯物主义和历史唯物主义，才能正确回答时代和实践提出的重大问题，才能始终保持马克思主义的蓬勃生机和旺盛活力"[②]。在我国政治文化中，中共党员对马克思主义的信仰更加具体化，必须拥护中国共产党的领导，坚决执行中国共产党的路线、方针和政策。这就要求中共党员必须接受、学习和掌握马克思主义中国化最新理论成果并将其运用自身的学习和工作实践当中。大学生作为近年来我国行政人员的重要后备力量，是公务员招录考试选拔的主力军。如果政治面貌对行政人员的积极行政人格存在某些影响，这些影响的形成应当更早，至少可以往前追溯到大学阶段。一项关于大学生的实证研究发现，大部分大学生对马克思主义中国化最新理论成果持赞成和认可态度，但"不同政治面貌的大学生认可度具有差异性，中共党员、中共预备党员、共青团员、群众大致呈递减趋势"[③]。这一研究表明，中共党员（含预备党员）相比非中共党员身份的大学生，更加赞成和认同马克思主义中国化最新理论成果，为讨论不同政治面貌行政人员积极行政人格的生发状况提供了有益参鉴。从实践来看，中共党员作为组织内成员，除了受一般行政法律法规制约，更受到党内规章制度的约束，长时间地浸染于中国共产党政党文化当中，应更容易生成积极行政人格。对中共党员身份行政人员积极行政人格问卷调查结果支持了这一观点。政治面貌为中共党员（含预备党员）的行政人员，其积极行政人格总体水平处于较高水平（均值为4.07）的同时，公共性、自立自为性、和谐性三大属性特征均较为突出。

中共党员身份行政人员"公共性"属性特征较为突出。中共党员身份的行政人员公共性属性的生发不仅源于公共行政的精神更源于对马克思主义的信仰。共

①　胡锦涛. 坚定不移沿着中国特色社会主义道路前进，为全面建成小康社会而奋斗——在中国共产党第十八次全国代表大会上的报告（2012年11月8日）. 北京：人民出版社，2012：50.

②　习近平. 高举中国特色社会主义伟大旗帜 为全面建设社会主义现代化国家而团结奋斗——在中国共产党第二十次全国代表大会上的报告（2022年10月16日）. 北京：人民出版社，2022：17.

③　禹海霞，刘建伟. 大学生马克思主义中国化最新理论成果接受现状及改进对策——基于政治面貌视角. 湖北省社会主义学院学报，2014（1）：86-90.

产党人"没有任何同整个无产阶级的利益不同的利益。他们不提出任何特殊的原则，用以塑造无产阶级的运动"①。共产党的政治文化是一种强调人民至上的集体主义文化，要求共产党人具有更高的公共性属性，致力于最广大人民根本利益的实现。《中国共产党章程》中明确规定："中国共产党员必须全心全意为人民服务，不惜牺牲个人的一切，为实现共产主义奋斗终身。"习近平总书记曾明确指出，"中国共产党人的初心和使命，就是为中国人民谋幸福，为中华民族谋幸福"②。根据问卷调查结果显示，政治面貌为中共党员的行政人员，其积极行政人格公共性属性维度均值为4.12，具有较为突出的公共性属性特征。但同时也存在少数共产党员身份的行政人员，其公共性属性居于一般水平，极少数处于较低水平。有观点认为，部分党员身份行政人员"放松理想追求""严重脱离群众""贪污腐化严重""特权思想泛滥"③，背离和无视人民群众，以公谋私。基于对中共党员身份行政人员"公共性"属性子要素的考察发现，其总体上已经比较具备"服务性"（均值为4.20）和"民主性"（均值为4.27），而"尽责性"处于一般水平（均值为3.97）。从这一结果来看，对于非领导职务的绝大多数行政人员而言，其主要问题不在于特权思想泛滥和严重脱离群众，而在于对自身的责任与担当不够明确，缺少更强烈、更广泛的公共行政责任意识。

中共党员身份行政人员"自立自为性"属性特征较为突出。积极行政人格的自立自为性属性，不等同于西方个体主义社会中强调的独立内涵，而是以马克思主义理论为指导，坚持中国共产党领导下，勇于担当作为的独立自主性、主动性和创造性的统一。根据问卷调查显示，中共党员身份的行政人员，其自立自为性属性特征总体较为突出（均值为4.01）。具体而言，中共党员身份行政人员总体呈现出高主动性特征，即多数党员能够具有党员身份自觉意识，愿意主动去做，但是也存在独立自主性和创造性不足的问题。这说明，中共党员仅有身份的自觉意识是不够的，还需要将主动的热情转化为相对自主行政的实践能力，提升自身的创造性，承担起党组织和人民群众赋予的各项职责。这需要中共党员身份的行政人员不能仅仅停留于对党员身份的认同和身份自觉，还要不断提升自身的理论和实践水平，在保持思想的先进性的同时练就扎实的本领，确立对身为共产党人的

---

① 马克思, 恩格斯. 马克思恩格斯文集（第4卷）. 中共中央马克思恩格斯列宁斯大林著作编译局, 译. 北京：人民出版社, 2009: 3.

② 习近平. 决胜全面建成小康社会 夺取新时代中国特色社会主义伟大胜利——在中国共产党第十九次全国代表大会上的报告. 北京：人民出版社, 2017: 1.

③ 王立. 警惕"四无"党员干部. 人民论坛, 2013（15）: 59.

身份自信。由于"创新能力不足必然会弱化共产党人的先进性，滋生党内因循守旧、满于现状、不思进取、坐享其成的工作作风"①，被调查行政人员创造性水平不高的问题以及所有行政人员创造性水平都需要予以特殊关注。

中共党员身份行政人员"和谐性"属性特征较为突出。中国共产党作为以马克思主义为指导建立和发展起来的现代型政党，其性质和宗旨决定了其必须具有先进性和纯洁性，而这离不开共产党人群体及个体的共同努力。为了保持党的先进性和纯洁性，"党的各项纪律都要严"②，党内法规的严肃性不断强化，政治纪律、组织纪律、群众纪律、廉洁纪律、工作纪律和生活纪律全面从严。中国共产党对永葆先进性和纯洁性的自我要求，严肃党内政治生活的同时也对党员身份的行政人员提出了高于一般社会成员的政治要求、道德要求和能力要求。"纪严于法、纪在法前，实现纪法分开"③，具有党员身份的行政人员不仅要遵守国家法律法规，亦要遵守要求更高、更严的党内法规纪律。习近平总书记强调，"全党同志要强化党的意识，牢记自己的第一身份是共产党员，第一职责是为党工作"④。这意味着无论在何地方、担任何种职务，如果具有党员身份"首先要明白自己的第一身份是共产党员"⑤，并以此进行多角色身份建构。在此意义而言，共产党员的角色人格要高于一般意义上行政人员积极行政人格的要求。"党员自我约束的内在建构，本质上就是长时间的行动自觉形成稳固的主体意识的过程。"⑥若其能够主动建立共产党员的身份自觉，将党和国家的各项法律法规内化于心，则能实现自我与角色的高度和谐以及自我内部的和谐；若不能对党员身份产生发自内心的认同和自觉，则更容易感受到自我与角色的冲突产生焦虑感和不安感。结合积极行政人格问卷调查结果统计来看，当前政治面貌为中共党员（含预备党员）的行政人员总体"和谐性"属性水平较高（均值为 4.08），其子要素"自我与角色和谐""自我内部和谐"亦均处于较高水平。这说明，绝大多数党员身份的行政人员对自身的角色具有充分的认知和认同，能够较好地处理自身与多角色之间的冲突，将个体与共产党员及行政人员的角色人格相统一。

---

① 陈小娇. 中国共产党党内政治文化研究. 中共中央党校博士学位论文，2019.

② 中共中央纪律检查委员会，中共中央文献研究室. 习近平关于党风廉政建设和反腐败斗争论述摘编. 北京：中央文献出版社，中国方正出版社，2015：37.

③ 中共中央纪律检查委员会，中共中央文献研究室. 习近平关于党风廉政建设和反腐败斗争论述摘编. 北京：中央文献出版社，中国方正出版社，2015：65.

④ 习近平. 习近平谈治国理政. 北京：外文出版社，2014：461.

⑤ 习近平. 之江新语. 杭州：浙江人民出版社，2007：84.

⑥ 刘芮杉. 共产党员身份认知的三重境界. 前线，2020（11）：32-35.

（二）非中共党员行政人员积极行政人格生发状况总体一般

"政党被认为是一种机制，通过它可以在追求公职的人们中挑选合适者"①，因而对党员的管理是每一个政党的重要任务。与西方国家在"政治录用"的前端过程以政治资源吸纳精英入党并为党服务的条件②不同，中国共产党虽然作为唯一执政党，但并未垄断全部体系内的政治资源，而是坚持发展中国共产党领导的多党合作和政治协商制度，具体到公共行政领域当中，在德才兼备的任人思想下，积极吸纳非中共党员身份的其他民主党派人士、无党派人士及群众进入行政人员队伍。《公务员法》第二章第十三条对公务员（行政人员）的条件规定（表4-9）中虽然提及应当"具有良好的政治素质和道德品行"，但并未将政治面貌为中共党员或中共预备党员作为限制性条件，为政治面貌为民主党派、无党派人士、群众的社会成员通过公务员选拔招录系统进入公共行政领域提供了制度空间。吸纳政治面貌为非中共党员的其他社会成员进入行政人员队伍，既是行政实践中公务员队伍建设的现实需要，也是过去、当下及未来巩固和发展统一战线的政治需要。共青团员、民革党员、民盟盟员、民建会员、民进会员、农工党党员、致公党党员、九三学社社员、台盟盟员、无党派人士、群众等非中共党员身份的行政人员，亦广泛存在于我国政府各个层级及部门当中，担当国家公职。

表4-9　《公务员法》对公务员的条件要求

序号	条件内容
1	具有中华人民共和国国籍
2	年满十八周岁
3	拥护中华人民共和国宪法，拥护中国共产党领导和社会主义制度
4	具有良好的政治素质和道德品行
5	具有正常履行职责的身体条件和心理素质
6	具有符合职位要求的文化程度和工作能力
7	法律规定的其他条件

非中共党员身份的行政人员同样要行使由人民赋予的公权力，其积极行政人格的生成和发展对于推进政府治理现代化建设具有重要意义。考察非中共党员身份行政人员积极行政人格生发状况发现：其一，非中共党员身份的行政人员总体"公共性"属性特征不突出（均值为3.90），处于一般水平。具体而言，非中共党员身份行政人员的总体民主意识和民主作风较为明显（"民主性"的均值为4.03），

---

① D. B. 杜鲁门. 政治过程——政治利益与公共舆论. 陈尧，译. 天津：天津人民出版社，2005：294.
② 王长江. 推进"党管干部"的科学化. 科学社会主义，2006（6）：8-11.

绝大多数具有民主行政倾向，但服务精神不足（"服务性"的均值为 3.87），责任行政倾向亦处于中等水平（"尽责性"的均值为 3.85）。其二，非中共党员身份的行政人员"自立自为性"属性特征不突出（均值仅为 3.83），处于一般水平。具体而言，非中共党员独立"自主性""主动性""创造性"3 个子要素均值均未达到 4，处于一般水平。其三，非中共党员身份行政人员"和谐性"属性特征亦不突出（均值为 3.83）。相比中共党员而言，非中共党员受到的法律法规约束主要源自国家法律法规和具体的行政规章，其角色的应然负荷相对较少，理论上应具有较高水平的"和谐性"属性。但从问卷调查结果来看并非如此，非中共党员身份的行政人员在"和谐性"属性维度仅处于一般水平（均值为 3.83），其子要素"自我与角色和谐""自我内部和谐"的均值亦均未达到 4，特征不明显。非中共党员身份行政人员自我与角色和谐程度不高的原因，可能在于其仅仅将自身的工作视为个体谋生的一般职业，缺少类似于共产党人的党内政治生活熏陶，对人民本位的行政理念停留在认知层面而深入到情感层面；也可能是因为当前共产党党内法规存在一定的"溢出效力"，使非中共党员身份行政人员承受与中共党员身份近似的高角色期待。党内法规的强制力、约束力超出了党内法规本身设定的约束范围即构成溢出效力，部分党内法规的调整对象包括非党员及非党组织，是这一溢出效力的最直接表现。[①]在一定限度内党内法规的溢出效力有其合法性和必要性，但并非所有非中共党员身份的行政人员都能对此具有理性认知，由此可能产生自我与角色之间的冲突，影响和谐性属性的生发。

（三）基于政治面貌的积极行政人格生发状况比较

基于政治面貌的积极行政人格生发状况的考察可见，中共党员（含中共预备党员）、非中共党员身份的行政人员在积极行政人格生发状态存在异同之处。其不同之处主要在于中共党员的行政人员积极行政人格生发状况总体较优且比较具备"公共性""自立自为性""和谐性"三大属性；非中共党员身份的行政人员其积极行政人格生发状况总体表现一般，三大属性特征均不突出；在子要素层面，中共党员与非中共党员身份行政人员"民主性"特征均较为突出，而"尽责性""独立自主性""创造性"特征均不突出。进一步对不同政治面貌行政人员积极行政人格生发状况进行统计学的显著性检验分析（表 4-10）可见，不同政治面貌行政人员的积极行政人格生发状况存在显著差异。综合而言，相比非中共党员身份行政人

---

① 闫映全. 党内法规"溢出效力"的三重维度. 广西社会科学，2021（12）：53-58.

员，中共党员身份行政人员，其积极行政人格生发总体水平更高，且更具"公共性""和谐性"特征。此外，经检验分析发现，在子要素层面，中共党员身份行政人员，其"服务性""民主性""主动性""自我与角色和谐""自我内部和谐"水平更高（"服务性""主动性""自我与角色和谐"3 个子要素在 0.01 水平上存在显著差异；"民主性""自我内部和谐"两个子要素在 0.05 水平上存在显著差异）。

表 4-10　不同政治面貌行政人员积极行政人格总体水平、三大属性均值比较及差异分析

政治面貌	公共性		自立自为性		和谐性		总体水平	
	M	p	M	p	M	p	M	p
中共党员	4.12	0.023*	4.01	0.074	4.08	0.013*	4.07	0.022*
党外人士	3.90		3.83		3.83		3.86	

　　需要说明的是，尽管问卷调查显示不同政治面貌的行政人员积极行政人格生发状况存在显著差异，且中共党员身份的行政人员总体表现更优，但这并不意味着中共党员的政治面貌必然带来其个体行政人格的更优结果。群体的内部也会存在个体差异，群体身份的获取并不能保障其全体成员意识及行为倾向的高度一致性。"党员身份是外在的，而身份自我认同是内在的。"①中共党员身份的行政人员也可能出现"党员身份意识淡化、党员身份迷失、党员身份忘却等一系列党员身份自觉危机"②，从而消极作为、乱为，损害自我、政府形象及党员群体形象。个体只有将外在的身份转化为内心的认同，形成强烈的中共党员身份自觉，才能在自我与工作、自我与社会的交互中不断生成和发展自我的积极行政人格。非中共党员身份的行政人员中亦存在部分积极行政人格生发状况较优的个体，在各自的岗位上"发光发热"。在党管人才、党管干部的原则下，党内法规的溢出效力具有必然性，非中共党员的行政人员需要切实转变自身的身份认知，强化对共产党执政理念、方针和路线的认同与遵从。

三、职位类别与积极行政人格

　　分类管理是我国公务员制度建立及发展变化的主线，对于促进公务员队伍专业化、职业化建设，提高公共行政效率具有积极意义，主要包括职位分类、职务分类和职级分类。其中职位分类是以"事"为中心的分类，"通常以职位的工作性

① 余思新. 党的建设科学化视域下党员身份自我认同及其评估研究. 毛泽东思想研究，2015（6）：134-138.
② 孟献丽. 中国共产党的初心使命与党员身份自觉的同一性探究. 湖湘论坛，2019（6）：48-55.

质、责任轻重、难易程度和所需资格条件等进行分类"①。《公务员法》第三章第十六条明确规定"国家实行公务员职位分类制度",且"公务员职位类别按照公务员职位的性质、特点和管理需要,划分为综合管理类、专业技术类和行政执法类等类别。根据本法,对于具有职位特殊性,需要单独管理的,可以增设其他职位类别。各职位类别的适用范围由国家另行规定"。对不同职位类别的行政人员的积极行政人格总体水平及其在三大属性上的得分进行均值统计和差异分析,得到表 4-11。

表 4-11　不同职位类别行政人员积极行政人格总体水平、三大属性均值及差异分析

单位类型	公共性		自立自为性		和谐性		总体水平	
	M	p	M	p	M	p	M	p
综合管理类	4.12		3.90		4.03		4.02	
专业技术类	3.85	0.053	3.85	0.167	3.95	0.765	3.88	0.191
行政执法类	4.23		4.16		4.12		4.17	
其他类别	4.01		3.89		4.03		3.97	

(一)综合管理类行政人员积极行政人格生发状况总体较优

综合管理类职位主要履行综合管理以及机关内部管理等职责的职位,数量最大,是行政人员职位的主体。综合管理类职位行政人员"具体从事规划、咨询、决策、组织、指挥、协调、监督及机关内部管理工作"②。综合管理类职位的行政人员除了具有行政人员政治性、纪律性、程序性等共性职业特征外,其"工作领域覆盖面广""工作内容综合性强""内部交流较多"③。由表 4-11 可见,综合管理类行政人员群体具有较高的积极行政人格总体水平(均值为 4.02),同时还呈现如下特征。

第一,综合管理类行政人员总体比较具备"公共性"属性特征。进一步分析其子要素状况发现,综合管理类行政人员总体上具有较高水平的服务性(均值为 4.18)和民主性(均值为 4.23),呈现高关系导向,但尽责性处于一般水平(均值为 3.96)。综合管理类职位涉及事项繁多,考核标准过于概念化和笼统化,考核结果难以准确反映其职责履行的态度差异和能力差异,可能使其满足于部分职责的履行。此外,在缺少必要容错机制的配套情况下,少数党政干部采取宁可不作为

① 宋世明. 解析《公务员法》中分类制度之设计原理. 法商研究, 2005 (4): 70-78.
② 宋世明. 解析《公务员法》中分类制度之设计原理. 法商研究, 2005 (4): 70-78.
③ 潘鉴. 我国综合管理类公务员职业发展困境研究. 南京大学硕士学位论文, 2014.

的消极应对方式，阻碍了组织内其他行政人员积极履行责任。

第二，综合管理类行政人员总体比较具备"和谐性"属性特征。综合管理类职位行政人员受媒体舆论和公众等外部的关注度较高，其工作内容具有较强的综合性，内部交流更为通畅。因而在常规情境下，绝大多数综合管理类行政人员可通过组织内支持和自我调节进行自我与角色冲突的处理、自我内部冲突的处理。问卷调查结果显示，综合管理类行政人员群体在"和谐性"维度，"自我与角色和谐""自我内部和谐"两个子要素的均值均高于4，处于较高水平。

第三，综合管理类行政人员"自立自为性"属性特征不突出。综合管理类职位虽然涉及领域较为广泛，事项繁多，但具体到个体层面往往具有较强的重复性，其工作的程序性更强，容易使其忽视专业能力的提升。对综合管理类行政人员"自立自为性"的子要素生发状况的统计发现，其"独立自主性""主动性""创造性"的均值依次为3.86、3.95、3.90，尽管均值不高，但总体表现不差。综合管理类行政人员"主要依靠惯性工作，以执行为主，自主性较差，主动性和创造性不足"[1]的观点可能存在一定偏颇。就个体而言，确实存在少数综合管理类行政人员的"独立自主性""主动性""创造性"水平较低的情况。

（二）专业技术类行政人员积极行政人格生发状况总体一般

政府部门对专业技术类行政人员的需求日益增长，在行政人员职位中设置专业技术类职位并对其进行管理，既是优化行政人员队伍建设的需要，也是提升政府治理专业化水平的需要。2016年7月，中共中央办公厅、国务院办公厅印发《专业技术类公务员管理规定（试行）》，第一章总则第二条对专业技术类公务员（行政人员）进行了具体规定，即"专门从事专业技术工作，为机关履行职责提供技术支持和保障的公务员，其职责具有强技术性、低替代性"。专业技术类职位既包括一些行业特有专业的技术岗位，如司法系统的法医、侦查人员等，也包括一些社会通用性专业的技术岗位，如检验检疫人员等。专业技术类行政人员积极行政人格的生发状况关乎政府职能改革及政府治理专业化水平。由表4-11可见，专业技术类行政人员其积极行政人格总体水平处于一般水平。这一结果的主要原因在于当前"专业技术类公务员管理处于制度'空转'期"[2]，缺少针对性的管理激励及素质提升培训相关等方面的实施细则。由表4-11统计结果可见，专业技术类行政人员公共性、自立自为性、和谐性属性特征均不突出，其固有优势并未得到充

[1] 潘崟. 我国综合管理类公务员职业发展困境研究. 南京大学硕士学位论文，2014.
[2] 李佳琪. 专业技术类公务员管理现状及对策研究. 中国行政管理，2013（8）：72-75.

分体现。

第一，专业技术类行政人员"公共性"属性特征不突出。其一，专业技术类行政人员在自己专业岗位上，往往鲜少参与广泛的公共管理事务，较少与人民群众产生直接且在场的互动联结，易出现只见技术不见人的情况，公共服务意识不强（"服务性"的均值为3.89）。其二，目前普遍缺少针对专业技术职位的具体责任标准和考核措施，专业技术类行政人员履责压力较小，部分专业技术人员责任意识不强烈（"尽责性"的均值为3.74）。其三，专业技术人员往往只需对技术负责，而不直接参与公共管理，没有行政决策权[①]，民主倾向度不高（"民主性"的均值为3.92）。

第二，专业技术类行政人员"自立自为性"属性特征不突出。理论上，专业技术类行政人员的职责在于为机关履行职责提供技术支持和保障，凭借的是自身的专业技术知识和经验。强技术性的职位类别要求，专业技术类行政人员应当具有较为稀缺的知识资本和知识创新能力，以及基于技术优势而生成的创造性和自主性。对专业技术类行政人员积极行政人格"自立自为性"3个子要素的考察发现，其"独立自主性""主动性""创造性"仅处于一般水平（均值分别为3.89、3.98、3.76）。专业技术类行政人员"自立自为性"不彰的问题折射出专业技术类行政人员队伍建设的质量问题。"长期拥挤于行政职务序列，其晋升、晋级空间狭小，职业发展难以为继"[②]，导致我国专业技术类行政人员对自身"职位薪酬水平、职业发展、职务晋升满意度很低"[③]。部分高质量专业技术人才凭借技术优势可以获取更为广阔的择业空间而跳槽到体制外。现行政府内行政人员培训设置侧重于综合管理类，于专业技术类而言，针对性不足，使得专业技术类行政人员在提升自身专业技能上受限，在专业技术本领提升上慢，难以适应变化的技术需求。此外，人、岗、事混杂不清的问题也制约其独立自主性、主动性和创造性。

第三，专业技术类行政人员"和谐性"属性特征不突出。尽管专业技术类职位行政人员应主要对技术类事务负责，但实际上并非如此。专业技术岗位上没有专业技术类公务员以及专业技术类公务员不能专职从事专业技术类工作的"混岗"现象大量存在。[④]如此，专业技术职位的行政人员容易模糊和混淆对自身角色的认知，难以形成较高的角色认同度，影响自我与角色的和谐。此外，体制内外从事

---

① 湛中乐.《中华人民共和国公务员法》释义. 北京：北京大学出版社，2005：41.
② 梁丽芝，郑凤娇. 中国专业技术类公务员职业的发展路径. 求索，2007（2）：73-78.
③ 李佳琪. 专业技术类公务员管理现状及对策研究. 中国行政管理，2013（8）：72-75.
④ 刘超. 专业技术类公务员管理问题与对策研究——以山东省为例. 山东大学硕士学位论文，2018.

专业技术类工作的薪酬待遇差异和职业生发空间差异，也可能造成部分专业技术类行政人员产生双重趋避冲突，影响其自我内部的和谐。问卷调查结果显示，专业技术类行政人员"和谐性"维度，其"自我与角色和谐""自我内部和谐"状况均较为一般（均值分别为3.94、3.96）。

（三）行政执法类行政人员积极行政人格生发状况总体较优

2013年11月，为贯彻落实党的十八大关于全面深化改革的战略部署，十八届中央委员会第三次全体会议在全面深化改革若干重大问题的研究基础上，做出《中共中央关于全面深化改革若干重大问题的决定》。该决定强调要"建设法治中国，必须坚持依法治国、依法执政、依法行政共同推进，坚持法治国家、法治政府、法治社会一体建设"。行政执法类行政人员队伍建设对于推进依法行政具有重要价值，但行政执法类公务员基层机关存在压职压级等突出问题，造成部分行政执法类行政人员"工作积极性、工作效率不高，没有职业归属感"[①]。为解决这一问题，2016年7月，与《专业技术类公务员管理规定（试行）》一同发布的还有《行政执法类公务员管理规定（试行）》。《行政执法类公务员管理规定（试行）》中第一章总则第二条中将行政执法类公务员界定为"依照法律、法规对行政相对人直接履行行政许可、行政处罚、行政强制、行政征收、行政收费、行政检查等执法职责的公务员"。由表4-11可见，被调查的行政执法类行政人员，其积极行政人格总体处于较高水平，比较具备积极行政人格特征。

具体而言，第一，行政执法类行政人员"公共性"属性比较突出。从职位性质来看，行政执法类职位具有现场强制性，依照法律、法规处于一线对具体的管理对象进行监管、处罚、强制和稽查。[②]因而，大多数行政执法类行政人员"每天都与老百姓打交道，所从事的工作都与群众的衣食住行息息相关"[③]，其行政表现直接关乎群众的切身利益维护和社会民生事业的发展。行政执法类行政人员的行政工作往往任务多、任务重，容易出现"费力不讨好"的情况，但其现场强制性往往使该类行政人员的不良行政表现特别容易被关注、质疑。少数行政执法类行政人员个体实施的负面行政行为，会破坏这类行政人员的群体形象，降低社会对这一群体的总体评价。基于问卷调查结果显示，行政执法类行政人员总体上比较

---

① 滕志勇. 行政执法类公务员职业倦怠问题研究——以南宁市公安局为例. 广西大学硕士学位论文，2017.
② 宋世明. 解析《公务员法》中分类制度之设计原理. 法商研究，2005（4）：70-78.
③ 丁文超. 分类改革背景下提升行政执法类公务员工作投入度研究——基于组织支持感的视角. 上海交通大学硕士学位论文，2019.

具备积极行政人格的"公共性"属性,且在"服务性""尽责性""民主性"3个子要素上均表现良好(均值依次为4.20、4.19、4.38)。其中,最为难能可贵的是,虽然行政执法类职位工作忙碌且琐碎,但是行政执法类行政人员总体上仍然保持较高程度的责任行政意识。行政执法类行政人员倾向于主动承担职位责任,安然应对职业中的一些危险性和高压性状况,冷静、稳重和专业。而服务性、尽责性、民主性3个要素的综合,则为行政执法类行政人员在规范执法的过程中提高行政执法的服务性,践行全过程人民民主理念提供了主体性力量。行政法学体系长期对于公众在行政法中地位的忽视问题已经在学界和实践层面得到关注。强化行政法法典化过程的民主性导向正在成为一种趋势,这一理念的变化正在引发行政执法系统的实践变革。2021年,国家税务总局为推进税务领域"放管服"改革,更好服务市场主体,制定《税务行政处罚"首违不罚"事项清单》。税务部门坚持包容审慎的执法理念,积极研究推广"首违不罚"制度,创新运用说服教育、提示提醒等非强制性执法方式,优化税务监管服务。[①]行政执法不再仅仅依据法律法规的规范执法,在确保执法力度的同时,也彰显其服务性和民主性。山西省晋中市昔阳县皋落镇,坚持"执法贵在重教",把"服务"送上"执法车"的同时,努力抓好公示关,阳光执法。[②]

第二,行政执法类行政人员"自立自为性"属性特征较为突出。行政执法类职位的强制性特征的前提是依据相关法律法规开展工作,该职位的现场性特征决定了绝大多数行政执法类行政人员的职务级别较低,多为办事员和科员。在此意义上,其独立自主性往往更容易处于一般乃至较低水平。问卷调查研究结果显示,行政执法类行政人员"独立自主性"总体上处于较高水平(均值为4.19)。这说明,身处基层的行政执法类行政人员看似缺少自主行动空间,但事实并非如此。基层公共管理事务的琐碎性特征决定了所有事项不可能都被当前的法律法规予以严格且细致的规定。行政执法类行政人员在既定的法律法规框架的约束下仍然有发挥独立自主性的空间,有一定的自由裁量权。较高水平独立自主性的结果走向是利民还是损民,取决于行政执法类行政人员是否同时具备较高水平的公共服务精神和责任行政精神。结合行政执法类行政人员公共性属性维度的分析可见,其独立自主性总体上具有积极意义,其自由裁量权的积极运用有助于应对基层一线执法

---

① 李松柳. 创新执法方式 "首违不罚"制度让税收监管有力度更有温度. (2021-07-09). http://www.chinatax. gov.cn/chinatax/n810219/n810780/c5166316/content.html.

② 李秀青. 昔阳县皋落镇:创新执法方式 让行政执法更有公信力. (2022-11-16). http://jz.sxgov.cn/content/ 2022-11/16/content_12876137.htm.

过程中事务的琐碎性和不确定性。在主动性方面，过去不同类别职位的晋升机制存在不对称性，对行政执法类行政人员的"吸引力和激励效果明显不足"①，造成其积极性和主动性较弱。经过多年分类改革探索，行政执法类行政人员的主动性发生了较大变化，总体上具有较强的主动性倾向（"主动性"的均值为4.20）。这说明，《行政执法类公务员管理规定（试行）》实施以来，相关实践探索尽管仍然存在某些不足，但在一定程度上提高了对行政执法类行政人员的激励效果。改善行政执法类行政人员晋升机制的和提高其薪酬待遇，"较好地解决了基层执法队伍的压职压级问题"，同时对"基层执法的超工作负荷和恶劣的工作环境下工作的公务员给予了相应的补偿"。②法律法规的存在并不带来法律的效能，法律的生命力和法律权威的生成，最终都依赖法律的实施。在全面推进依法治国、依法行政的背景下，行政执法类行政人员不仅要做好严格执法，面对执法过程的一些痛点、难点等复杂问题时，还需要不断创新执法方式，在切实提高执法效能的同时，获得人民群众的情感认同和行为支持。问卷调查结果显示，当前行政执法类行政人员对于创造性开展本职工作具有较高的认同度，总体上具有较高水平的"创造性"（均值为4.06）。近年来，省、市、县等各级地方政府的一些创新执法的案例支持了行政执法类行政人员总体上具有较高水平创造性的论点。浙江省探索实施简案快办程序、基于技术手段的非现场执法、说理式执法等创新执法模式，扩大了监管执法空间和时间维度。③河北邢台市城市管理综合行政执法局通过"疏堵结合、柔性执法，让城市街道更有'烟火气'，城市管理更有'人情味'，切实提高城市精细化管理水平"④。上海市生态环境执法系统不断探索科技执法手段，提升科技执法效能，构建线上交互监管模式，编织VOCs走航监测"一张网"，依托"城市大脑"平台推进环境执法，健全企业数据库建设，推出环信码、整合推进"一网统管"平台等多举措，助力环境执法工作科学化、精细化、智能化、集成化。⑤

第三，行政执法类行政人员"和谐性"属性特征较为突出。一项关于某地方

---

① 杜兴洋，田进. 基于公务员胜任力的职业发展路径研究——以湖北省为例. 中国行政管理，2011（11）：105-109.

② 梁玉萍. 构建体现不同类别特点的公务员管理制度. 中国党政干部论坛，2016（9）：7-10.

③ 浙江省探索创新执法模式提升执法效能.（2022-05-12）. https://yjt.zj.gov.cn/art/2022/5/12/art_1228978417_59096094.html.

④ 邢台：创新城市管理"柔性执法"新模式.（2023-04-21）. http://zfcxjst.hebei.gov.cn/hbzjt/xwzx/sxdt/101680835696032.html.

⑤ 创新执法手段 提升执法能力.（2021-01-20）. https://mp.weixin.qq.com/s?__biz=MzU3MjYxNTk5NA==&mid=2247496338&idx=3&sn=887a35754aece9f86eb0809d250f04f3&chksm=fccc8ec7cbbb07d1cee13082ee1d5810c15583458e4769f763b06b29dc825268d80f1d84b298&scene=27.

政府行政执法类行政人员的实证研究发现，行政执法类行政人员"人格解体水平处于中下等水平"，"成就感低落水平很低"。①综合表明，行政执法类行政人员对自身的职业和工作具有较高的工作认同感和成就感，比较确信自身职业与工作的价值意义。关于行政执法类行政人员和谐性属性的问卷调查结果支持了这一观点，当前行政执法类行政人员总体上比较具备"和谐性"属性，自我与角色之间以及个体人格内部均具有较高的统合度（"自我与角色和谐"的均值为 4.23，"自我内部和谐"的均值为 4.03）。群体内部的团结氛围和家人的理解，为其应对社会环境中消极行政执法的刻板印象提供了良好的情感支持。在高成就动机的驱动下，长期高压工作形成的高抗压能力与强大的心理素质，也为其调节自我内部人格冲突和自我与角色间的冲突提供了支撑。

（四）其他类别的行政人员积极行政人格生发状况总体较优

从职位分类来看，行政人员除去法律明示的综合管理类、专业技术类和行政执法类，实际上还包括因管理需要产生的法官、检察官职位类别②。法官、检察官是比较具有代表性的其他职位类别，但不能包含其他职位类别的所有类别。因而在关于行政人员积极行政人格问卷调查研究中，为了实现了概念分类上闭合性，将综合管理类、专业技术类、行政执法类三种类别以外的职位统称为其他类别。对其他类别职位的行政人员积极行政人格生发状况的调查统计结果分析发现，其生发状况总体较优，且在三大属性维度亦具有较好的表现。

第一，其他类别行政人员"公共性"属性特征较为突出，但"尽责性"不强。法官、检察官分别行使国家权力中相对独立的国家司法权力的审判权、检察权，具有较强的司法专业性和司法强制性。问卷调查结果显示，以法官、检察官为主要构成的其他职位类别行政人员，其公共性属性生发状况总体较优。结合其职位职责特点来看，法官及检察官的公共性属性集中体现为在司法实践中维护宪法及法律权威，保障公平正义的实现。《中共中央关于全面深化改革若干重大问题的决定》在"推进法治中国建设"中明确提出，要"深化司法体制改革，加快建设公正高效权威的社会主义司法制度，维护人民权益，让人民群众在每一个司法案件中都感受到公平正义"。司法是保障公平正义的底线基石，司法的正义保障功能有赖于法官、检察官的专业知识基础、司法实践经验、司法良知。司法人员的公共

---

① 滕志勇. 行政执法类公务员职业倦怠问题研究——以南宁市公安局为例. 广西大学硕士学位论文，2017.
② 林弋. 公务员法立法研究. 北京：党建读物出版社，2006：33.

性属性要求法官、检察官等职位行政人员恪守维护公平正义的司法良知，强化责任意识，用"精湛的专业知识和诚实、客观、耐心的态度来服务于民众，实现社会正义"①，实现尽责性、服务性、民主性的统一。问卷调查结果显示，其他类别行政人员"公共性"属性整体上处于较高水平，但具体剖析可见，其公共服务意识和民主意识水平较高，而在责任履行方面并不积极（"服务性"的均值为 4.12，"民主性"的均值为 4.25、"尽责性"的均值仅为 3.78）。责任的积极履行在司法类职位行政人员的公共性属性维度应是第一位的，只有充分履行相关责任的司法实践，才能真正保障司法的服务价值和民主价值。尽责性水平不高的问题，可能让司法实践陷入以形式的正义掩盖实质的不正义的错位局面，从而导致司法公平正义的实现受阻。法官对司法工作应当具有强烈的事业心和高度的社会责任感，"自觉在司法实践中严格依法履行职责"②。作为正义的具象化化身，法官必须避免为任何形式的贿赂而动心，或是为了亲故而产生价值偏离。在一些复杂而模糊的案件审理中，法官尽责性不高可能引发负面舆情，冲击整个司法系统的公信力。近些年，从南京彭宇案到聊城辱母案等系列引发社会负面效应的影响性案件的形成背后，暴露出部分法官因忌惮"错案追究制，回避事实认定和法律适用上应有的'弘扬正义的良知'的追求"③。检察官作为"国家与公共利益的代表"，具有不可推卸的"客观公正义务"，必须"坚持客观立场、忠实事实真相、实现司法公正"。④对自身客观公正义务的感知及责任履行是检察官类行政人员公共性属性的重要内容。"检察机关司法责任与司法相对独立的双重缺失"⑤的惯性影响和针对性惩戒制度的不完善，都可能阻碍当前检察官类行政人员尽责性水平的提升。

第二，其他类别行政人员"自立自为性"属性特征不突出。对其他类别行政人员"自立自为性"3 个子要素的考察发现：其他类别行政人员"主动性"特征明显（均值为 4.01），而"独立自主性""创造性"处于一般水平（"独立自主性"的均值为 3.85，"创造性"的均值为 3.81）。这既可能是因为受到当前司法制度的制约，也可能是由于主体专业知识能力的不足。司法公正要求司法人员依法行使职权而不受外在其他因素（如权势、地位、金钱、人情等因素）和利益关联的干扰，必须生成基于法的独立自主意志。"法官除了法律就没有上司。法官的责任是当法

① 姚莉，杨帆. 法官的自治、自律与司法公正. 法学评论，1999（4）：127-131.
② 王胜俊. 始终坚持"三个至上"实现人民法院工作指导思想的与时俱进. 人民司法，2008（19）：4-7.
③ 陆永棣. 法官良知在司法责任制背景下的展开. 现代法学，2020（3）：14-28.
④ 朱孝清. 检察官客观公正义务及其在中国的发展完善. 中国法学，2009（2）：159-180.
⑤ 邓辉，谢小剑. 责任与独立：检察官纪律惩戒的双重维度. 环球法律评论，2010（5）：100-108.

律运用到个别场合时，根据他对法律的诚挚理解来解释法律。"①在遇到问题而没有明确的法律规定时，法官更需要转变照抄法律条文的机械式司法技术逻辑，突破科层制的路径依赖，充分发挥自身的独立自主性、主动性和创造性，寻求公正的法理价值、法律规则、主流价值观念、合理民意之间的巧妙平衡。检察官的责任也应将司法公正作为唯一考量，避免"当事人化"，切实履行客观公正的法定义务。尽管在法律层面，司法机关依法独立行使检察权得到了确认，但其人事、财务及纪律惩戒等方面的制度建设有时难以充分保障审判权、检察权的独立行使。在面对外部非法干预时，一些检察官不敢坚持原则，严格依法办案②；在高压力情境下，一些法官出于避责心理而舍弃证明力规则，更愿意采用"依控方提交的证据裁判而不是依确信的事实裁判"，造成冤案错案的发生。无论是法官还是检察官，如果在主观意识层面自我矮化和完全行政化，刻意迎合非法干预司法检察的地方党政机关、失真的民意、上级司法机关领导等，其独立自主性和创造性就会受到抑制乃至被消解。此外，司法知识素养和实践能力的不足也会制约其独立自主性和创造性的彰显。"法律人以程序正义和专业知识的名义主张法治话语相对于其他政治话语的独立地位"③，扎实的司法知识和本领是司法类职位行政人员有效行使审判权、检察权等司法权力的专业基础。法官、检察官职位的行政人员不仅要有高度专业的司法知识成为该领域的技术型专家，更要深入理解司法中的道德起点和价值理性，建构"自主性的司法知识体系"④和掌握系统化的司法实践规则。一些背离朴素民意、过度牺牲社会公平正义实质的冤案错案的背后，亦折射出部分司法人员对司法价值理解不够深刻，主观割裂了法理道德的意涵、形式条文、社会主流价值观及朴素民意之间的关系。

第三，其他类别行政人员"和谐性"属性特征较为突出。对其他类别行政人员积极行政人格的问卷调查结果统计显示，其"和谐性"属性处于较高水平，但其子要素表现得不均衡，呈现出总体较高水平的"自我与角色和谐"及一般水平的"自我内部和谐"。这说明，尽管对于一些复杂案件的当事法官或检察官而言，其角色冲突和自我冲突程度较高，但是绝大多数的司法类职位行政人员主要应对的是一些日常简易案件，基于其专业知识的技术逻辑已经能够有效地应对。

---

① 陈瑞华. 司法体制改革导论. 北京：法律出版社，2018：313.
② 邓辉，谢小剑. 责任与独立：检察官纪律惩戒的双重维度. 环球法律评论，2010（5）：100-108.
③ 冯象. 木腿正义. 增订版. 北京：北京大学出版社，2007：139.
④ 吕芳. 论中国当代法官的职业品格. 华东政法大学学报，2011（3）：151-156.

（五）基于职位类别的行政人员积极行政人格生发状况比较

比较综合管理类、专业技术类、行政执法类、其他类别行政人员积极行政人格生发状况可见：在总体表现上，综合管理类和行政执法类行政人员比较具备积极行政人格特征，专业技术类和其他类别行政人员积极行政人格特征不够突出，此间差异并不显著；在属性维度上，尽管不同职位类别的属性特征不尽相同，但其"公共性""自立自为性""和谐性"三大属性并不存在显著差异。通过对各维度子要素的差异进一步分析发现，不同职位类别的行政人员在"尽责性""独立自主性"上存在显著差异，而在其他六个子要素上差异不显著。具体而言，行政执法类行政人员的"尽责性""独立自主性"水平显著高于专业技术类和综合管理类行政人员（$p<0.05$）。

第三节　积极行政人格生发中的学历因素

一、学历是行政人员招录的门槛性职位条件

学历是指个人在学习阶段中取得的资格证书、文凭、学位等各种学习成绩的总称。学历是衡量一个人受教育水平的重要标准之一。根据不同的标准和尺度，学历可以有不同的分类。《中华人民共和国教育法》第二章第十七条明确规定，"国家实行学前教育、初等教育、中等教育、高等教育的学校教育制度"。各级政府或教育行政部门依法批准或登记注册的学校及其他教育机构所实施的教育为国民教育系列。在我国国民学历教育体系中主要包括初等学历教育、中等学历教育、高等学历教育，其中高等学历教育主要是大学本科、硕士研究生、博士研究生等各种学历层次的教育，内容涵盖学科知识、文化素养、专业技能等多个方面。学历教育通过系统化学习方式和评价体系可以助力个人学科知识水平、专业技能和综合素质的提升，有助于满足个体学习成长需求和自我实现的需要。学历教育对于促进现代社会发展亦具有重要的功能性价值：储备长期稳定性的人才资源，助力各行各业技术创新、模式变革，推动知识经济和产业发展；提高公众文化素养、社会道德水平和公民素质，推动社会文明进步等。学历既是人们培养职业技能、提升社会地位的重要依据，也是用人单位筛选人才过程中的重要考量因素之一。由于行政人员职业的特殊性，其招录条件的设置对于公共行政队伍建设具有重要影响，关乎人员选拔招录的科学性和未来公共行政实践的效能问题。学历条件是行政人员选拔的职位条件之一，不具备要求的学历教育经历的个体也不会拥有考

公的报名资格。《公务员法》第二章第十三条第六款、第七款分别规定，公务员应当"具有符合职位要求的文化程度和工作能力""法律规定的其他条件"。

二、行政人员至少需要具备大专文化程度

基于《公务员法》等有关法律规定，为规范公务员录用工作，人事部部长会议曾于 2007 年 11 月审议通过《公务员录用规定（试行）》（现已撤销）。《公务员录用规定（试行）》第四章第十六条第七款明确规定，"具有大专以上文化程度"，但这一条件经省级以上公务员主管部门批准，可以适当调整。《公务员录用规定（2019 修订）》延续了这一报考资格规定。由此可见，过去、当下、未来，行政人员的选拔本身具有前置性学历教育水平要求，在无特殊规定下，应至少具有大专文化程度。这也是对招录人员素质的一种保障，能够更好地满足公务员招录岗位对人才素质的要求，同时提高公务员队伍整体素质，以更好地适应现代化国家治理需要。一方面，行政人员需要具备一定的专业知识和能力，这些知识和能力需要在高等学校的学习过程中系统地学习和培养。拥有大专及以上学历的人群相对于其他教育层次的人员，具备更加系统化的知识储备和专业能力，在行政管理、技术支持、项目运营等工作中的实际表现更具优势。另一方面，行政人员具有较高的社会地位和较强的职业稳定性，该职业人员需要具备比普通职业更高的素养和品德，以保障和提升政府机构的整体形象和服务能力。事实上，大专及以上文化程度的职位报考要求只是法律法规层面对于行政人员学历的基本设置，本科及以上文化程度才是当前行政人员学历构成的主要特征。以 2022 年国家考公学历职位条件设置为例，"本科以上文化程度能够报考职位占总数的 98.6%；大专可报考职位 234，占总数的 1.4%。学位无要求职位 330，占总数的 2.0%"①。地方政府公务员招录考试学历职位条件在法定框架内逐渐放宽，以提高部分艰苦或边远地区职位的吸引力。结合公务员资格要求、招录报名资格条件规定和公务员招录实践来看，要通过公务员招录考试体系成为行政人员，一般需要具备专科及以上文化程度且最好具备本科及以上文化程度。

三、学历与积极行政人格的生发

大专及以上文化程度的职位学历条件要求决定了当前及未来行政人员队伍建设的学历结构由本科以下、本科、硕士及以上 3 个层次类别所构成，其中本科以

下多为大专学历。对不同学历层次行政人员其积极行政人格生发状况进行描述性统计和差异分析，其结果可参见表 4-12。

表4-12　不同学历行政人员积极行政人格总体水平、三大属性均值及差异分析

变量	公共性		自立自为性		和谐性		总体水平	
	M	p	M	p	M	p	M	p
本科以下	3.93		3.91		4.04		3.95	
本科	4.13	0.048*	4.01	0.359	4.05	0.498	4.06	0.19
硕士及以上	3.89		3.86		3.93		3.89	

（一）本科以下学历行政人员积极行政人格生发状况总体一般

随着考公热潮的形成，考公逐渐演变为职业方面的"国家第一考"，越来越多的社会成员热衷于进入政府部门，成为体制内国家公职人员。激烈的竞争实际上也在逐渐拔高行政人员遴选的学历条件，本科以下学历行政人员的占比呈现下降之势，本科层次的性质人员占据群体主要构成的同时，研究生学历的行政人员数量也在逐年增加。当前本科以下学历的行政人员主要存在三种情形：一是以大专或其他层次学历条件，较早进入国家公务员队伍且后续未继续提升学历教育；二是在近年来的考公中把握住了关于专科或不限学历等稀有岗位招考机会。问卷调查统计发现，本科以下学历（主要为专科层次）行政人员积极行政人格生发状况总体处于一般水平，积极行政人格特征不突出。

具体到各个属性维度而言：第一，本科以下学历行政人员"公共性"属性特征不突出。对其子要素生发状况进一步统计发现，本科以下学历行政人员在公共性属性维度，总体具有较高的服务性特征（"服务性"的均值为4.02），绝大多数比较具备公共服务精神和利他意识；但是责任行政意识不强烈（"尽责性"的均值为3.83）、民主行政倾向不高（"民主性"的均值为3.96）。这可能与本科以下行政人员构成相关，一些在较早年代进入公共部门系统的行政人员身处服务型政府建设的浪潮，形塑了自我服务意识。其尽责性和民主性表现呈现与专业技术类行政人员相近的特征，可能与近年来本科以下学历行政人员多从事专业技术类岗位相关。

第二，本科以下学历行政人员"自立自为性"属性特征不突出。专科等层次的行政人员同样需要在各自的岗位上承担公共行政职责和使命，其自立自为性属性对于有效开展自身工作促进作用。相比于研究生等高学历群体，本科以下学历的社会成员对于能够通过激烈竞争进入公共行政系统更为感恩，具有较高的工作

热情，其"主动性"总体上处于较高水平（"主动性"的均值为4.00）。然而，伴随政府职能的改革，技术赋能政府治理显得愈发重要。对于行政人员而言，仅仅有主动工作的热情还是不够的，还需要具备充分的行政能力，自主推进分内工作。对本科以下行政人员自立自为性属性的具体统计发现，其"独立自主性""创造性"均处于一般水平（"独立自主性"的均值为3.96，"创造性"的均值为3.72）。系统化的知识储备是提升行政能力和创造性发挥的重要基础，对于本科以下行政人员更需要通过继续教育或非学历教育培训，不断夯实自身的知识基础，提高自身的能力水平，多方面增强自身的工作胜任力。

第三，本科以下行政人员"和谐性"属性特征较为突出。本科以下学历行政人员"自我与角色和谐"处于较高水平（均值为4.12），这可能与其多从事基层中专业技术类岗位本身角色职责内容复杂程度较低相关。但在"自我内部和谐"方面，本科以下学历行政人员处于一般水平（均值为3.98）。

（二）本科学历行政人员积极行政人格生发状况总体较优

在近年的公务员招录考试中，对学历的实质要求也逐渐从专科及以上调整为本科及以上，本科学历行政人员已经成为当前行政人员队伍中的主要构成部分。问卷调查统计发现，本科学历行政人员其积极行政人格生发状况总体较优，整体上比较具备积极行政人格特征。

具体而言：第一，本科学历行政人员"公共性"属性特征较为突出。相比于专科教育更注重技术传授，本科教育在人才培养过程中强调不仅要使学生具备一定的专业技术，还要具备更为高尚的人格和道德素养。基于"立德树人"理念，高等学校以培养德才兼备的人才为目标，实行通专结合的教育模式，在培养学生专业知识的同时不忘素质教育和思政教育的嵌入和融入，着力提高学生的社会责任感。近年来，随着"课程思政"命题的提出，普通高等教育教学再次掀起改革热潮，思政元素被广泛融入专业课教育当中。受过本科层次高等教育的行政人员总体上不仅具有较为扎实的专业知识基础，而且具有较为良好的政治和思想道德素质。问卷调查统计发现，本科学历行政人员总体上比较具备公共性属性。进一步剖析这一群体公共性属性各子要素生发状况发现，本科学历行政人员的公共性属性内部较为均衡，总体上比较兼具"服务性""尽责性""民主性"特征（对应均值依次为4.17、4.02、4.26）。这表明，本科学历行政人员总体上不仅具有较强的公共服务意识和民主行政倾向，还具有较强的工作责任心。

第二，本科学历行政人员"自立自为性"属性特征较为突出。本科学历行政人员在选择报考职位时并不具备突出的学历优势，大多会选择与自身专业背景密切相关的职位，理论上与岗位匹配程度较高，应能较为自主处理本职的基本工作事务。此外，当前本科学历行政人员的年龄相对年轻，"80后"、"90后"居多，其思维应更加开放并具有较强的适应能力等。但是对其"自立自为性"进一步考察后发现，尽管其总体上比较具备该属性，但是主要表现为高主动性特征（"主动性"的均值为4.15），而独立自主特征和创造性特征均不突出（"独立自主性"的均值为3.95；"创造性"的均值为3.92）。其中既有体制机制问题，也与当前高等教育人才培养体系相关。伴随高等教育大众化向普及化的转型，当前普通高等教育人才培养模式与社会需求的错位问题在一定程度上制约了高质量的人才培养。

第三，本科学历行政人员"和谐性"属性特征较为突出。进一步分析本科学历行政人员"和谐性"属性的具体特征发现，其"自我与角色和谐"处于较高水平（均值为4.15），而"自我内部和谐"处于一般水平（均值为3.98）。

（三）研究生学历行政人员积极行政人格生发状况总体一般

公务员这一职业具有相对稳定的职业前景、薪资待遇、福利保障、社会地位，同时有助于追求社会意义的社会成员实现自我价值追求。因而，近年来，越来越多的研究生学历人才逐渐加入考公大军当中。从群体层面而言，研究生学历行政人员应具有更高的专业能力和素养，同时也应具有更高的综合素质（如语言表达、沟通表达、组织协调、人际关系处理等）。研究生阶段的教育经历有助于促进个体发现问题、分析问题和解决问题能力的提升，因而研究生总体上应具有更高的研究素养和创新性思维。问卷调查统计发现，研究生学历行政人员并未出现预期更优表现，其积极行政人格生发状况总体处于一般水平，且在"公共性""自立自为性""和谐性"三大属性上表现均不突出，处于一般水平。进一步分析各属性维度的子要素生发状况发现，除了"民主性""主动性"两个子要素处于较高水平外，研究生学历行政人员在其余子要素上特征均不突出。这可能是因为"现实中，没有高校关于行业领域知识体系架构的培训"[①]，学历水平的提高并不一定带来与岗位相关专业水平的显著提升，也就未必能够促进行政人员积极行政人格的生发；此外，也可能与硕士及以上学历行政人员自身矛盾的就业心理相关。我国行政人员薪酬待遇主要与其职务、身份有关的级别因素相关，不同学历在行政系统中的人力资本价值差异体现得并不充分。研究生学历行政人员出于对高学历价值的自

---

① 周鹤，黄晶梅. 高校在公务员非学历教育中的困境分析. 黑龙江高教研究，2014（4）：5-7.

我认知，追求稳定的同时，往往还具有较高的薪酬预期。有关研究表明，"公务员薪酬满意度随着学历提高而降低"①，硕士及以上高学历行政人员对自身工作的满意度相对较低。此外，硕士及以上高学历行政人员通常有较高的职业发展预期，在有限的晋升空间现实中可能难以如愿。在较为世俗化的就业动机作用下，与预期存在较大差距的薪酬待遇和职业发展前景，都可能加大硕士及以上学历行政人员自我与角色的冲突以及自我内部冲突。

（四）不同学历行政人员积极行政人格生发状况的比较

总结不同学历行政人员积极行政人格生发状况可见：本科学历行政人员总体上比较具备积极行政人格特征，同时比较兼具"公共性""自立自为性""和谐性"属性特征；本科以下学历行政人员总体上积极行政人格特征总体上并不突出，但具有较高水平的"和谐性"；硕士及以上学历的行政人员总体上积极行政人格特征总体上并不突出，且三大属性均处于一般水平。由表 4-12 可见，尽管不同学历行政人员的积极行政人格生发状况不一，但在积极行政人格总体水平上差异并不显著，三大属性也仅在"公共性"上存在显著性差异（$p<0.05$）。进一步进行多重比较分析后发现，这一显著性差异集中表现为本科学历行政人员"公共性"水平高于硕士及以上行政人员（均值差为 0.24，$p<0.05$）。深入分析该维度 3 个子要素（服务性、尽责性、民主性）后发现，本科学历的行政人员，其"尽责性"水平显著高于硕士及以上学历的行政人员（均值差为 0.351，$p<0.05$），其余子要素上差异并不显著。对不同学历行政人员积极行政人格生发状况的分析和比较结果可见，行政人员的学历并非越高越好。

第四节　行政人员积极行政人格生发的时间影响

时间与人格之间存在密切的关系，时间的流逝以及人的成长、生命历程不断塑造和影响人的个性、行为模式与心理状态。人的个性除了受先天遗传因素的影响，后天环境的塑造需要通过一定的时间来实现；时间的变化也会改变人的行为模式，使个体在不同时间段有不同的行为习惯和生活方式；伴随时间的流逝和生活经历的丰富，人的心理状态也在不断发生变化。时间与人格之间存在相互影响的关系，人的行为、特点和情感会受到时间的塑造，而人的生命历程也会不断地被时间的流逝所限制和决定。对于行政人员而言，其个体工作心理的形成与发展

---

① 郝玉明. 公务员薪酬满意度水平变动与管理对策. 北京行政学院学报，2017（5）：52-57.

变化、工作能力的发展等亦都离不开时间的塑造，时间对于行政人员其积极行政人格的生发具有一定的价值。从群体的层面而言，时间与行政人员积极行政人格生发状况的影响主要表现为年龄、现职工龄变量与积极行政人格变量的关系。

一、年龄与积极行政人格的生发

年龄是人口统计学的基本变量之一，可以提供丰富的人口信息，对于研究人的生理、心理特点等方面具有独特的意义，是许多公共政策制定和优化过程中需要关注的重要内容。同一年代出生的人不仅年龄相近，而且拥有较为相似的生理特点、心理特点和社会经历，这些使其可能生成某些群体性特征。此外，年龄还是决定个人社会地位、机会和生活机会的关键因素，时间对个体以及群体都具有重要意义。尽管对于年龄的学术概念存在不同分类，在年龄的相关研究中，时序年龄（chronological age）、日历年龄（calendar age）（客观年龄）仍然是最基础的研究对象，被广泛应用于统计学。对不同年龄段行政人员积极行政人格生发状况进行结果统计（表 4-13），30 岁及以下行政人员积极行政人格特征不突出，而 30 岁以上行政人员总体上比较具备积极行政人格特征。

表 4-13　不同年龄段行政人员积极行政人格总体水平、三大属性均值比较及差异分析

变量	公共性		自立自为性		和谐性		总体水平	
	M	p	M	p	M	p	M	p
18—24 岁	3.91		3.78		3.77		3.82	
25—30 岁	3.98		3.81		3.93		3.91	
31—35 岁	4.14	0.028*	4.00	0.037*	4.07	0.021*	4.07	0.018*
36—45 岁	4.24		4.14		4.17		4.18	
45 岁以上	4.15		4.05		4.18		4.13	

（一）18—30 岁行政人员积极行政人格特征不突出

现行《公务员录用规定（试行）》中第四章"报名与资格审查"部分第十六条第（二）款明确规定，报考公务员应当具备"年龄为 18 周岁以上，35 周岁以下"的条件。结合其专科以上文化程度且多为本科学历要求，一般在 20 岁以上。因而在行政人员的年龄分段中，18 岁是其年限下限。不同年龄段的人在思维方式、生活观念、消费行为和就业态度等方面都存在差异。本章研究中 30 岁及以下大致与"90 后"群体相对应。"90 后"一般出生于计划生育政策从严实施阶段，成长于我

国经济社会重要转型时期，经历了社会主义市场经济改革、高等教育的大众化改革、互联网技术的普及等重大社会历史事件[①]。在广泛的群体层面，"90 后"群体有着独特的价值观念、思维方式和行为习惯，30 岁及以下行政人员群体既有"90 后"的群体特征，又呈现出与这一群体特征的异质性，有其自身的职业特性。根据对 18—24 岁和 25—30 岁两个组别行政人员的问卷调查统计发现，30 岁及以下行政人员（实际一般为 20—30 岁）总体上积极行政人格生发状况处于一般水平，且其"公共性""自立自为性""和谐性"属性特征均不突出。

第一，18—30 岁行政人员"公共性"属性特征不突出。行政人员的公共性属性虽是一种职业的核心要求，但这一属性的生发却与利他导向的价值观密切相关。"90 后"是该年龄段主要的组成部分，他们成长于我国经济社会重要转型时期，是互联网时代的"原住民"，受到社会主流意识形态教育的同时，也受到各种亚文化的影响。有学者在省域范围内的研究指出，"90 后"既具有较为积极进取的人生态度，也具有比父辈较强的利己主义倾向，部分"90 后""养成了以自我为中心的习惯，以自我的满足程度作为认知、判断价值以及行为选择的主要标准"[②]。问卷调查研究发现，18—30 岁行政人员"公共性"总体上处于一般水平。具体而言，他们不再一味地奉行无私奉献的行政理念，而会寻求为人民服务与自我实现的平衡，通常具有一定的服务意识和利他倾向。此外，从现实角度来看，这些行政人员自身面临着个体社会化过程中一些重要任务，且进入公共行政职场的时间并不长，个体所能用于服务社会的资源亦相对较少……这些因素使其"服务性"生发状况仅仅处于一般水平（18—24 岁行政人员的"服务性"均值为 3.96，25—30 岁行政人员的"服务性"均值为 3.89）。在敬业方面，"90 后"群体尽管追求自我实现，但并不一定将自我实现与职业发展进行高度关联，对工作本身的意义感有所淡化。有学者研究后指出，"工作对于'90 后'是可有可无、可大可小的生活选择的一种"，"有挑战性的工作时，容易退缩和放弃"。[③]问卷调查统计结果显示，以"90 后"为主体的行政人员总体上具有一定的责任行政意识，其水平却并不高（18—24 岁行政人员的"尽责性"均值为 3.74，25—30 岁行政人员的"服务性"均值为 3.90）。在关系偏好方面，有学者指出，"90 后"比"80 后""更不愿意随大流或服从权威"[④]，尤其不愿意服从个人权威。问卷调查统计结果亦显示，30 岁及以下行

① 李路路. "90 后"，作为一个群体的工作观. 人民论坛，2019（19）：54-55.
② 陈立. "90 后""00 后"青年群体特征的再审视——以湖北省为例. 中国青年社会科学，2021（1）：70-78.
③ 刘淑庆. 我国"90 后"员工职业生态探析. 中国劳动关系学院学报，2015（6）：99-102.
④ 魏莉莉. 青年群体的代际价值观转变：基于 90 后与 80 后的比较. 中国青年研究，2016（10）：64-75.

政人员的"民主性"特征总体上较为突出（18—24 岁行政人员的"民主性"均值为 4.03，25—30 岁行政人员的"民主性"均值为 4.15）。

第二，18—30 岁行政人员"自立自为性"属性特征不突出。1992 年邓小平同志关于计划经济和市场经济的经典论断从根本上解除了把计划经济和市场经济看作属于社会基本制度范畴的思想束缚。同年 10 月，党的十四大确立了中国经济体制的改革目标是建立社会主义市场经济体制，极大地推动了中国改革开放的步伐和现代化建设的进程。伴随经济发展和社会的现代化建设，"我们生活中出现很多新的价值观、新的行为方式，这是完全不同的价值观，是整个个体化社会转型的背景下新的个体主义的价值观"[①]。相对于"70 后""80 后"，"90 后"社会成员具有"个性独立"[②]等群体特征，更愿意独立思考并做出自己的决策，具有较强自主性的同时，也往往乐于接受新观念和新体验，在择业、婚姻等当面呈现出多样化特征。在多元价值观的综合影响下，"90 后"群体内部本身往往存在较高的异质性。相比于总体上更倾向于后物质主义和更注重个体生命体验的"90 后"，选择成为行政人员的"90 后"行走在既传统又极具主流意识形态色彩的职业道路上，仍然深受传统价值观的影响。问卷调查统计显示，30 岁及以下行政人员具有一定的"独立自主性""主动性""创造性"，但总体水平都不高（均值均低于 4）。结合其"公共性"属性维度子要素表现分析，18—30 岁行政人员"自立自为性"属性特征不突出的原因可能包括：其一，科层制下的"90 后"行政人员，不再盲从于组织内的个人权威，开始更多地认同制度权威和技术权威，无限的工具理性阻碍了部分行政人员独立自主性的发展；其二，当前新型个体主义价值观对青年的渗透性影响，使部分"90"后行政人员对职业发展缺少积极性和高度的责任心，主动性不强；其三，"90 后"成长在复杂多变的社会转型发展过程中具有更为活跃的思维，但我国创新教育通常起步晚，存在一定的滞后性和实践误区，使得部分"90后"行政人员的创造潜能并未得到充分开发。

第三，18—30 岁行政人员"和谐性"属性特征不突出。尽管"人们从事公共服务具有非自利动机"[③]，但并不能排除自利性动机的共时存在。18—30 岁行政人员在主流社会价值观的教育和多元价值观的冲突融合下成长，在其思维模式中既保留着部分的传统的观念的同时对人、事、物的看法又有一些独特的理解。传统与现代、物质主义追求与后物质主义倾向、集体主义价值观与新型个体主义价值

---

① 阎云翔. 当代青年是否缺乏理想主义？文化纵横，2013（5）：56-61.
② 刘淑庆. 我国"90 后"员工职业生态探析. 中国劳动关系学院学报，2015（6）：99-102.
③ 谢凌玲. 公共服务动机：测量、影响因素及研究建议. 现代管理科学，2011（10）：45-47.

观……社会发展的转型和人的现代化发展，加剧了 18—30 岁行政人员自我同一性发展冲突的同时，也强化了自我与角色之间的冲突，使其"自我与角色和谐""自我内部和谐"总体上均处于一般水平。

（二）30 岁以上行政人员总体比较具备积极行政人格特征

在中国的传统文化中强调"三十而立"，认为一个人到了三十岁应当具备安身立命的本事，也就需要具备成熟、稳定和独立的能力，开始在社会上建立自己的事业、家庭和经济基础等。在现代社会中，日历年龄中的 30 岁同样被认为是一个重要的里程碑，相比于 30 岁及以下的稚嫩，30 岁是一个既年轻又带有成熟意味的年龄线。在这个年龄，许多人已经完成一些生活和工作上的重要转变，如组建家庭等。在职业生涯方面，30 岁意味着人们进入了中期职业发展阶段，这个阶段对于职业规划和职业发展非常关键。此外，在心理层面，30 岁也标志着人们开始更加清楚自己的优势和劣势，以及自己想要的生活方式和目标。在社交层面，许多人在 30 岁左右也开始寻求更加深入和有意义的友谊关系，建立家庭和拥有子女后也会更加注重家庭社交。总之，30 岁的社会意义不仅是一个年龄标记，同时也标志着一系列生活上的重要阶段和转变。为了细致把握不同年龄组别之间积极行政人格的生发状况，对日历年龄的分组上采取了多个组别，除了 18—24 岁、25—30 岁年龄段，还区分了 31—35 岁、36—45 岁、45 岁以上 3 个年龄段。由表 4-13 可见，30 岁以上行政人员，其积极行政人格生发状况均总体较优，比较具备积极行政人格特征的同时，比较兼具"公共性""自立自为性""和谐性"三大属性特征。仔细考察其各维度子要素状况可见，虽然总体上都比较具备相应属性，但是又各有特点。

第一，31—35 岁行政人员积极行政人格生发特点解析。在中国的公务员系统中，35 岁在某种程度上是一个重要的分水岭。对于想要通过考公获取国家公职的社会成员来讲，35 岁是考公报名的年龄上限，一旦过了这个年龄将无法报考；在现行公务员晋升机制下，公务员晋升一般按照"进入干部队伍的时间先后顺序、考核、考试、考察和择优任用"的原则，而在各种考核中，35 岁往往是一个重要的节点。因此，在 35 岁前具备更加优秀、胜任的能力和业绩，将有助于公务员获取后续发展的晋升机会。31—35 岁行政人员大致与"85 后"群体相对应，总体上更符合"80 后"群体的特征，但因年龄上与"90 后"群体相近，故又兼具部分"90 后"群体特征。31—35 岁行政人员成长于改革开放稳步推进的年代，更为关注社会改革和公平公正；总体上受教育程度较高，专业上具有一定上午优势；其职场生涯与我国服务型政府建设的热潮高度重合。因而这一年龄区间的行政人员总体上具有较高水平的"公共性",如表 4-13 所示。具体而言,31—35 岁行政人员具有较高水平的"服务性"(均值为 4.23)和民主倾向("民主性"的均值为 4.24),但总体上还缺少高度的责任行政意识。此外,在"自立自为性"维度,31—35 岁行政人员总体上均处于较高水平。他们通常处在职业生涯初期阶段,对于工作本身仍处于学习和提升阶段,有更高的自我要求和工作要求,更愿意积极进取,以期获得更好的职场表现和成绩("主动性"的均值为 4.10)。他们虽然不过度因循守旧,但总体上"创造性""独立自主性"水平并不高。在"和谐性"属性维度,31—35 岁行政人员总体上处于较高水平,但主要表现为高自我与角色和谐特征。这可能是因为该年龄段的行政人员对自身的角色认同度较高,愿意积极追求角色使命的实现,能够积极调适自我与角色之间的冲突("自我与角色和谐"的均值为4.18)。在基于传统的公务员体制中,他们必须面临更多的困难和挑战。他们通常已组建家庭,既要积极追求职业发展,又要兼顾家庭责任,双趋冲突程度较高,自我内部和谐状况有待提升("自我内部和谐"的均值为 3.96)。

第二,36—45 岁行政人员积极行政人格生发状况解析。这一年龄段的行政人员多为"75 后""80 后",出生于拨乱反正之后,经历了物质相对短缺的年代,成长于改革开放初期,经历了更为持久、深刻的政府职能改革和社会转型发展。相较于前两个年龄段的行政人员,这一群体深受传统主流价值观教育的影响,对于国家富强、法治等价值观追求认同度更高,关心民生改善等重大社会议题,具有较高水平的"公共性"。具体而言,36—45 岁行政人员对公共事务的理解更加深入,不仅具有较强的公共服务动机("服务性"的均值为 4.32),而且看重职业生涯发展和在职业当中寻求人生意义,其工作的责任感较强("尽责性"的均值为4.00),同时具有较强的民主倾向("民主性"的均值为 4.40)。36—45 岁行政人员是较早在体制内习得按照制度和惯例办事的群体,更具集体主义观念,具有较高的单位忠诚度,可能影响其独立意识和独立思维的形成。问卷调查结果显示,36—45 岁行政人员总体上比较具备"自立自为性"属性特征。其一,随着工作年限的增长,其总体上更为熟悉、适应行政机关的工作制度和性质,积累的公共行政实践经验和各项资本使其能够较为独立自主地展开公共事务工作("独立自主性"的均值为 4.10)。其二,其总体上具有较高水平的工作积极性("主动性"的均值为4.28)。一方面,跨过 35 岁的考公报名的年龄分界线,意味着行政人员后续的职业生涯发展必须依赖工作实际表现而不再以考试分数论。另一方面,45 岁是影响行政人员后续职业生涯发展走向的关键节点,45 岁以后既有退休的可能,也有重要晋升的机会，而在此之前的工作态度和业绩表现则是影响其后续走向的重要依据。因而，36—45 岁行政人员如果要获取更长的职业生涯周期和更好的发展空间，就要更加积极主动地投入公共事务中。其三，36—45 岁行政人员的工作经验丰富，对复杂问题的综合思考能力有所增强，追求进步的行政人员更注重从对实践的反思中成长，创造性地解决工作实际问题（"创造性"的均值为 4.04）。此外，其具有较高水平的"和谐性"，自我与角色间以及自我内部心理状况总体上均具有较高的和谐水平（"自我与角色和谐"的均值为 4.22、"自我内部和谐"的均值为 4.12）。这可能是因为，这一年龄段的行政人员，生活方面基本趋于稳定，工作以外的角色压力有所减轻，同时角色使命感和工作带来的成就感更为强烈，促使其能够更大程度地投入行政人员的角色当中。

第三，45 岁以上行政人员积极行政人格生发状况解析。这一年龄段的行政人员大致与"65 后""70 后"群体相对应，出生于和成长于物质较为匮乏和政治环境比较复杂的年代，其职业生涯的中后期与中国经济与社会发展的转型过程关联度更高。迈过 45 岁职业生涯的关键节点，群体内部的职业发展状况差异显著。一项关于省部级干部履历人力资本因素的分析发现，"省部级干部的年龄整体偏大，'50 后''60 后'是绝对主力，占一半以上，年轻的部级别干部凤毛麟角，极为稀缺"[①]。由此可以推论，在我国公务员系统和较为严苛的高级干部队伍晋升机制下，45 岁以上的行政人员只有极少数能从激烈的竞争中获取晋升高级别领导职务的机会，大多数行政人员则可能面临职业发展的瓶颈期。由表 4-13 可见，45 岁以上行政人员积极行政人格生发状况总体较优，且较为兼具公共性、自立自为性、和谐性三大属性特征。由此可见，一些研究中批判的"为官不为""懒政""怠政"现象应是个别现象而非群体特征。尽管大多数 45 岁以上行政人员可能身处职业生涯的"天花板"，但是总体上仍然具有较强的角色意识，不宜以偏概全，形成对该群体的不良"刻板印象"。其一，"随着年龄的增长，个体越不容易离开组织，对公共利益使命的承诺和认同也更强"[②]，使其仍然保持较高程度的服务意识和民主倾向（"服务性""民主性""主动性"的均值都大于 4）。其二，45 岁以上行政人员往往具有较强的心理适应能力和自我调适能力，即使身处职业生涯瓶颈期，也能积极运用其他关系网络资源调整自我心态，在自我与角色之间寻求新的平衡

---

① 潘娜，丁智聆. 人力资本与干部晋升：一项来自中国场景的调查. 上海交通大学学报（哲学社会科学版），2021（2）：68-80.

② 胥彦，李超平. 人口统计学特征对公共服务动机有什么影响？来自元分析的证据. 心理科学进展，2020（10）：1631-1649.

（"自我与角色和谐"的均值为 4.27），同时自我的同一性也不断增强（"自我内部和谐"的均值为 4.09）。但是，随着年龄的增长，多数未获更高职务晋升的行政人员的拼劲有所退减，其角色责任意识趋于回归一般水平（"尽责性"的均值为 3.97），创造性开展工作的动机不再强烈（"创造性"的均值为 3.93）。

（三）不同年龄区间行政人员积极行政人格生发状况的比较

通过对不同年龄段行政人员积极行政人格生发状况的解析可见，30 岁及以下行政人员积极行政人格总体水平一般，且三大属性特征均不突出；30 岁以上行政人员总体上比较具备积极行政人格特征，且同时比较兼具三大属性特征。结合表 4-13 可见，不同年龄段的行政人员，其积极行政人格生发状况在总体水平、三大属性维度均存在显著差异。为了更为细致地比较不同年龄段行政人员在积极行政人格总体水平上的组间差异，进行多重比较（即两两比较，LSD 假定方差齐性检验，当两组之间均值差在 0.05 水平显著时，说明两组之间在某个项目上存在显著性差异，余同）。研究发现：

第一，30 岁以上行政人员积极行政人格生发总体水平上显著高于 30 岁及以下的行政人员。在积极行政人格总体水平上，36—45 岁行政人员显著高于 25 岁以下行政人员（均值差为 0.36，$p < 0.05$）以及 25—30 岁行政人员（均值差为 0.27，$p < 0.01$）；45 岁以上行政人员显著高于 25 岁以下行政人员（均值差为 0.31，$p < 0.05$）；25 岁以下与 25—30 岁行政人员组间差异不显著。这可能是因为 36 岁及以上行政人员往往已经具备较为丰富的行政实践经历，对行政人员的职责和行政价值理念具有较高的认同度，并且积累的行政实践经验能够为其开展行政活动提供能力支持。相比之下，30 岁及以下年轻行政人员，往往入职时间较短，还处于职业生涯的初期和成长阶段，无论是总体还是"公共性""自立自为性""和谐性"三大属性生发，均处一般水平。

第二，36 岁及以上行政人员积极行政人格三大属性特征更突出。分别统计"公共性""自立自为性""和谐性"三大属性在年龄段变量上的组间差异，得到如下结果：在"公共性"水平方面，36—45 岁行政人员显著高于 25 岁以下行政人员（均值差为 0.33，$p < 0.05$）、25—30 岁行政人员（均值差为 0.26，$p < 0.01$）；45 岁以上行政人员显著高于 25 岁以下行政人员（均值差为 0.24，$p < 0.05$）。在"自立自为性"水平方面，36—45 岁行政人员显著高于 25 岁以下行政人员（均值差为 0.36，$p < 0.05$）、25—30 岁行政人员（均值差为 0.33，$p < 0.05$）。简要而言，36—45 岁行政人员的"自立自为性"生发状况要优于 30 岁及以下行政人员。在"和谐性"水

平方面,36—45 岁行政人员显著高于 25 岁以下行政人员(均值差为 0.40,$p<0.01$)、25—30 岁行政人员（均值差为 0.24，$p<0.05$）；31—35 岁行政人员显著高于 25 岁以下行政人员（均值差为 0.30，$p<0.05$）；45 岁以上行政人员亦高于 25 岁以下行政人员（均值差为 0.41，$p<0.01$）。

以上综合表明，36—45 岁行政人员的"公共性""自立自为性""和谐性"属性生发状况要优于 30 岁以下行政人员。

第三，不同年龄段的行政人员在部分积极行政人格子要素上差异显著。对积极行政人格子要素在年龄段变量上的差异分析结果发现，不同年龄段的行政人员在"服务性""主动性""自我内部和谐""自我与角色和谐"上存在显著差异，而在"尽责性""民主性""独立自主性""创造性"上不存在显著差异。行政人员所处年龄段可作为评判其"服务性""主动性""自我与角色和谐""自我内部和谐"子要素生发状况的一项参考性因素。在子要素层面进行组间多重比较后发现：首先，36—45 岁行政人员的"服务性"水平显著高于 25—30 岁行政人员（均值差为 0.43，$p<0.01$）和 25—30 岁行政人员（均值差为 0.362，$p<0.05$）；45 岁以上行政人员的"服务性"水平显著高于 25—30 岁行政人员（均值差为 0.41，$p<0.01$）。其次，36—45 岁行政人员的"主动性"水平显著高于 25—30 岁行政人员（均值差为 0.42，$p<0.05$）、25 岁以下行政人员（均值差为 0.43，$p<0.01$）；45 岁以上行政人员的"主动性"水平显著高于 25 岁以下行政人员（均值差为 0.39，$p<0.05$）。再次，36—45 岁行政人员的"自我内部和谐"水平显著高于 25—30 岁行政人员（均值差为 0.25，$p<0.05$）、25 岁以下行政人员（均值差为 0.30，$p<0.05$）；此外，31—35 岁、36—45 岁、45 岁以上行政人员的"自我内部和谐"水平均显著高于 25 岁以下行政人员（均值差及 p 值分别为 0.34，$p<0.05$；0.50，$p<0.01$；0.47，$p<0.01$）。这可能是因为，25 岁以下的行政人员仍处于成人初显期，尽管法律意义上早已成年，但其心理自我尚未成熟，仍然面临自我同一性建构和探索的发展任务。随着年龄增长，迈入而立之年的行政人员，其自我同一性发展任务基本达成，其自我人格内部统合度将会有所提升，自我内部和谐水平更高。

二、现职工龄与积极行政人格的生发

在个体社会化的过程中尤其是职业人格的生成和发展变化过程中，不仅受到日历年龄的影响，还受到与职业发展相关的时间因素如工作年限、现职工龄的影响。尽管工作年限和现职工龄都与职业生涯相关，但彼此概念并不等同。首先，定义不同。工作年限是指个人从事工作的总时间,而现职工龄是指个人在当前的工作岗位上服务的时间。现职工龄不可能大于工作年限,而且职位变化次数越多,其现职工龄越低于其工作年限(总工龄)。其次,工作年限更能体现个人的职业发展经历和状态,可以反映出个人对职业的热情和专业技能水平,多被用于评估个体不同职位上的工作经验积累和职业发展状况;而现职工龄是判断员工在企业内部的工作经验和能力的重要指标,多被用于评估个体在当前岗位上的工作经验和能力水平等。比较而言,现职工龄比工作年限更适用于评估个体某一阶段的工作表现。考虑到公务员队伍来源的多样性以及公务员系统内不同单位、职位之间的差异性,现职工龄可能比工作年限更适用于行政人员积极行政人格生发状况的比较分析。对不同职位类别的行政人员的积极行政人格总体水平、三大属性均值及差异分析,得到表 4-14。

表 4-14 不同现职工龄行政人员积极行政人格总体水平、三大属性均值及差异分析

现职工龄	公共性		自立自为性		和谐性		总体水平	
	M	p	M	p	M	p	M	p
2 年及以下	4.05		3.90		3.89		3.95	
3—5 年	3.87	0.015*	3.83	0.036*	3.90	0.027*	3.87	0.020*
6—10 年	4.18		4.00		4.15		4.10	
10 年以上	4.18		4.12		4.14		4.15	

(一)现职工龄 5 年及以下行政人员积极行政人格生发状况总体一般

尽管根据公务员招录工作要求,行政人员在入职初期已经具备某方面的专业知识,但是对于实际的公共行政工作而言,学历教育中的书本知识并不足以应对行政实践的诸多挑战。由表 4-14 可见,无论现职工龄是 2 年及以下的行政人员还是 3—5 年的行政人员,其积极行政人格生发总体水平均处于一般水平,但在具体属性维度方面既有共性也有区别。

第一,现职工龄 2 年及以下的行政人员积极行政人格解析。现职工龄 2 年及以下的行政人员多为职场新人,一般毕业时间不久,处于从学生身份向职业人转换的初期;或者虽然具有一定的工作经验,但是对于其当前从事的职位工作本身并不熟悉。行政人员在职业生涯初期,除了提升专业能力之外,大多还需要从零开始学习公务员系统内公文写作等专项事务,更需要通过观察、文本研习等方式熟悉各部门当中行政人员的工作程序,快速掌握与公共行政相关的法律法规以及单位内部的规章制度。一般而言,这一阶段的行政人员面临更多的是转变任务,

对于单位及自身职位还处于适应期。因而，现职工龄 2 年及以下的行政人员，其积极行政人格生发状况总体为一般水平，且"自立自为性""和谐性"属性特征均不突出（表 4-14），但总体上比较具有"公共性"属性特征。进一步考察其三大属性子要素生发情况发现，现职工龄 2 年及以下的行政人员总体上除了比较具有"服务性"（均值为 4.09）、"民主性"（均值为 4.24）、"主动性"（均值为 4.02）之外，"尽责性""独立自主性""创造性"等均处于一般水平。要促进这一阶段行政人员积极行政人格生发，重点应在于帮助其尽快地转换角色，在知识和技术层面帮助其更快地熟悉制度体系和办事程序等。

第二，现职工龄 3—5 年的行政人员积极行政人格解析。由表 4-14 可见，这一阶段的行政人员并未因为现职工龄的增长而发生较大改变，总体上积极行政人格并不突出。与现职工龄 2 年及以下的行政人员群体相比，其自立自为性、和谐性属性特征亦不突出。可见，这一阶段的行政人员虽然已有一定的工作经验，但在职业生涯中还处于探索阶段或确认阶段，对于职业角色的把握还缺少高度的认同和内化。其内部存在较强的异质性，部分行政人员逐渐熟悉自身的岗位角色并积极投入角色中，部分行政人员对自身职业生涯发展产生怀疑而重新思考未来职业发展规划。在具体子要素层面，现职工龄 3—5 年的行政人员总体上仅民主倾向较为鲜明（"民主性"的均值为 4.05），其余子要素特征均不突出。对于这一阶段的行政人员，要促进其积极行政人格生发，应着重在观念层面提升其对行政价值观的认知和认同水平，并强化其职业发展信心。

（二）现职工龄 6 年及以上行政人员积极行政人格生发状况较优

第一，现职工龄 6—10 年的行政人员积极行政人格生发状况解析。在前 5 年的时间内，一部分无法适应和接受职位工作的行政人员往往已经重新变换工作或变换职位。经过探索期和确认期，仍然固守相应职位工作的行政人员，除了专业素养和实践能力的提升外，对行政价值观的理解将更为深刻。在这一过程中，伴随角色意识的强化，行政人员更加明晰自身的职责以及如何履责的制度规定、程序方法等，其积极行政人格生发状况总体向好。由表 4-14 可见，现职工龄 6—10 年的行政人员，无论是在总体水平还是在"公共性""自立自为性""和谐性"三大属性维度，均处于较高水平。在"公共性"属性维度，现职工龄 6—10 年的行政人员除了总体上比较具备民主倾向（"民主性"的均值为 4.28）外，其公共服务意识和责任意识均有所提高并处于较高水平（"服务性"的均值为 4.21，"尽责性"的均值为 4.10）。在"自立自为性"属性维度，现职工龄 6—10 年的行政人员总体上具有高主动性特征（均值为4.13），"独立自主性""创造性"特征不明显。在"和谐性"属性维度，现职工龄6—10年的行政人员在"自我与角色和谐""自我内部和谐"上有所增进，处于较为和谐的状况（"自我与角色和谐"的均值为4.21、"自我内部和谐"的均值为4.11）。这可能是因为他们度过了职业生涯的确认期，且个人日历年龄有了较大的增长，对行政人员角色和自身职位的把握不再停留于思维认知层面，主观认同度有了较大的提高。对于这一阶段的行政人员，重点是要优化其积极行政人格而非培育，不需要对其进行过多的价值观教育，重点应考虑如何保障其实现独立自主性和激发其创造性地开展行政实践工作的积极性等问题。

第二，现职工龄10年以上的行政人员积极行政人格生发状况解析。由表4-14可见，现职工龄10年以上的行政人员总体上已经比较具备积极行政人格特征和三大属性。对其各属性子要素均值统计发现，这一阶段的行政人员总体上积极行政人格生发状况较为均衡，各子要素上均处于较高水平。"服务性""尽责性""民主性""独立自主性""主动性""创造性""自我与角色和谐""自我内部和谐"子要素的均值依次为4.27、4.04、4.30、4.05、4.28、4.06、4.23、4.06）。相比于现职工龄6—10年的行政人员，其独立自主性、创造性都有了较大程度的提高。

综上，现职工龄6年及以上的行政人员总体上积极行政人格特征突出，且比较兼具"公共性""自立自为性""和谐性"属性特征。总体而言，行政人员在其现职上度过探索期和确认期之后，随着现职工龄的增长，更有可能生发积极行政人格。现职工龄的增长对于行政人员的职业人格塑造具有多重意义：其一，伴随现职工龄的增加的还有行政人员职业实践经验的积累和专业技能的提升。这些可以帮助他们更好地适应职业环境和应对诸多挑战性任务。其二，随着现职工龄的增加，行政人员的薪水和福利待遇通常随之增加，增强其经济保障、减轻家庭经济压力的同时，为其进一步专业提升提供了条件支持。其三，在某个职位上工作时间越长，其职业发展的稳定性越强，越有助于个人职业关系网络的构建，为其职业人格的塑造提供了有力支持。

（三）不同现职工龄行政人员积极行政人格生发状况的比较

由表4-14中的差异分析结果来看，不同现职工龄行政人员在积极行政人格总体水平以及"公共性""自立自为性""和谐性"三大属性上均存在显著差异。对差异显著项进行进一步多重比较分析后发现：现职工龄较长的行政人员，往往更具备积极行政人格特征。具体而言，现职工龄6—10年、10年以上的行政人员，其积极行政人格总体水平都显著高于现职工龄3—5年的行政人员（均值差和 p 值分别为 0.23，$p<0.05$；0.28，$p<0.05$），即现职工龄 6 年及以上的行政人员具有更高的积极行政人格水平。在三大属性维度上，现职工龄 6 年及以上的行政人员，其"公共性"水平显著高于现职工龄 2 年以下的行政人员（$p<0.05$），其"和谐性"水平显著高于现职工龄 5 年及以下的行政人员（$p<0.05$）；现职工龄 10 年以上的行政人员的"自立自为性"水平显著高于现职工龄 5 年及以下的行政人员（$p<0.05$）。

　　不同现职工龄行政人员在"尽责性""主动性""自我与角色和谐""自我内部和谐"子要素上存在显著差异，其他子要素生发状况差异不显著。就差异显著项进行多重比较分析后发现：第一，现职工龄 6—10 年行政人员的"尽责性"水平显著高于现职工龄 3—5 年行政人员（均值差为 0.37，$p<0.01$），现职工龄 10 年以上行政人员的"尽责性"水平亦显著高于现职工龄 3—5 年行政人员（均值差为 0.31，$p<0.01$）。第二，现职工龄 10 年以上行政人员的"主动性"水平显著高于现职工龄 2 年及以下行政人员（均值差为 0.26，$p<0.05$）和现职工龄 3—5 年行政人员（均值差为 0.31，$p<0.01$）。第三，现职工龄 6—10 年、10 年以上的行政人员的"自我与角色和谐"水平显著高于现职工龄 2 年及以下行政人员（均值差依次为 0.23、0.25，$p<0.05$）。第四，现职工龄 6—10 年行政人员的"自我内部和谐"水平显著高于现职工龄 3—5 年行政人员（均值差为 0.27，$p<0.05$）和现职工龄 2 年及以下行政人员（0.30，$p<0.05$），即显著高于现职工龄 5 年及以下行政人员。

第五节　积极行政人格生发中的职级因素

　　组织结构地位的提高将使组织中的个体拥有更多选择、更强的组织资源支配能力。因而，组织结构地位往往对于成员工作心理和工作行为表现等具有重要影响。相比于其他职业，行政人员的组织系统更为广泛和复杂，不同的结构地位往往关涉其工作职责的大小、范围、用于履行职责权力的强弱、薪酬待遇的高低等多项内容。公务员的组织结构地位对于公务员的职业发展和晋升通道具有重要影响，其职级越高，其组织结构地位越高，享受的待遇和权益也越高。《公务员法》第三章第十七条"国家实行公务员职务与职级并行制度，根据公务员职位类别和职责设置公务员领导职务、职级序列"。相比于领导职务，非领导职务的行政人员规模上要庞大得多，是行政人员队伍中的绝对主力群体。关于职级设置，《公务员法》第三章第十九条规定"公务员职级在厅局级以下设置"。以综合管理类公务员为例，其职级序列分为一级巡视员、二级巡视员、一级调研员、二级调研员、三级调研员、四级调研员、一级主任科员、二级主任科员、三级主任科员、四级主任科员、一级科员、二级科员。行政执法类和专业技术类等公务员职级序列另有规定。职务与职级并行下，身处更高的级别，更有可能实现从非领导职务向领导职务的转变。本书研究样本对象多集中在区（县）级、县级以下等基层政府部门，还包括一定的市级以上政府机关。根据职级设置规定和基层公务员职级称谓的通行做法，问卷调查在职级设置上主要区分了办事员（比科员低一级，是最低级别的公务员职级,对应最新职级中的二级科员）、科员（对应最新职级中的一级科员）、副科（中国干部行政级别中最低一级的领导职务名称）、正科级及以上级别（乡科级正职及以上职级）。对于绝大多数行政人员而言，其职级高低是其组织结构地位的重要反映，随着职级的晋升往往伴随薪资和福利待遇的提高、更多的职业发展机会、更高的事业成就感和心理满足感、更高的工作责任和职权。对不同职级行政人员积极行政人格总体水平、三大属性均值及差异进行分析（表 4-15），职级为办事员、科员的行政人员其积极行政人格生发状况总体均为一般水平，而副科级、正科级及以上职级的行政人员，其积极行政人格生发状况总体处于较高水平，比较具备积极行政人格特征。

表 4-15　不同职级行政人员积极行政人格总体水平、三大属性均值及差异分析

职级	公共性		自立自为性		和谐性		总体水平	
	M	p	M	p	M	p	M	p
办事员	3.95		3.80		3.91		3.89	
科员	4.01	0.035*	3.93	0.012*	3.99	0.075	3.97	0.018*
副科级	4.25		4.16		4.21		4.20	
正科级及以上	4.18		4.10		4.05		4.12	

一、科员及以下职级行政人员积极行政人格生发状况

（一）办事员职级行政人员积极行政人格生发状况总体一般

在边远地区、艰苦地区或者招录高学历人才比较困难的职位时，可以酌情适度降低学历职位条件。根据《新录用公务员任职定级规定》，直接从各类学校毕业生中录用且没有工作经历的高中和中专毕业生可任命为办事员。办事员职级的职位一般设置于基层乡镇政府当中。办事员职级的行政人员通常是基层一线工作人员，负责处理各种日常政务事务和服务公众。他们的工作内容包括接待来访者、办理证照、登记档案、处理文件、协调工作、清点、维修、辅助公共事业等。由表 4-15 可见，办事员职级的行政人员（以下简称办事员）总体上积极行政人格生

发状况处于一般水平。

办事员总体上公共性属性特征不突出。尽管办事员职级最低，处于行政系统的末梢，但是作为基层一线工作人员，却是联系上下级、政府与民众的桥梁，是行政人员队伍建设的基础力量。在应然层面，办事员行使职权时须秉持服务意识，高度尊重民众，主动向民众提供帮助和指导，认真处理民众的诉求。但是，问卷调查分析发现，办事员这一群体总体上服务意识不强（"服务性"的均值为3.91，仅半数左右比较具备"服务性"特征）、责任行政意识还需要提升（"尽责性"的均值为3.81，处于较低水平人数占比为6.2%），仅民主倾向总体处于较高水平（"民主性"的均值为4.13，约七成办事员比较具备该特征）。由于与民众接触最为广泛，办事员服务表现和履责表现将会对民众的公共服务满意度产生更为直接的影响。

办事员总体上"自立自为性"属性特征不突出。办事员职级行政人员多缺少系统化的学科学历教育，自主开展工作的专业能力素养存在不足；办事员的很多工作需要得到领导的指导和审批……这会让办事员感到自己的独立性不强，容易形成按程序办事或者听命办事的惯性（"独立自主性"的均值为3.78）。从激励的角度来看，办事员群体的薪酬福利待遇最低且长期存晋升空间狭窄等问题，工作积极性不强（"主动性"的均值为3.90）。此外，办事员群体的创造性亦不强（"创造性"的均值为3.72）。这可能是因为其缺少系统化的学科学历教育，导致其专业知识基础不够扎实；也可能与其工作烦琐、复杂程度较低，应对复杂问题的综合处理实践经验较少有关。

办事员总体上和谐性属性特征不突出。办事员一般不涉及过于复杂事项的协调和决策，职权小且角色内容较为单一，因而其自我与角色之间的冲突程度相对较低。但是，办事员的工作往往需要按时按质完成，"上面千根线，下面一根针"，办事员群体感受到更多来自上级和自己的压力，影响其和谐性属性的生成（"自我与角色和谐"的均值为3.97，"自我内部和谐"的均值为3.85）。

（二）科员职级行政人员积极行政人格生发状况总体一般

此处的科员主要对应现行公务员级别中的一级科员，高于办事员（二级科员）且低于副科级（副主任科员）。被任命为科员职级，要么需要具有大专及以上学历被直接录用为公务员，要么需要有两年以上办事员工作经历并在晋升竞争中获胜。换言之，科员职级行政人员基本符合公务员招录中专科以上文化程度的门槛条件，多数人受过系统化的高等教育，具有一定的专业素养。由表4-15可见，科员职级的行政人员积极行政人格生发状况亦处于一般水平，"自立自为性"属性与"和谐性"属性特征不突出，但比较具备"公共性"属性特征。

第一，科员职级行政人员"公共性"属性特征总体上较为突出。科员职级公务员需要具备敬业团结、责任担当、服务意识和职业道德等方面的良好素质，为公共事务服务，维护公共利益。问卷调查发现，除了具有较高水平的民主倾向（"民主性"的均值为4.13）外，科员职级行政人员具有较高程度的公共服务精神（"服务性"的均值为4.05），但在责任行政方面，意识还不够强烈（"尽责性"的均值为3.92）。

第二，科员职级行政人员"自立自为性"属性不突出。科员职级行政人员在年龄结构上总体较为年轻，一般在35岁以下，具有一定的工作经验。基于学历结构和人岗匹配度来看，这一职级的行政人员总体上应能胜任其本职工作，且处于职业生涯上升阶段。如果其在科员职级阶段表现优异，则可能获得晋升机会，实现从非领导职务向领导职务的转变。由表4-15可见，在"自立自为性"属性上，科员职级行政人员与办事员相近均处于中等程度。深入考察其各子要素的具体表现发现，该职级行政人员总体上具有高"主动性"特征，而"独立自主性"和"创造性"仍处于一般水平（"主动性"的均值为4.10、"独立自主性"的均值为3.85、"创造性"的均值为3.84）。

第三，科员职级行政人员"和谐性"属性特征不突出。在公务员职级设置中，一级科员比办事员职级和地位高一些，具有一定的角色压力，但仍然为非领导职务，不用承担领导责任，自我与职业角色人格较为和谐（"自我与角色和谐"的均值为4.03）。此外，这一阶段行政人员总体上相对年轻，"自我内部和谐"总体上处于中等水平（均值为3.91），与31—35岁行政人员在该子要素上表现相近。

综上所述，职级为科员及以下的行政人员，总体上积极行政人格生发状况处于一般水平，且"自立自为性""和谐性"两个属性特征不突出。

二、副科级及以上职级行政人员积极行政人格生发状况

（一）副科级及以上职级行政人员积极行政人格生发状况总体较优

副科级是公务员中的一种职级，相对于科员级公务员，是更高一级的职级。但在不同等级政府机关工作，副科级的地位有所不同。一般而言，如果是在国家级、省部级、地市级机关工作，即使职级为副科级，一般在单位内部仅作为

普通办事人员，并无实质领导职权；如果是在县处级政府机关工作，副科级行政人员基本相当于单位内部的中层干部；如果是在更基层的乡科级政府机关工作的话，副科级行政人员便是具有实权的领导职务。正科级是比副科级更高职级的高级职务，一般为乡科正职，有领导职务和非领导职务之分，介于副科级与副处级之间。从学历要求来看，副科级及以上职级行政人员，一般要求具有本科及以上学历且具有相关工作经验和专业背景。如果是从高校毕业生中直接招聘的，直接定级为副科级行政人员，则需要硕士及以上学历。本科学历是行政人员队伍学历结构中的主要构成，基于前文分析可见，本科学历行政人员总体上比较具备积极行政人格特征。结合学历要求推论，副科级及以上职级行政人员其积极行政人格生发状况应当较优。表 4-15 可见关于副科级、正科级及以上两个组别行政人员积极行政人格生发情况总体水平的描述性统计结果支持了这一观点。

（二）副科级及以上职级行政人员总体上比较具备公共性属性

副科级及以上职级公务员承担的工作责任越来越大，管理能力、领导能力等方面的要求也越来越高。"在公共组织中，越高层级的人往往越多出现在公开情境下，表现更多的亲社会行为能够为自己获得更大的影响力。"[①]相比于办事员和科员，副科级及以上职级公务员需要有高度的职业道德，秉承服务人民、为民谋利的宗旨，确保公共利益得到最大化的维护。副科级及以上职级行政人员一般接受过系统化的高等教育且多数具有一定的公共行政实践经验。由表 4-15 可见，这一群体总体上已经较为具备"公共性"属性特征。基于对该属性维度的进一步统计分析发现，副科级及以上职级行政人员具有高服务性、高尽责性和高民主性特征（副科级、正科级及以上两个组别在服务性、尽责性、民主性子要素上的均值均大于 4）。这可能是因为在地方政府中，副科级及以上职级行政人员多担任基层领导职务。一方面，副科级及以上职级行政人员总体上承担着更多行政责任和首要的领导责任；另一方面，其工作范围不再是某些过于具体的技术性事务，需要与更广泛的公共事务产生建立角色关联，也可能使其深化对国家公务员行政服务理念的认知。此外，在我国公务员管理体制中，担任领导职务的副科级及以上职级行政人员即使不是中共党员，也要接受"党管干部"相关制度规范的约束和培训教

① 胥彦，李超平. 人口统计学特征对公共服务动机有什么影响？来自元分析的证据. 心理科学进展，2020（10）：1631-1649.

育，以提高政治觉悟，促进为人民服务理念的内化。

（三）副科级及以上职级行政人员总体上比较具备自立自为性属性

近年来，随着考公热，越来越多的硕士及以上学历的成员开始加入行政人员队伍，但总体上还是占少数。根据副科级及以上职级行政人员任职规定，如果要以本科学历晋升，不仅需要满足较长时间的工作年限要求，还需要在过往实践中表现优异。从能力的角度而言，副科级及以上职级行政人员不仅具有较为系统化的专业知识基础，而且通常具有较为成熟的基层实践工作经验，其自主开展工作的能力水平得到提升。从决策责任来看，副科级及以上职级行政人员必须跳出办事员思维，而在更为综合和复杂的公共事务中进行独立思考、决策并为决策的结果负领导责任。这些共同促进了副科级及以上职级行政人员突破只能"听命办事"的惯性限制，强化独立自主性特征（副科级行政人员、正科级及以上行政人员"独立自主性"的均值依次为4.12、4.05）。"地位和权力的匹配能激发个体的目标承诺，进而推动个体的积极工作行为。"[1]在工作积极性方面，尽管基层政府中大多数科级官员的晋升存在难以逾越的"科级天花板"限制，但是多数副科级及以上职级行政人员仍然具有较强的主动性（副科级、正科级及以上两个组别"主动性"的均值分别为4.29、4.20）。一些地方的案例研究表明，通过在组织内"制造科层台阶"和"隐性微进步激励"[2]能够调动科级行政人员的积极性，降低"科级天花板"效应的负面影响。在创造性开展工作方面，问卷调查结果显示，副科级及以上职级行政人员总体上具有较强的"创造性"特征（副科级、正科级及以上两个组别"创造性"的均值分别为4.05、4.07）。除了更高学历知识的支持以及资源调配能力、积极性的提高，组织结构地位的提升也可能对行政人员创造性思维和能力产生积极作用。一定程度的地位提升，降低了行政人员创新损失成本，出于寻求更高地位、改变现状等考虑，副科级及以上职级行政人员更有意愿和可能去考虑如何创新的问题。这一结论可能仅限于较为基层的公务员队伍当中，当组织结构中地位过高时，"高地位个体倾向于维持地位现状（地位维护）"[3]而采取风险规避策略，导致其创造性不足。

[1] 申晨，马静，王明辉. 欲戴皇冠必承其重：地位-权力匹配对员工工作行为的影响. 中国人力资源开发，2021（7）：48-59.

[2] 王中正，谭海波. 科级天花板下的官员隐性晋升研究——基于W县基层官员晋升路径的案例分析. 中国行政管理，2023（2）：53-60.

[3] 刘智强，李超，廖建桥，等. 组织中地位、地位赋予方式与员工创造性产出——来自国有企事业单位的实证研究. 管理世界，2015（3）：86-101+187.

（四）副科级及以上职级行政人员和谐性属性较高

由表 4-15 可见，副科级及以上职级行政人员总体上具有较强的和谐性属性。组织结构地位的相对提升有助于个体生发、体验更强的成就感和荣誉感，强化角色认同的同时，促进自我效能感的提高，从而对自我产生更为积极的评价。对"和谐性"属性维度具体子要素的统计分析发现，副科级及以上职级行政人员总体上不仅具有较高的"自我与角色和谐"水平（副科级、正科级及以上两个组别的均值分别为 4.27、4.10），还具有较高的"自我内部和谐"水平（副科级、正科级及以上两个组别的均值分别为 4.16、4.10）。

三、不同职级行政人员积极行政人格生发状况的比较

（一）积极行政人格总体水平及三大属性的职级比较

由表 4-15 中的均值统计结果及其分析可见，副科级及以上职级行政人员比较具备积极行政人格的总体特征，以及"公共性""自立自为性""和谐性"三大属性特征；办事员职级行政人员无论是积极行政人格总体特征还是三大属性特征均不突出；科员职级行政人员比较具备公共性属性，其自立自为性、和谐性属性特征均不突出，积极行政人格总体特征亦不突出。另外，由表 4-15 中的差异分析可见，不同职级行政人员，其积极行政人格生发状况不仅存在不同之处，而且在总体水平、三大属性维度上具有显著差异。进一步对差异显著项进行多重比较分析发现，副科级职级行政人员在积极行政人格总体水平显著高于办事员职级行政人员（均值差为 0.31，$p<0.05$），亦显著高于科员职级行政人员（均值差 0.23，$p<0.05$）；副科职级行政人员在"公共性""自立自为性"水平上亦均显著高于办事员及科员职级行政人员。副科级行政人员与正科级以上行政人员，办事员与科员职级行政人员，在积极行政人格总体水平和三大属性维度上均不存在显著差异。简要而言，职级较高者更具积极行政人格特征，但该结论能否适用于处级及以上职级行政人员还须进一步研究。

（二）积极行政人格具体子要素生发状况的职级比较

对积极行政人格内部 8 个子要素分别进行职级变量的差异分析发现：不同职级行政人员，其"服务性""独立自主性""主动性""创造性"4 个子要素的生发状况存在显著差异。具体而言，副科级职级行政人员比办事员、科员职级行政人

员具有更高水平的"服务性""独立自主性";副科级及以上职级行政人员比办事员职级行政人员具有更高水平的"主动性""创造性"。简要而言,副科级及以上职级行政人员比办事员职级的行政人员更具"服务性""独立自主性""主动性""创造性";办事员职级行政人员的"服务性""独立自主性""主动性""创造性"均处于一般水平,比其他级别行政人员低。

第五章 积极行政人格生发的个性基础

现代心理学多将"个性"定义为一个人的比较稳定的、经常影响人的行为并使其与他人有所区别的心理特点的总和,有时也被称为"人格"。总体而言,个性是指一个人区别于其他人的特殊本质,也是个体所具有的和经常表现出来的特征性的行为模式。从这种意义上说,个性是一个人精神面貌的反映和心理特征的展现。每个人都有不同的个性,"世界上没有两片相同的树叶",也没有两个相同的人,这就是所谓个性差异,或者说不同的个性心理特征。心理学上的个性一般包括个性心理特征和个性心理倾向性两个部分。个性心理特征是个体身上经常表现出来的本质的、稳定的心理特点,主要包括气质、能力、性格;个性心理倾向性则是指一个人所具有的意识倾向性和对客观事物的稳定态度,包括需要、动机、理想、信念、世界观等诸多心理成分,反映的是个性倾向,是个体从事活动的基本动力。基于现代心理学对行政人员的个性探究主要集中在其个体人格特质结构、个体人格类型、个体人格特征等方面。积极心理学中的积极人格理论则为我们研究行政人格的个体人格提供了新的理论视角。

第一节 传统取向下行政人员的个体人格探究

个性(人格结构)一般具有相对稳定性,人格测验则是调查了解个体和群体个性特征的重要手段,对于描绘个体及群体在较长时间内的个性特征具有积极的参考价值。个性是人的先天素质与后天社会环境共同作用的结果,是在社会实践过程中逐渐形成的一种稳定系统,但这种稳定是相对的而非绝对的。个体及团体的人格结构往往会"随着社会情境的变化而产生相应的改变"[1]。有关研究也表明,

---

[1] 阎巩固,刘京林. 工作经历对人格结构的影响. 心理学探新,1992(1):47-50.

"人格测验的常模是动态的"①，测评值也会随着社会及人的工作生活经历的变化而变化，特别是那些与工作等后天社会生活经历关系密切的部分特质。受工作经历影响而产生较大变化的特征因素正是工作生活情境所需要的人格心理品质。心理学意义上的行政人员的个性研究，一般采用量表的方式进行实证调查和探索行政人员的人格特质结构，抑或运用成熟量表调查行政人员的个性特征。常用于行政人员个性研究的个性量表如艾森克人格问卷（EPQ）、爱德华个人偏好问卷（EPPS）、大五人格问卷、MBTI 人格类型量表、卡特尔 16 种人格因素（16PF）量表等。

一、行政人员的个体人格特质结构

赵国祥通过半开放式问卷调查，结合中文版 16PF、CPI、EPQ、MMP 等个性量表，形成自编人格特质问卷，运用因素分析法，得出党政机关处级领导干部的 6 因素人格特质模型。这 6 项特质维度分别为：①责任心，包括敬业精神、忠诚、成就感、主动性、分清主次、目光远大；②情绪稳定性，包括冷静、从容乐观、不焦虑、耐受性强、自我调节、适应环境；③社交性，包括热情、合群性、善交际、坦诚、心胸宽阔、替他人着想；④自律性，包括原著性强、坚定的信仰、有效的控制、忍耐性强、维护自己的观点、始终如一；⑤决断性，包括善于决断、思路清晰、有效的自控、理解力强、充满信心、意志坚强；⑥创新性，包括富有想象力、敢冒风险、有竞争意识、思维活跃、不墨守成规、独立性。②这一研究以185 名党政处级领导干部为对象，从属于行政人员群体的领导层部，是行政人员群体中少数精英群体。但是，考虑到领导多是从一般行政人员晋升或优秀人才直接选聘产生，这一人格特质结构模型，对于更广泛的行政人员人格特质结构仍然具有积极的参考价值。

二、行政人员的个体人格类型

1962 年，迈尔斯（Myers）和布里格斯（Briggs）根据著名心理学家荣格所创立的心理类型理论编制人格自陈量表，即基于 MBTI 人格类型量表。该量表历经多次修订渐趋完善，成为广为使用的心理类型量表之一。该量表包含 4 个维度，每个维度由对立的两极构成：E-I：外向-内向；S-I：感觉-直觉；T-F：思维-情感；

---

① 曹晓平，任百利，赵泉英，等. 卡氏 16PF 中译本常模 20 余年的变化趋向. 心理科学，1994（3）：184-186.
② 赵国祥. 185 名处级领导干部的个性特质的研究. 心理科学，2002（2）：231-232.

J-P：判断-观察。这 4 个维度的基本偏好的不同组合便构成了 16 种心理类型①。敖小兰从中国的东部、西部和中部的领导干部抽取被试共 745 名，通过 MBTI 人格类型量表（中文修订版）测试我国领导干部的人格类型。该研究发现，我国领导干部类型以 ESFJ（外向感觉情感判断）类型居多，其次为 ESTJ（外向感觉思维判断）类型，并且更多地偏向"S"（感觉）、"F"（情感）和"J"（判断）。该研究还发现，女领导干部更加外向，更倾向于情感类；男领导干部相对内向，更倾向于思维类和判断型。②

三、行政人员的个体人格特征

（一）低精神质

精神质（psychoticism）又称"倔强性"，是艾森克最后阐述的一个人格维度，并将其上升为与"内-外倾""神经质"等同的地位。精神质存在于所有人身上，但个人存在的程度不尽相同。1982 年，艾森克指出，该维度得分高者"往往自我中心、冲动、冷酷，具有攻击性，缺乏同情心，不关心别人的权利和福利，得分低的人则表现出温柔、善感等特点"③。国内学者张丽锦使用艾森克人格问卷和爱德华个人偏好问卷，对某地区 841 名行政管理人员（亦属于行政人员）的人格特质进行了测量，并将其一般人群体人格特质测量结果进行对照，发现行政管理人员与一般人群体在精神质（P）、神经质（N）及效度量表（L）上存在显著差异。根据张丽锦的行政管理人员人格测验结果，在精神质维度，行政管理人员群体具有低精神质特征。④这说明，相较于一般人群体而言，行政管理人员群体总体上较为热心，对他人或社会的敌视较轻，行为相对正常，较为符合社会规范。结合行政管理人员的职业特点，其低精神质人格可能与外界的期望、制度的引导和规制作用相关；也可能是因为行政管理人员自觉提高了对自我情绪监控、道德监控、行为监控的内在要求；更可能是两种因素叠加作用的结果。

（二）高情绪稳定性

神经质（neuroticism）又称"情绪性"。神经质/情绪性是艾森克人格理论中 3

① 蔡华俭，朱臻雯，杨治良. 心理类型量表（MBTI）的修订初步. 应用心理学，2001（2）：33-37.
② 敖小兰. 中国领导干部人格类型研究. 心理科学，2004（3）：731-734.
③ 叶奕乾. 现代人格心理学. 2 版. 上海：上海教育出版社，2011：121.
④ 张丽锦. 不同职级行政管理人员人格特质的比较研究. 宁夏大学学报（人文社会科学版），2000（2）：105-108.

个基本维度之一，也是众多人格特质理论研究发现的基本人格特质，根据这一维度的高低，人格可被分为情绪型和稳定型。艾森克等指出，高神经质也就是情绪型的人，"情绪易变化，倾向于过度反应，体验到一种情绪后不易恢复到常态"①，故易表现出高焦虑、喜怒无常、容易负疚、紧张、激动等行为特征；而低神经质也就是稳定型的人，其情绪反应则相对缓慢且轻微，容易恢复平静，在行为上表现出稳重、温和、自我克制等特征。国内多位学者在行政人员人格测验中得到行政人员具有高情绪稳定性特征。张丽锦使用艾森克人格问卷和爱德华个人偏好问卷，对某地区 841 名行政管理人员的人格特质的测量研究中，发现这些行政管理人员在神经质维度上得分显著低于常人，偏向于情绪稳定的一端。高情绪稳定性的人格特征，同样在霍团英对中青年干部的人格测评中得到验证，不同的是，霍团英采用的是卡特尔 16 种人格因素量表。②

（三）较强的掩饰倾向

L 量表是艾森克人格问卷的效度量表，代表假托的人格特质，本身则代表一种稳定的人格功能。L 维度得分高意味着回答多掩饰，结果不太可靠。在张丽锦的行政管理人员人格测验中，行政管理人员的 L 维度得分显著高于对照组，这说明，与社会一般成员比较而言，行政管理人员具有较强的掩饰倾向。综上，张丽锦对行政管理人员人格特质的实证研究结果表明，"行政管理人员群体与社会一般人群比较而言，在人格维度上具有低精神质、高情绪稳定性和较强的掩饰倾向"③，能够适应紧张的工作环境，且具有较高的社会化成熟度。这与我们对行政人员的职业期待较为一致。但是，行政人员在职业中需要扮演公共利益的维护者角色，无论是在政治立场、工作表现上还是在个人道德上，都被赋予更高的职业期望，这无形中增加了形象压力，故而其具有一定的掩饰倾向。此外，该研究比较不同职级的行政管理人员人格特征发现，"行政管理人员在情绪稳定性和掩饰性方面，依职级的提高而呈现稳步提高"④的规律。换言之，随着职级的提高，行政管理人员群体的情绪更加稳定、更易于自我克制，与此同时也更具掩饰性。

---

① 叶奕乾. 现代人格心理学. 2 版. 上海：上海教育出版社，2011：118.
② 霍团英. 杭州市中青年领导干部人格特征研究. 中国健康心理学杂志，2005（5）：354-357.
③ 张丽锦. 不同职级行政管理人员人格特质的比较研究. 宁夏大学学报（人文社会科学版），2000（2）：105-108.
④ 张丽锦. 不同职级行政管理人员人格特质的比较研究. 宁夏大学学报（人文社会科学版），2000（2）：105-108.

（四）偏内向-稳定型、外向稳定型

内-外倾、精神质、神经质/情绪性，对应艾森克人格层次结构理论中的类型，也就是超特质水平。该人格层次结构理论的第三层次对应的特质，属于群因素。艾森克以内-外向为纬，神经质为经，组织了基本的 32 种人格特质，并与古希腊的四种气质类型相对应，构成了人格二维模型，为许多心理学家所赞同（图 5-1）。

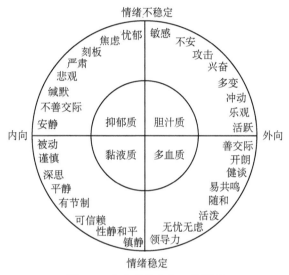

图 5-1　艾森克的人格二维模型

资料来源：叶奕乾. 2011. 现代人格心理学. 2 版. 上海：上海教育出版社，120.

艾森克的人格二维模型将人格类型、人格特质及古希腊的四种气质类型联系在一起，为多维度了解个体的人格类型、人格特质提供了参照。以艾森克的人格二维模型为基础，结合张丽锦对 841 名行政管理人员的人格特质研究结果来看，行政人员群体整体偏向于模型的下半部分：人格类型维度上偏向于"内向+情绪稳定"与"外向+情绪稳定"；气质类型上则偏向于黏液质和多血质两种气质类型；其特质主要在以下范围：被动、谨慎、深思、平静、有节制、可信赖、性静和平、镇静、领导力、无忧无虑、活泼、随和、易共鸣、健谈、开朗、善交际。考虑到行政人员的职业特征，"无忧无虑"这一特质可能并不适用于描述行政人员的特质。此外，霍团英采用卡特尔 16 种人格因素量表对中青年干部进行人格测评研究，除了发现行政人员具有高情绪稳定性特征以外，还具有独立积极、沉着自信、自律严谨、敢做敢为等特征，而创造性和有恒性则有待提高。[①]

① 霍团英. 杭州市中青年领导干部人格特征研究. 中国健康心理学杂志，2005（5）：354-357.

运用不同的人格理论基础及不同的人格测评量表，对行政人员的个体人格研究往往呈现出不同形式的结果，尽管这些结果存在差异，但总体而言，行政人员情绪较为稳定，偏向于克制且谨慎，故不易失控；在情感上具有低精神质特征，具有利他倾向；但同时受限于外界规范和自我职业认知的影响，具有一定的掩饰倾向。

第二节　积极取向下的个体人格：性格优势及长处

如前文所述，国内学者基于荣格、艾森克、卡特尔等著名现代心理学家的人格特质理论，运用 MBTI、EPQ、16PF 以及自编人格量表，对行政人员主要是行政领导干部的人格类型和特质进行了测量研究，并得出了一些有意义的人格测评结果。但以上研究结果未能与行政人员积极的职业人格建立关联。探讨积极行政人格的生发议题，不仅需要了解他们的一般人格类型及个性特征，还需要进一步明确行政人员积极行政人格中的内在动力来源。因此，在笔者所提出的积极行政人格的概念及理论框架基础上，本书希望进一步探索积极行政人格背后的个体人格基础，为个体人格与积极行政人格搭建理论的桥梁。

一、性格优势

（一）性格优势概念内涵

"性格优势"是当代积极心理学领域中的一个核心概念，主要指通过个体的思想、感情和行为表现出来的一组积极品质。彼德逊（Peterson）和塞利格曼（Seligman）于 1994 年出版了《人格力量与美德分类手册》。该书中，以人格力量与美德为取向，分类列出了六种重要美德即智慧、勇气、仁爱、公正、节制和卓越，以及与这些美德相联系的 24 种人格力量，也称为人格优势或性格优势。这 24 种性格优势包括 kindness、teamwork、fairness、love、authenticity、leadership、forgiveness、gratitude、humor、curiosity、zest、creativity、perspective、hope、social、bravery、belief、beauty、judgment、prudence、perseverance、modesty、learning、regulation。其对应的中文词汇分别为仁慈、公民意义、公正、爱、正直、领导力、宽恕和宽容、感恩、幽默、好奇心、有活力、创造力、洞察力、希望、社会智商、勇敢、精神信仰、欣赏美丽和卓越、头脑开明、审慎、坚持、谦恭/谦虚、爱学习、自我控制。[①]青少年的希望、团队协作、热情等特质的排列顺序较靠前，成年人"对美和优秀的鉴赏力、诚实、领导才能、心胸开阔在成年人中则更普遍"[②]。

（二）性格优势的测量

帕克（Park）等在彼德逊和塞利格曼 24 种性格优势及其美德分类体系研究基础上编制的优势行动价值问卷（Values in Action Inventory of Strengths，VIA-IS），用以测量个体的性格优势。VIA-IS 是用于成人的自我报告式问卷，包括 24 个分量表，对应 24 种性格优势，每个分量表包含 10 个题项，共 240 个题项，每个题项均采用利克特 5 点计分，某项得分优势越高说明被试所具有的此项优势越突出。此外，帕克等还开发了适用于青少年的 VIA-Youth 问卷，同样有 24 个分量表，共 198 个题项。日本学者大竹（Otake）等开发了 VIA-IS 日本版，以 NEO-FF 量表为效标，发现各分量表之间显著相关[③]。帕克等还开发了 VIA-RTO（Values in Action Rising to the Occasion Inventory）结构式访谈问卷，该问卷于 2006 年正式发表，并经过若干样本的测试，证明了一致性、稳定性与有效性[④]。该版本应用相对较少。克罗地亚学者布达尔（Badar）等编制了不同版本的 VIA-IS，经探索性因素分析得出四大因素：人际优势（interpersonal strengths）、坚毅（fortitude）、活力（vitality）、审慎（cautiousness）[⑤]。

（三）性格优势的差异研究

其一，地域差异。帕克等调查了 10 余万美国成年人，统计发现，美国人最具代表性的性格优势是善良（仁慈）、诚实、感恩和判断力。[⑥]其二，群体差异。部分研究涉及了一些特殊群体，以试图了解他们所具有的性格优势。马修斯（Matthews）等选取西点军校 103 名军官、挪威海军学院 141 名军官与美国普通民

①　斯奈德，洛佩斯. 积极心理学：探索人类优势的科学与实践. 王彦，席居哲，王艳梅，译. 北京：人民邮电出版社，2015：55.

②　陈浩彬，苗元江. 积极人格研究概述. 北京教育学院学报（自然科学版），2008（2）：14-17+22.

注：由于不同学者对 24 种性格优势的翻译不同，其表达也略有不同，未做强行统一。

③　Otake K，Shimai S，Ikemi A，et al. Development of the Japanese version of the value in action inventory of strengths（VIA-IS）. The Japanese Journal of Psychology，2005，76（5）：461-467.

④　Park N，Peterson C. Moral competence and character strengths among adolescents：The development and validation of the values in action inventory of strengths for youth. Journal of Adolescence，2006，29（6）：891-909.

⑤　Badar I，Kashdan T B. Character strengths and well-being in Croatia：An empirical investigation of structure and correlates. Journal of Research in Personality，2010，44（1）：151-154.

⑥　Park N，Peterson C，Seligman M E P. Character strengths in fifty-four nations and the fifty US states. Journal of Positive Psychology，2006，1（3）：118-129.

众 838 人进行研究，结果发现西点军校军官总分要明显高于其他两组，其优势相关性也要强于普通民众，军官的典型性格优势是正直、希望、勇敢、毅力（坚持）和合作。[1]其三，情境差异。彼得逊等还对性格优势进行了跨时间维度研究，通过研究 4817 名被试在 9·11 事件前后的差别，表明重大灾难事件过后的 2 个月，人们的感恩、善良（仁慈）、领导能力（领导力）等 7 种性格优势获得了提升，10 个月后虽然程度减弱，但依旧比 9·11 事件前有所提高。[2]

（四）性格优势的个体意义

彼德逊等进行的主观幸福感与性格优势相关研究表明，无论是成年人还是未成年人其主观幸福感与多数性格优势均达到显著相关。[3]VIA-IS 与健康、幸福感等变量的相关研究中，帕克等的研究发现，希望、激情、感恩等是生活满意度强有力的预测因子，而创伤程度却能够调节谦虚与生活满意度之间的关系。大竹等用日本版 VIA-IS 和一般健康量表（general health questionnaire）相关研究发现，健康群体的 VIA-IS 得分高于不健康群体，突出表现在抑郁与社会活动障碍上。[4]在探讨性格优势与青少年积极成长的关系时，有学者认为存在于孩子身上的性格优势，是一个家庭积极特质的反映，它能够促进幸福感、抵御心理障碍；并指出未来应将性格优势视为多维结构，来探究它的具体结构和发展过程，并以此指导如何促进青少年的积极成长。[5]

二、长处：亲和力、生命力、意志力

（一）中国人的积极人格结构：三项长处

段文杰等修订的 CVQ-96 问卷[6]是 VIA-IS 问卷的中文版，所有题项来自原版

---

① Matthews M D，Eid J，Kelly D，et al. Character strengths and virtues of developing military leaders：An international comparison. Military Psychology，2006（S18）：57-68.

② Peterson C，Seligman M E P. Character strengths before and after September 11. Psychological Science，2003，14（14）：381-384.

③ Peterson C，Park N. Assessment of character strengths among youth：Progress report on the values in action inventory for youth. Paper presented R. Washington，DC：Child Trends Conference on Indicators of Positive Youth Development，2003.

④ Matthews M D，Eid J，Kelly D，et al. Character strengths and virtues of developing military leaders：An international comparison. Military Psychology，2006（S18）：57-68.

⑤ Park N. Character strengths and positive youth development. Annals of the American Academy of Political and Social Science，2004，591（1）：40-54.

⑥ Duan W，Ho S M Y，Bai Y，et al. Factor structure of the Chinese virtues questionnaire. Research on Social Work Practice，2012，22（6）：680-688.

问卷，但在题量上进行了大幅精简，每个分量表题项由原来的 10 项精简至 4 项。该量表开发过程兼顾文化共同性和特殊性的方法，将优势行动价值问卷本土化，并重新评估了 VIA-IS 的结构，通过实证研究分析，得出了中国人性格和长处的基本结构。经过心理测量学分析与检验发现该量表能够测量 24 个性格优势与 3 项长处。其中，24 个性格优势与原版问卷所测性格优势相同，3 项长处则是对这 24 种性格优势进行结构探索所得出的，包括亲和力长处、生命力长处和意志力长处。根据段文杰等的长处分类方法，其中亲和力长处层面的性格优势包括 8 项，即仁慈、公民意义、公正、爱、正直、领导力、宽恕和宽容、感恩；生命力长处层面包括 10 种性格优势，即幽默、好奇心、有活力、创造力、洞察力、希望、社会智商、勇敢、精神信仰、欣赏美丽和卓越；意志力长处层面包括 6 种性格优势，即头脑开明、审慎、坚持、谦恭/谦虚、爱学习、自我控制。

（二）长处及性格优势的测量

CVQ-96 问卷采用利克特 5 点计分法，程度从"非常不像我"到"非常像我"，分别计 1—5，包含 96 道题项，无反向计分题。3 个二阶因子（长处层面）、24 个一阶因子（性格优势层面）的题目得分相加后的均分，即为该项性格长处或性格优势的得分，得分越高，说明被试的某项长处或优势越突出。

表 5-1　中文长处问卷结构

长处维度	性格优势（积极人格特质）	对应题项
relationship 亲和力	kindness（仁慈）	08，15，45，66
	teamwork（公民意义）	10，47，68，78
	fairness（公正）	22，35，79，92
	love（爱）	9，46，67，77
	authenticity（正直）	02，07，34，91
	leadership（领导力）	11，36，69，80
	forgiveness（宽恕和宽容）	28，39，53，73
	gratitude（感恩）	37，61，71，83
vitality 生命力	humor（幽默）	38，51，62，95
	curiosity（好奇心）	29，40，54，74
	zest（有活力）	27，52，87，96
	creativity（创造力）	14，32，41，57
	perspective（洞察力）	42，58，64，89
	hope（希望）	03，13，18，84

续表

长处维度	性格优势（积极人格特质）	对应题项
vitality 生命力	social（社会智商）	05，20，33，76
	bravery（勇敢）	43，59，65，90
	belief（精神信仰）	19，25，50，85
	beauty（欣赏美丽和卓越）	24，49，60，82
conscientiousness 意志力	judgment（头脑开明）	04，31，56，85
	prudence（审慎）	17，48，70，81
	perseverance（坚持）	01，06，21，44
	modesty（谦恭/谦虚）	26，72，86，94
	learning（爱学习）	30，55，75，88
	regulation（自我控制）	12，16，23，93

第三节　行政人员积极个体人格的现状与特征

基于积极人格理论和积极行政人格的理论框架，运用性格优势问卷的中文改良版量表工具——中文版性格优势量表（CVQ-96）/中文长处问卷[①]，调查研究包括非领导职务在内的行政人员的性格优势及长处生发现状。此调查研究与《积极行政人格》问卷调查同时展开，因而发放问卷数量、回收数量及有效性同前文《积极行政人格》问卷调查，有效样本数同为432。经检验，本研究中中文长处问卷（CVQ-96）整体信度为0.979，亲和力、生命力、意志力三个维度的分量表信度均在0.9以上。此外，三大维度的分量表与总项目的相关系数最小为0.914，24种性格优势与总项目的相关系数最小为0.710，多数在0.8以上，但均在0.01水平（双侧）上显著，即均为显著相关。这说明中文长处问卷的内容效度较好。此外，各分项目与总项目之间的相关均超过了该分项目与其他分项目的相关，说明该问卷的结构效度较好，适合于行政人员积极个体人格的相关研究。调查问卷所得数据主要用SPSS19.0进行处理，主要包括描述性分析、独立样本 t 检验、单因素方差分析、相关分析、回归分析。其中，描述性分析主要以计算数值型单变量的统计量为主，如均值、方差、标准差等。独立样本 t 检验与单因素方差分析共同用于分析人口统计学差异。相关分析主要用来判断两个变量或多个变量之间的相关性，在本研究中主要采用的是 Person 简单相关系数，检验变量之间的相关性。

---

① Duan W，Ho S M Y，Bai Y，et al. Factor structure of the Chinese virtues questionnaire. Research on Social Work Practice，2012，22（6）：680-688.

一、行政人员亲和力长处及其性格优势现状与特征

（一）行政人员亲和力长处总体现状

亲和力一般指人际关系中的一种特质，指个体在社交场合中表现出的与他人相处的愉悦感和亲密感。在段文杰等聚合总结提炼的三大长处中，亲和力主要指在与人交往过程中表现出来的积极认知、积极感情和积极行为，表现为个体在人际关系过程中的亲和力。亲和力长处维度对应的性格优势包括仁慈、公民意义、公正、爱、正直、领导力、宽恕和宽容、感恩。基于问卷调查研究发现，过半数行政人员具有较高水平的亲和力，四成左右具有中等水平的亲和力，4%左右的行政人员亲和力长处处于较低水平，亲和力长处总体均值为 4.05。据此可见，当前行政人员总体上比较具备亲和力长处。

（二）行政人员亲和力长处的性格优势现状

对行政人员亲和力长处维度对应的 8 项性格优势进行描述性均值统计并排序得到表 5-2。由表 5-2 可见，行政人员在亲和力长处维度，总体上已经比较具备的性格优势包括仁慈、公正、爱、公民意义、领导力、感恩、正直，宽恕和宽容这一性格优势特征尚不明显。行政人员总体上比较开放和友善，总体上具有利他倾向，追求公平正义的实现，重视与他人的亲密关系尤其是那些互相分享与关怀的关系，对团队衷心且表现良好，关心社会和组织良性发展等。

表 5-2　行政人员亲和力长处性格优势的描述统计及排序（N=432）

性格优势	M	SD	亲和力维度均值排序
仁慈	4.12	0.491	1
公民意义	4.07	0.521	4
公正	4.10	0.475	2
爱	4.10	0.509	3
正直	4.01	0.571	7
领导力	4.03	0.508	5
感恩	4.03	0.490	6
宽恕和宽容	3.92	0.541	8

（三）行政人员亲和力长处及其性格优势的群体特征

1. 亲和力长处及其性格优势的性别特征

统计发现，男性和女性两个组别的行政人员总体上均比较具备亲和力长处特

征，不存在统计学上的显著差异。具体到亲和力维度性格优势层面：男性行政人员组别总体上处于较高水平的亲和力长处性格优势有仁慈、公民意义、公正、爱、感恩、正直、领导力7项；女性行政人员组别总体上处于较高水平的性格优势有仁慈、公民意义、公正、爱、领导力5项。经差异分析发现，虽然男性行政人员在亲和力长处维度各性格优势的均值水平略高于女性行政人员，但差异并不显著。

2. 亲和力长处及其性格优势的政治面貌特征

基于对不同政治面貌组别内行政人员亲和力长处及该维度性格优势的均值统计发现：中共党员身份的行政人员总体上比较具有亲和力长处优势，且显著优于非中共党员身份行政人员（均值差为0.16，$p<0.05$）；非中共党员行政人员总体上亲和力长处优势处于一般水平。具体到该维度对应的8项性格优势层面呈现如下特征：中共党员身份行政人员组别总体上处于较高水平的性格优势有仁慈、公民意义、公正、爱、感恩、正直、领导力7项，非中共党员身份行政人员组别总体上处于较高水平的性格优势仅有仁慈1项。中共党员身份行政人员总体上各亲和力长处性格优势均值水平均略高于非中共党员身份行政人员，但只在公民意义、公正、爱等亲和力长处性格优势上存在显著差异。

3. 亲和力长处及其性格优势的职位类别特征

基于对不同职位类别组别内行政人员亲和力长处进行均值统计和差异分析发现：综合管理类、行政执法类和其他类别的行政人员总体上具有比较突出的亲和力长处优势，而专业技术类该长处优势处于一般水平；虽然存在不同，但是不同职位类别行政人员在亲和力长处维度总体水平上差异并不显著。在该维度的8项性格优势层面：综合管理类行政人员总体上较为突出的性格优势有7项，即仁慈、公民意义、公正、爱、感恩、正直、领导力；行政执法类行政人员总体上比较具备所有亲和力长处维度的性格优势；专业技术类行政人员总体上比较具备的性格优势仅公正1项；其他类别行政人员总体上比较具备的则有6项，即仁慈、公民意义、公正、爱、正直、领导力。对不同职位类别行政人员其亲和力长处维度8项性格优势的显著性差异统计发现，仅领导力1项性格优势存在职位类别上的显著差异（$p<0.05$），且主要表现为行政执法类行政人员的领导力性格优势水平显著高于专业技术类行政人员，其余组别之间差异不显著。

4. 亲和力长处及其性格优势的其他特征

对不同组别行政人员亲和力长处总体水平进行均值统计发现，26岁及以上年龄段、本科及以下学历、科员及以上职级、现职工龄为 2 年及以下和 6 年及以上组别的行政人员，总体上均具有较高水平的亲和力长处优势；而 26 岁以下、硕士及以上学历、办事员职级、现职工龄为 3—5 年组别内的行政人员总体上亲和力长处优势均处于一般水平。对 8 项亲和力长处性格优势进行差异分析发现，在不同年龄段、职级、学历、现职工龄的行政人员的亲和力长处总体水平上，差异均不显著。对以上不同变量对应组别内亲和力长处维度 8 项性格优势的均值水平进行汇总整理，结果见表 5-3。在年龄段上，26 岁及以上行政人员总体上比较具备的亲和力性格优势较多，且主要集中在以下 7 项：仁慈、公民意义、公正、爱、感恩、正直、领导力；25 岁及以下行政人员总体上比较具备的亲和力长处性格优势极少，仅仁慈 1 项。在学历方面，本科及以下的行政人员总体上比较具备的亲和力长处性格优势较多，主要集中在公民意义、公正、感恩、领导力 4 项；硕士及以上学历行政人员总体比较具备的亲和力性格优势较少，仅公正与爱 2 项。在职位类别方面，科员及以上级别的行政人员总体上具备大多数的亲和力长处维度的性格优势，主要集中于 5 项性格优势：仁慈、公民意义、公正、爱、宽恕和宽容。此外，不同现职工龄组别的行政人员总体上具有多项亲和力长处维度性格优势，在仁慈、公民意义、公正、爱等共现程度高。

表 5-3 不同年龄段、学历、职位类别及现职工龄行政人员亲和力长处性格优势的比较（N=432）

变量 性格优势	年龄段					学历			职位类别				现职工龄			
	25岁及以下	26—30岁	31—35岁	36—45岁	46岁及以上	本科以下	本科	硕士及以上	办事员	科员	副科级	正科级及以上	2年及以下	3—5年	6—10年	10年以上
仁慈	√	√	√	√	√		√		√	√	√	√	√	√	√	√
公民意义		√	√	√	√	√	√			√	√	√	√			√
公正		√	√	√	√	√	√	√		√	√	√		√	√	√
爱		√	√	√	√			√	√	√	√	√	√	√	√	√
宽恕和宽容		√				√				√						√
感恩		√	√	√	√	√	√						√	√		
正直		√	√	√	√						√				√	√
领导力		√	√	√	√	√	√			√	√					

注：表格中的"√"代表该组别在对应具体性格优势均值处于较高水平，未特别标注的代表处于一般水平，下同。

二、行政人员生命力长处及其性格优势现状及特征

（一）行政人员生命力长处总体现状

生命力是一个人生命力量和活力的体现，拥有强大的生命力有很多长处和优势，包括相对强健的身体、高度的精力应对生活和工作方面的压力、较为强大的自我修复能力、积极向上的情感态度和心态、良好的心理素质等。段文杰等提出的长处结构中的生命力长处，主要指对待世界和社会的积极品质，表现为个体在社会环境或社会关系中的生命力，包括 10 种性格优势：幽默、好奇心、有活力、创造力、洞察力、希望、社会智商、欣赏美丽和卓越、勇敢、精神信仰。基于问卷调查发现，过半数行政人员具有较高水平的生命力长处，另有近 5%的行政人员的生命力长处处于较低水平，行政人员总体上生命力长处处于一般水平（均值为3.96），该长处优势不突出。

（二）行政人员生命力长处的性格优势现状

对行政人员生命力长处维度对应的 8 项性格优势进行描述性均值统计并排序（表 5-4）可见，行政人员在生命力长处维度总体上已经比较具备的性格优势包括欣赏美丽和卓越、精神信仰、有活力、希望、洞察力 5 项。行政人员在幽默、创造力、勇敢、社会智商、好奇心等其他 5 项性格优势上处于一般水平。综合而言，被调查的行政人员总体上能够欣赏生命中的美丽和美好事物、具有较为坚定的价值信念、具有干劲和充满活力、具有对未来发展较为的乐观心态、具有对事物进行深入分析的思维能力等；整体上相对严肃，对一些新兴事物缺少好奇，创造力潜能不足，让自己和他人轻松、愉悦的幽默特质相对不足等。

表 5-4　行政人员生命力长处维度性格优势描述统计及排序（N=432）

性格优势	M	SD	生命力长处均值排序
幽默	3.76	0.628	10
好奇心	3.98	0.532	6
有活力	4.04	0.998	3
创造力	3.81	0.499	9
洞察力	4.02	0.467	5
希望	4.02	0.503	4
社会智商	3.98	0.485	7
欣赏美丽和卓越	4.05	0.504	1
精神信仰	4.05	0.462	2
勇敢	3.89	0.498	8

（三）行政人员生命力长处及其性格优势的群体特征

1. 生命力长处及其性格优势的性别特征

经描述性统计和经独立样本 t 检验发现：男性行政人员总体上生命力长处优势突出，女性行政人员总体上处于一般水平；男性行政人员生命力长处优势水平要高于女性行政人员（均值差为 0.32，$p<0.05$）。具体到生命力维度性格优势层面：男性行政人员组别总体上处于较高水平的生命力性格优势有 8 项，即好奇心、有活力、洞察力、希望、社会智商、欣赏美丽和卓越、勇敢、精神信仰；女性行政人员总体上处于较高水平生命力长处性格优势较少，仅 2 项，即欣赏美丽和卓越、精神信仰。经显著性差异分析发现，男性行政人员在幽默、好奇心、创造力、洞察力 4 项生命力长处性格优势水平上显著高于女性行政人员。

2. 生命力长处及其性格优势的政治面貌特征

基于对不同政治面貌组别内行政人员生命力长处及该维度性格优势的均值统计和差异分析发现：中共党员身份的行政人员总体上比较具有生命力长处优势，非中共党员行政人员总体上生命力长处优势不明显，但在该维度上两者差异并不显著。具体到该维度对应的 10 项性格优势层面呈现如下特征：中共党员身份行政人员组别总体上处于较高水平的性格优势有 6 项，即好奇心、有活力、洞察力、希望、社会智商、欣赏美丽和卓越；非中共党员身份行政人员组别总体上各生命力长处性格优势均处于一般水平；中共党员身份行政人员总体上各生命力长处性格优势均值水平均略高于非中共党员，但只在希望、欣赏美丽和卓越 2 项存在显著差异。

3. 生命力长处及其性格优势的职位类别特征

基于对不同职位类别组别内行政人员生命力长处均值统计和差异分析发现：综合管理类、行政执法类行政人员总体上具有比较突出的生命力长处优势，而专业技术类和其他类别行政人员该长处优势总体处于一般水平；不同职位类别的行政人员在生命力长处维度总体水平存在显著差异。经进一步多重比较分析得到，行政执法类行政人员生命力长处优势显著强于专业技术类行政人员（均值差为 0.257，$p<0.05$），综合管理类行政人员生命力长处优势亦显著强于专业技术类行政人员（均值差为 0.291，$p<0.05$）。

生命力长处维度 10 项性格优势层面：综合管理类行政人员总体上较为突出的性格优势有 6 项：好奇心、有活力、洞察力、希望、欣赏美丽和卓越、精神信仰；

行政执法类行政人员总体上具备生命力长处性格优势的有好奇心、有活力、创造力、洞察力、希望、社会智商、欣赏美丽和卓越、精神信仰 8 项；专业技术类行政人员其生命力长处性格优势总体上均处于一般水平；其他类别行政人员总体上比较具备的则有 4 项，即洞察力、希望、欣赏美丽和卓越、精神信仰。对不同职位类别生命力 10 项性格优势进行显著性差异统计发现，行政执法类和综合管理类行政人员比专业技术类行政人员具有更强的创造力、洞察力、希望和社会智商以及精神信仰性格优势特征。

4. 生命力长处及其性格优势的其他特征

对不同组别行政人员生命力长处总体水平进行均值统计发现，31—45 岁、本科学历、副科级及以上职级、现职工龄 10 年以上各组别的行政人员，总体上均具有较高水平的生命力长处优势。进行差异分析后发现，不同年龄段、职级、学历、现职工龄的行政人员生命力长处总体水平上差异均不显著。统计并汇总和整理以上不同变量生命力长处性格优势的均值水平，得到表 5-5。在年龄段上，31—45 岁行政人员总体上具备生命力性格优势较多，如有活力、洞察力、希望、社会智商、欣赏美丽和卓越、勇敢、精神信仰等；30 岁及以下行政人员比较具备的生命力长处性格优势极少。在学历方面，本科行政人员总体上比较具备的生命力长处性格优势较多，包括好奇心、有活力、洞察力、希望、社会智商、欣赏美丽和卓越、精神信仰 7 项。在职级方面，科员及以上行政人员总体上具备较多生命力长处性格优势，如有活力、洞察力、希望、欣赏美丽和卓越、精神信仰等。现职工龄为 10 年以上行政人员总体上具有的生命力长处性格优势较多，包括好奇心、有活力、洞察力、希望、社会智商、欣赏美丽和卓越、勇敢、精神信仰 8 项。

表 5-5　不同年龄段、学历、职级及现职工龄行政人员生命力长处性格优势的比较

变量	年龄区间					学历			职级				现职工龄			
性格优势	25岁及以下	26—30岁	31—35岁	36—45岁	46岁及以上	本科以下	本科	硕士及以上	办事员	科员	副科级	正科级及以上	2年及以下	3—5年	6—10年	10年以上
幽默																
好奇心			√				√				√					√
有活力			√	√			√			√	√	√				√
创造力			√													
洞察力			√	√			√			√	√	√			√	√
希望			√	√			√			√	√	√				√
社会智商			√	√			√				√					√

续表

变量	年龄区间					学历			职级				现职工龄			
性格优势	25岁及以下	26—30岁	31—35岁	36—45岁	46岁及以上	本科以下	本科	硕士及以上	办事员	科员	副科级	正科级及以上	2年及以下	3—5年	6—10年	10年以上
欣赏美丽和卓越		√	√	√			√	√		√	√	√		√	√	√
勇敢			√	√							√	√				√
精神信仰		√	√	√	√	√	√	√		√	√	√	√			√

三、行政人员意志力长处及其性格优势现状及特征

（一）行政人员意志力长处总体现状

广义上，意志力一般指自我控制和自我管理的能力，可以帮助我们克服诱惑和延迟满足感，并保持专注和持久性。意志力是实现个人目标，克服困难和实现成功的必要能力。在段文杰等的长处理论当中，意志力被用于概括个体内部自我要求、自我约束、自我提升等方面的人格特质，具体包括：头脑开明、审慎、坚持、谦恭/谦虚、自我控制、爱学习6项性格优势。基于问卷调查发现，不足六成的行政人员比较具备意志力长处优势，四成行政人员该长处优势处于中等程度，另有3%左右的行政人员意志力长处优势存在不足。但是总体而言，行政人员意志力长处维度均值达到4.01，介于生命力长处和亲和力长处之间，比较具备该长处优势。

（二）行政人员意志力长处的性格优势现状

对行政人员"意志力"长处维度对应的六项性格优势进行描述性均值统计并排序（表5-6）可见，行政人员在意志力长处维度，总体上已经比较具备的性格优势包括谦恭/谦虚、爱学习、自我控制、头脑开明，而审慎、坚持两项性格优势总体上不突出。综合而言，行政人员总体上比较谦逊低调和不喜过度张扬、具有较高求知欲且重视个人知识基础和能力素养的提升、具有较强的自我监控与克制倾向、思维相对开阔，但面对一些重大挑战可能有所畏惧和退却等。

表5-6　行政人员意志力长处维度性格优势描述统计及排序 （N=432）

性格优势	M	SD	均值排序
头脑开明	4.02	0.541	4
审慎	3.88	0.541	6

性格优势	M	SD	均值排序
坚持	3.93	0.526	5
谦恭/谦虚	4.12	0.499	1
自我控制	4.03	0.536	3
爱学习	4.10	0.514	2

（三）行政人员意志力长处及其性格优势的群体特征

1. 意志力长处及其性格优势的性别特征

经描述性统计和经独立样本 t 检验发现，男性行政人员总体上意志力长处优势突出，女性行政人员总体上处于一般水平；男性行政人员意志力长处优势要显著强于女性行政人员（均值差为 0.32，$p<0.05$）。具体到意志力维度性格优势层面：男性行政人员组别总体上处于较高水平的意志力性格优势有 5 项，即头脑开明、坚持、谦恭/谦虚、自我控制、爱学习；女性行政人员总体上处于较高水平意志力长处性格优势较少，仅 2 项，即谦恭/谦虚、爱学习。经显著性差异分析后发现，男性行政人员在头脑开明、审慎、坚持、谦恭/谦虚 4 项意志力长处性格优势上显著强于女性行政人员。

2. 意志力长处及其性格优势的政治面貌特征

基于对不同政治面貌组别内行政人员意志力长处维度均值统计及差异分析发现：中共党员身份行政人员总体上比较具有意志力长处优势，非中共党员行政人员总体上意志力长处优势不突出；中共党员身份行政人员的意志力长处优势显著强于非中共党员身份行政人员。具体到该维度对应的 6 项性格优势层面呈现如下特征：中共党员身份行政人员组别总体上处于较高水平的性格优势有 4 项，即头脑开明、谦恭/谦虚、自我控制、爱学习；非中共党员身份行政人员组别总体上各意志力长处性格优势均处于一般水平；中共党员身份行政人员在头脑开明、谦恭/谦虚、爱学习 3 项性格优势上显著强于非中共党员。

3. 意志力长处及其性格优势的职位类别特征

基于对不同职位类别组别内行政人员意志力长处均值统计和差异分析发现：综合管理类、行政执法类行政人员总体上具有比较突出的意志力长处优势，而专业技术类和其他类别行政人员总体上意志力长处优势处于一般水平；不同职位类别的行政人员在意志力长处维度总体水平上并不存在显著差异。

意志力长处维度 6 项性格优势层面：综合管理类行政人员总体上较为突出的性格优势有 4 项，即头脑开明、谦恭/谦虚、自我控制、爱学习；行政执法类行政人员总体上具备 5 项意志力长处性格优势，即头脑开明、坚持、谦恭/谦虚、自我控制、爱学习；专业技术类行政人员总体上比较突出的仅爱学习 1 项；其他类别行政人员总体上比较具备的则有 3 项，即谦恭/谦虚、自我控制、爱学习。对不同职位类别意志力性格优势进行显著性差异统计后发现，行政执法类和综合管理类行政人员比专业技术类行政人员具有更强的谦恭/谦虚性格优势，其余性格优势差异不显著。

4. 意志力长处及其性格优势的其他特征

对不同组别行政人员意志力长处总体水平进行均值统计发现，31—45 岁、本科学历、副科级及以上职级、现职工龄 10 年以上各组别的行政人员，总体上均具有较高水平的意志力长处优势。进行差异分析发现，不同年龄段、职级、学历、现职工龄的行政人员在意志力长处总体水平上差异均不显著。

统计并汇总和整理以上不同变量意志力长处性格优势的均值水平（表 5-8）可见：在年龄段上，31—45 岁行政人员总体上具备全部意志力性格优势；25 岁及以下、46 岁及以上行政人员比较具备的意志力长处性格优势极少。在学历方面，本科行政人员总体上比较具备的意志力长处性格优势较多，包括头脑开明、坚持、谦恭/谦虚、自我控制、爱学习 4 项。本科以下学历行政人员各意志力长处性格优势总体均不突出。在职级方面，副科及以上级别行政人员总体上具备较多意志力长处性格优势，如头脑开明、谦恭/谦虚、自我控制、爱学习等。现职工龄为 10 年以上行政人员总体上具有除审慎以外的意志力长处性格优势。

表 5-7　不同年龄段、学历、职务级别及现职工龄的性格优势比较（$N=432$）

性格优势	年龄段					学历			职级				现职工龄			
	25岁及以下	26—30岁	31—35岁	36—45岁	46岁及以上	本科以下	本科	硕士及以上	办事员	科员	副科级	正科级及以上	2年及以下	3—5年	6—10年	10年以上
头脑开明			✓	✓			✓				✓	✓	✓			✓
审慎			✓													
坚持			✓	✓								✓				✓
谦恭/谦虚	✓	✓	✓	✓	✓		✓	✓	✓	✓	✓		✓	✓	✓	✓
自我控制		✓	✓	✓			✓				✓				✓	✓
爱学习	✓	✓	✓	✓			✓	✓	✓	✓	✓		✓	✓	✓	✓

四、行政人员积极个体人格生成现状与特征简述

（一）行政人员长处优势状况及差异简述

由前文可知，当前行政人员总体上比较具备亲和力、意志力长处优势，而生命力长处优势不突出。

1. 行政人员三大长处优势状况简述

总结不同组别行政人员群体总体上长处优势生发状况（表 5-8）可见，31—45岁、本科学历、副科级及以上级别、现职工龄 10 年以上等组别内的行政人员，总体上比较具备亲和力、生命力、意志力三大长处；而 25 岁及以下、硕士及以上学历、办事员级别、现职工龄 3—5 年等组别的行政人员，总体上亲和力、生命力、意志力长处均不突出。

2. 行政人员三大长处优势总体水平的显著差异

汇总前文亲和力、生命力、意志力三大长处优势差异分析结果可知：男性行政人员总体上生命力、意志力长处优势显著强于女性行政人员，在亲和力长处上两者差异不显著；不同政治面貌行政人员仅在亲和力维度差异显著，在生命力和意志力长处上差异不显著，中共党员的行政人员的亲和力水平要显著高于非中共党员；不同职位类别行政人员仅在生命力长处维度存在显著差异，综合管理类和行政执法类行政人员比专业技术类行政人员更具生命力长处。

表 5-8　不同组别行政人员的长处优势比较（N=432）

统计学变量	组别	比较具备的长处	不突出的长处
性别	男	亲和力、生命力、意志力	—
	女	亲和力	生命力、意志力
政治面貌	中共党员	亲和力、生命力、意志力	—
	非中共党员	—	亲和力、生命力、意志力
职位类别	综合管理类	亲和力、生命力、意志力	—
	专业技术类	—	亲和力、生命力、意志力
	行政执法类	亲和力、生命力、意志力	—
	其他类别	亲和力	生命力、意志力
年龄段	25 岁以下	—	亲和力、生命力、意志力
	26—30 岁	亲和力	生命力、意志力
	31—35 岁	亲和力、生命力、意志力	—
	36—45 岁	亲和力、生命力、意志力	—
	45 岁以上	亲和力	生命力、意志力

续表

统计学变量	组别	比较具备的长处	不突出的长处
学历	本科以下	亲和力	生命力、意志力
	本科	亲和力、生命力、意志力	
	硕士及以上	—	亲和力、生命力、意志力
职务级别	办事员	—	亲和力、生命力、意志力
	科员	亲和力、意志力	生命力
	副科级	亲和力、生命力、意志力	—
	正科级及以上	亲和力、生命力、意志力	—
现职工龄	2年及以下	亲和力、意志力	生命力
	3—5年	—	亲和力、生命力、意志力
	6—10年	亲和力	生命力、意志力
	10年以上	亲和力、生命力、意志力	—

（二）行政人员性格优势状况及差异简述

1. 行政人员性格优势状况简述

汇总行政人员24种性格优势均值水平并综合排序（表5-9）可见，在24种性格优势特质上，行政人员总体上具有较高水平的性格优势有16项：按高低排序依次为仁慈、谦恭/谦虚、爱学习、公正、爱、公民意义、欣赏美丽和卓越、精神信仰、有活力、自我控制、领导力、感恩、希望、洞察力、头脑开明、正直；总体上处于一般水平的性格优势有8项，包括社会智商、好奇心、勇敢、坚持、宽恕和宽容、创造力、审慎、幽默。这些尚不突出的性格优势背后则反映出行政人员重视原则，可能存在对他人的缺点容忍度较低；习惯于按部就班、循规蹈矩，对新事物不敏感，创造力一般；遇到困难及挑战、重大挑战时不够坚持等问题。

表5-9　关于行政人员24种性格优势的描述统计及排序（N=432）

性格优势	M	SD	均值排序
仁慈	4.12	0.491	1
谦恭/谦虚	4.12	0.499	2
爱学习	4.10	0.514	3
公正	4.10	0.475	4
爱	4.10	0.509	5
公民意义	4.07	0.521	6
欣赏美丽和卓越	4.05	0.504	7
精神信仰	4.05	0.462	8
有活力	4.04	0.998	9

性格优势	M	SD	均值排序
自我控制	4.03	0.536	10
领导力	4.03	0.508	11
感恩	4.03	0.490	12
希望	4.02	0.503	13
洞察力	4.02	0.467	14
头脑开明	4.02	0.541	15
正直	4.01	0.571	16
社会智商	3.98	0.485	17
好奇心	3.98	0.532	18
勇敢	3.89	0.498	19
坚持	3.93	0.526	20
宽恕和宽容	3.92	0.541	21
创造力	3.81	0.499	22
审慎	3.88	0.541	23
幽默	3.76	0.628	24

2. 不同组别行政人员比较突出的性格优势数量比较

不同性别行政人员比较突出的性格优势数量比较：男性行政人员比较突出的性格优势数量显著大于女性行政人员。男性行政人员已经比较具有除幽默、创造力、宽恕和宽容外的 21 项性格优势，女性行政人员总体上比较具有的性格优势共 9 项（仁慈、公民意义、公正、爱、领导力、欣赏美丽和卓越、精神信仰、谦恭/谦虚、爱学习）。

不同政治面貌行政人员比较突出的性格优势数量比较：中共党员行政人员比较具有的性格优势数量要远远多于非中共党员的行政人员。具体而言，中共党员行政人员所比较具备的仁慈等性格优势达到 18 种，处于一般水平的性格优势为 6 项（宽容和宽恕、幽默、创造力、勇敢、审慎、坚持）；非中共党员类别行政人员比较具有的性格优势仅仁慈 1 项。

不同职位类别行政人员所比较具备的性格优势数量比较：行政执法类和综合管理类行政人员比较突出的性格优势数量较多。行政执法类行政人员突出性格优势达 22 项（仁慈、公民意义、公正、爱、宽恕和宽容、感恩、正直、领导力、好奇心、有活力、创造力、洞察力、希望、社会智商、欣赏美丽和卓越、勇敢、精神信仰、头脑开明、坚持、谦恭/谦虚、自我控制、爱学习）；综合管理类行政人员次之，为 17 项（仁慈、公民意义、公正、爱、感恩、正直、领导力、好奇心、有活力、洞察力、希望、欣赏美丽和卓越、精神信仰、头脑开明、谦恭/谦虚、自我控制、爱学习);其他类别再次之,为14项;专业技术类行政人员突出性格优势最少,仅比较具备公民意义、公正、爱学习3项。

对不同年龄段、学历、职级、现职工龄组别行政人员其性格优势状况进行比较汇总,得到表5-10。

表5-10　不同年龄段、学历、职务级别及现职工龄的性格优势数量比较(N=432)

性格优势	年龄段					学历			职务级别				现职工龄			
	25岁以下	26—30岁	31—35岁	36—45岁	46及以上	本科以下	本科	硕士及以上	办事员	科员	副科级	正科级及以上	2年及以下	3—5年	6—10年	10年以上
仁慈	√	√	√	√	√		√		√	√	√	√				√
公民意义		√	√	√			√		√	√		√				√
公正		√	√	√	√	√	√	√	√	√	√	√				√
爱		√	√	√	√		√	√	√	√	√	√				√
宽恕和宽容			√			√										√
感恩		√	√	√			√							√		√
正直		√	√	√			√		√	√					√	√
领导力	√	√		√		√	√		√							√
幽默																
好奇心			√				√			√						
有活力			√				√								√	
创造力			√													
洞察力			√	√			√			√					√	√
希望			√	√			√									√
社会智商																
欣赏美丽和卓越		√					√	√	√					√		√
勇敢			√	√							√	√				√
精神信仰		√	√	√	√	√	√						√			√
头脑开明			√				√									
审慎																
坚持			√	√								√				√
谦恭/谦虚	√	√					√	√	√	√	√	√				
自我控制		√	√				√	√				√			√	√
爱学习	√	√					√									√
汇总(项)	3	11	23	19	9	6	18	6	6	13	19	18	10	8	12	21

不同年龄段行政人员比较突出的性格优势数量比较:30岁以上行政人员比较具备的性格优势数量较多。其中,31—35岁行政人员总体上比较具备除幽默以外

的绝大多数性格优势；36—45 岁比较具备的性格优势数量次之，为 19 项；26—30 岁比较具备的性格优势数量再次之，为 11 项；25 岁及以下的行政人员所比较具备的性格优势数量最少，仅 3 项。

不同学历行政人员比较突出的性格优势数量比较：本科行政人员比较突出的性格优势数量多于其他学历组别行政人员。本科行政人员所比较具备的性格优势数量最多，为 18 项；本科及以下、硕士及以上的行政人员均为 6 项，但内容上不尽相同；三者之间比较具备的共同性格优势仅公正 1 项，而特征不突出的性格优势有 6 项，分别为宽恕和宽容、幽默、创造力、审慎、坚持、勇敢。

不同职级行政人员比较突出的性格优势数量比较：副科级及以上职级的行政人员总体比较具备的性格优势数量较多。副科级、正科级及以上行政人员所比较具备的性格优势数量较多，分别为 19 项和 18 项；科员一级为 13 项；办事员一级的行政人员性格优势数量最少，仅 6 项；四者比较具有的共同性格优势有 5 项，即仁慈、公正、爱、谦恭/谦虚、爱学习；特征不突出的共同性格优势则有 4 项，即感恩、幽默、创造力、审慎。

不同现职工龄阶段行政人员比较突出的性格优势数量比较：现职工龄 6 年及以上行政人员比较具备的性格优势数量较多。具体而言，10 年以上群体最多，为 21 项；6—10 年次之，为 12 项；2 年以下为 10 项；3—5 年最少，为 6 项；比较具备的共同性格优势 6 项，即仁慈、公民意义、公正、爱、谦恭/谦虚、爱学习；幽默、创造力、审慎皆特征不突出。

简要而言，不同分组行政人员比较具备的性格优势数量比较：男性>女性；中共党员>非中共党员；行政执法类>综合管理类>其他类别>专业技术类；31—35 岁>36—45 岁>26—30 岁>25 岁及以下；本科>本科及以下/硕士及以上；副科级>正科级及以上>科员>办事员；10 年以上>6—10 年>2 年及以下>3—5 年。

3. 行政人员性格优势水平的差异分析

基于前文各长处性格优势群体特征中的差异分析可见，不同性别、政治面貌、职位类别的行政人员在部分性格优势上存在显著差异（$p<0.05$），如表 5-11 所示。

表 5-11　行政人员性格优势差异显著结果小结

变量	性格优势						
性别	幽默	好奇心	创造力	洞察力	头脑开明	审慎	坚持	谦恭/谦虚
政治面貌	公正	爱	爱学习	公民意义	头脑开明	谦恭/谦虚	希望	欣赏美丽和卓越
职位类别	领导力	创造力	洞察力	精神信仰	希望	谦恭/谦虚	社会智商	

性格优势的性别差异：男性行政人员在幽默等 8 项性格优势水平要显著高于女性。这 8 项性格优势分别是幽默、好奇心、创造力、洞察力、头脑开明、审慎、坚持、谦恭/谦虚。相比于女性行政人员，男性行政人员更可能具有幽默特质，对不断出现的新事物更加感兴趣；能想出更多新颖的和多产的做事方法；更能够为他人提供明智的忠告；会从多角度思考和考证事物；对自己的选择更加谨慎小心；不会过分冒险；在完成工作上，面对困难具有更强的毅力；不太会张扬自己的成就。

性格优势的政治面貌差异：中共党员类行政人员在 8 项性格优势水平上要显著高于非中共党员。中共党员面貌的行政人员比非中共党员更具有性格优势的有 8 项，即公正、爱、爱学习、公民意义、头脑开明、谦恭/谦虚、希望、欣赏美丽和卓越。比较而言，中共党员身份的行政人员更具有团队协作意识，对团队或集体更为忠诚；较为依据公平公正的原则，能够一视同仁；更加重视与别人的亲密关系，特别是那些互相分享与关怀的关系；更为留意和欣赏生命中的所有美丽、优秀和富于技巧之处；心智更加开放，能够从多角度思考和考证事物；比较谦恭/谦虚，不太张扬自己的成就；更加注重和热爱学习新技能和知识。

性格优势的职位类别差异：行政执法类和综合管理类行政人员性格优势总体情况较优。不同职位类别的行政人员在领导力、创造力、洞察力、希望、社会智商、精神信仰、谦恭/谦虚 7 项性格优势上存在显著差异。其中，专业技术类行政人员在洞察力、创造力、希望、社会智商、精神信仰、谦恭/谦虚 6 项性格优势水平上均显著低于综合管理类和行政执法类行政人员，而在领导力性格优势上显著低于行政执法类行政人员。

第四节　积极个体人格对积极行政人格生发的促进作用

积极人格理论认为，"个体的发展应归因于投身满意而高兴的活动、保持了乐观主义的心态和以积极的价值观为生活理念，在这过程中，积极人格特质则为其提供稳定的内在动力"[①]。行政人格作为个体人格角色化的结果，属于表层人格，理论上应受到个体深层人格特质的作用和影响。从理论而言，积极的个体人格能够为行政人员积极行政人格的生发提供相对稳定的、比较积极的内源性动力支撑。为了验证这一理论假设，我们利用积极行政人格问卷和 CVQ-96 问卷调查数据进

---

① 任俊，叶浩生. 积极人格：人格心理学研究的新取向. 华中师范大学学报（人文社会科学版），2005，44（4）：120-126.

行了相关性检验和回归分析。由于亲和力、生命力、意志力三项长处结构源于 24
种性格优势的结构分类，在验证和分析积极的个体人格对于行政人员积极行政人
格生发程度相关性及影响时，主要考察的是性格优势变量对积极行政人格总体水
平及其三大属性的影响。

一、性格优势对积极行政人格总体水平具有显著正向预测作用

为验证和分析性格优势对积极行政人格总体水平的影响，分别对性格优势与
积极行政人格总体水平进行相关性检验和回归分析。

在回归分析之前，对自变量（24 种性格优势）与因变量进行相关性分析发现，
仁慈等 24 种性格优势与积极行政人格总体水平均显著相关（$p<0.01$）。

经回归分析发现，在不考虑其他自变量的影响及自变量之间共线性的前提下，24
种性格优势对积极行政人格总体水平均存在正向作用（回归分析标准系数均大于 0）。

结合相关性检验结果与回归分析结果可见，24 种性格优势对行政人员积极行
政人格的总体水平具有显著正向预测作用，行政人员的性格优势水平越高，其积
极行政人格生发状态越好。

二、性格优势对积极行政人格公共性具有显著正向预测作用

为验证和分析性格优势对积极行政人格总体水平的影响，分别对性格优势与
积极行政人格公共性进行相关性检验和回归分析。

在回归分析之前，对自变量（24 种性格优势）与因变量（积极行政人格的公
共性）进行相关性分析发现，仁慈等 24 种性格优势与积极行政人格公共性均显著
相关（$p<0.01$）。

经回归分析发现，在不考虑其他自变量的影响及自变量之间共线性前提下，24
种性格优势对积极行政人格公共性均存在正向作用（回归分析标准系数均大于 0）。

结合相关性检验结果与回归分析结果可见，24 种性格优势对行政人员积极行
政人格的公共性具有显著正向预测作用，行政人员的性格优势水平越高，其积极
行政人格公共性越强，越可能具有服务性、尽责性和民主性等特征。

三、性格优势对积极行政人格自立自为性具有显著正向预测作用

为验证和分析性格优势对积极行政人格自立自为性的影响，分别对性格优势

与积极行政人格自立自为性进行相关性检验和回归分析。

在回归分析之前，对自变量（24 种性格优势）与因变量（积极行政人格自立自为性）进行相关性分析发现，仁慈等 24 种性格优势与积极行政人格自立自为性均显著相关（$p<0.01$）。

经回归分析发现，在不考虑其他自变量的影响及自变量之间共线性前提下，24 种性格优势对积极行政人格自立自为性均存在正向作用（回归分析标准系数均大于 0）。

结合相关性检验结果与回归分析结果可见，24 种性格优势对行政人员积极行政人格自立自为性具有显著正向预测作用，行政人员的性格优势水平越高，其积极行政人格自立自为性越强，越可能具有较高水平的独立自主性、主动性、创造性等特征。

四、性格优势对积极行政人格和谐性具有显著正向预测作用

为验证和分析性格优势对积极行政人格总体水平的影响，分别对性格优势与积极行政人格和谐性进行相关性检验和回归分析。

在回归分析之前，对自变量（24 种性格优势）与因变量（积极行政人格和谐性）进行相关性分析发现，仁慈等 24 种性格优势与积极行政人格总体水平均显著相关（$p<0.01$）。另经回归分析发现，在不考虑其他自变量的影响及自变量之间共线性前提下，24 种性格优势对积极行政人格自立自为性均存在正向作用（回归分析标准系数均大于 0）。结合相关性检验结果与回归分析结果可见，24 种性格优势对行政人员积极行政人格和谐性具有显著正向预测作用，行政人员的性格优势水平越高，其积极行政人格和谐性水平越高，自我与角色之间、自我内部之间的一致性水平越高，消极冲突越少。

五、积极行政人格的核心性格优势提取及验证

（一）积极行政人格核心性格优势的提取

积极人格理论主张，个体将自身排名前五位内的性格优势作为自身的核心性格优势，加以重点培养和发挥。经相关性检验和回归分析发现，对行政人员积极行政人格总体水平预测作用较大的前 5 位性格优势依次为希望（0.75）、社会智商（0.71）、洞察力（0.69）、勇敢（0.69）、精神信仰（0.69），

影响最弱的一项性格优势是有活力（0.29）。对行政人员积极行政人格公共性属性正向预测作用较大的前5位性格优势依次为希望（0.71）、创造力（0.66）、精神信仰（0.60）、社会智商（0.59）、正直（0.59）；影响最弱的一项性格优势为有活力（0.29）。对积极行政人格自立自为性影响作用较大的前5位性格优势依次为社会智商（0.73）、勇敢（0.71）、希望（0.71）、精神信仰（0.68）、洞察力（0.67）；影响最弱的一项性格优势是有活力（0.24）。对积极行政人格和谐性影响作用较强的前5位性格优势依次为社会智商（0.68）、希望（0.67）、欣赏美丽和卓越（0.65）、精神信仰（0.65）、洞察力（0.64）；影响最弱的一项性格优势是有活力（0.29）。总结对积极行政人格的总体水平以及公共性、自立自为性、和谐性三大属性正向促进作用强度较高的前5位性格优势，得到表5-12。

表5-12　积极行政人格核心性格优势

序号 （影响作用大小）	公共性	自立自为性	和谐性	总体水平
1	希望	社会智商	社会智商	希望
2	创造力	勇敢	希望	社会智商
3	精神信仰	希望	欣赏美丽和卓越	洞察力
4	社会智商	精神信仰	精神信仰	勇敢
5	正直	洞察力	洞察力	精神信仰

由表5-12可见，对行政人员积极行政人格总体水平预测作用较大的核心性格优势与各维度的核心性格优势没有完全一致，但是存在较高的重合度。希望、精神信仰、社会智商3项为积极行政人格总体水平及三大属性维度的共同核心性格优势；洞察力则同时为积极行政人格总体水平、自立自为性与和谐性两个维度的共同核心性格优势；勇敢兼为积极行政人格总体水平及自立自为性单一维度的共同核心性格优势；创造力、正直、欣赏美丽和卓越，仅为某一维度的核心性格优势。由此，拟将积极行政人格核心性格优势限定为5项，分别为希望、社会智商、精神信仰、洞察力、勇敢。

（二）积极行政人格核心性格优势模型验证

为进一步验证前文提取的核心性格优势模型对积极行政人格状况的影响，对其进行进一步的多元回归分析，包括其对积极行政人格总体水平、三大维度（公共性、自立自为性、和谐性）水平上的影响。

1. 核心性格优势模型在积极行政人格总体水平上的适用性检验

核心性格优势与积极行政人格总体水平的线性回归分析结果如表 5-13 所示。其一，F 更改为 61.923，说明积极行政人格核心性格优势线性回归模型，可以解释 61.923% 的因变量（积极行政人格的总体水平）；其二，该回归 p 值为 0.000，说明在 0.001 水平上，该模型显著回归，回归结果比较可信；其三，检验多重共线性的 VIF 值（容差/容忍度的倒数）均在 0—10 范围内，说明该模型中的共线性问题可以接受；此模型回归满足正态分布。可见，希望、社会智商、洞察力、勇敢、精神信仰 5 项构成的核心性格优势模型对积极行政人格总体水平预测的适用性良好。

表 5-13　核心性格优势与积极行政人格总体水平的线性回归分析

变量	总体水平（积极行政人格）					
	标准系数	t	VIF	R^2	F	p
希望	0.344	3.769	4.119			
社会智商	0.123	1.387	3.926			
洞察力	0.087	2.151	3.712	0.625	61.923	0.000
勇敢	0.148	1.002	3.299			
精神信仰	0.173	1.810	3.191			

2. 核心性格优势模型对积极行政人格"公共性"维度的适用性检验

核心性格优势与积极行政人格"公共性"的线性回归分析结果如表 5-14 所示。从表 5-14 来看：其一，F 更改为 42.221，说明积极行政人格核心性格优势线性回归模型，可以解释 42.221% 的因变量（积极行政人格的"公共性"水平）；其二，该回归 p 值小于 0.001，说明在 0.001 水平上，该模型显著回归，回归结果比较可信；其三，检验多重共线性的 VIF 值（容差/容忍度的倒数）均在 0—10 范围内，说明该模型中的共线性问题还可以接受；此模型回归满足正态分布。综合说明，希望、社会智商、洞察力、勇敢、精神信仰 5 项构成的核心性格优势模型对积极行政人格"公共性"属性预测适用性良好。

表 5-14　核心性格优势与积极行政人格"公共性"的线性回归分析

变量	公共性（积极行政人格）					
	标准系数	t	VIF	R^2	F	p
希望	0.545	5.355	4.119	0.532	42.221	0.000
社会智商	0.105	1.053	3.926			

续表

变量	公共性（积极行政人格）					
	标准系数	t	VIF	R^2	F	p
洞察力	0.116	1.203	3.712			
勇敢	0.035	0.388	3.299	0.532	42.221	0.000
精神信仰	0.183	2.038	3.191			

3. 核心性格优势模型对积极行政人格分维度自立自为性的适用性检验

核心性格优势与积极行政人格自立自为性的线性回归分析结果如表 5-15 所示。表 5-15 来看：其一，F 更改为 59.325，说明积极行政人格核心性格优势线性回归模型，可以解释 59.325% 的因变量（积极行政人格的"自立自为性"水平）；其二，该回归 p 值小于 0.001，说明在 0.001 水平上，该模型显著回归，回归结果比较可信；其三，检验多重共线性的 VIF 值（容差/容忍度的倒数）均在 0—10 范围内，说明该模型中的共线性问题还可以接受；其四，此模型回归亦满足正态分布。综合说明，希望、社会智商、洞察力、勇敢、精神信仰 5 项构成的核心性格优势模型对积极行政人格自立自为性属性预测适用性良好。

表 5-15　核心性格优势与积极行政人格自立自为性的线性回归分析

变量	自立自为性（积极行政人格）					
	标准系数	t	VIF	R^2	F	p
希望	0.201	2.179	4.119			
社会智商	0.252	2.794	3.926			
洞察力	0.037	0.420	3.712	0.615	59.325	0.000[a]
勇敢	0.248	3.006	3.299			
精神信仰	0.128	1.574	3.191			

4. 核心性格优势模型对积极行政人格和谐性维度的适用性检验

核心性格优势与积极行政人格和谐性的线性回归分析结果如表 5-16 所示。从表 5-16 来看：其一，F 更改为 42.532，说明积极行政人格核心性格优势线性回归模型，可以解释 42.532% 的因变量（积极行政人格的自立自为性水平）；其二，该回归 p 值小于 0.001，说明在 0.001 水平上，该模型显著回归，回归结果比较可信；其三，检验多重共线性的 VIF 值（容差/容忍度的倒数）均在 0—10 范围内，说明该模型中的共线性问题还可以接受；其四，此模型回归亦满足正态分布。综合说明，希望、社会智商、洞察力、勇敢、精神信仰 5 项构成的核心性格优势模型对积极行政人格"和谐性"属性预测适用性良好。

表 5-16　核心性格优势与积极行政人格和谐性的线性回归分析

变量	和谐性（积极行政人格）					
	标准系数	t	VIF	R^2	F	p
希望	0.114	0.191	4.119			
社会智商	0.116	0.220	3.926			
洞察力	0.117	0.097	3.712	0.533	42.532	0.000
勇敢	0.103	0.121	3.299			
精神信仰	0.110	0.181	3.191			

（三）主要结论

综合来看，希望、社会智商、洞察力、勇敢和精神信仰 5 项构成的核心性格优势模型，与积极行政人格的总体水平以及"公共性""自立自为性""和谐性"三大属性均具有显著正相关关系，并对其有较强的正向预测作用。这表明，以希望等为代表的核心性格优势能够为积极行政人格的生发提供主要的内在动力。

第六章　积极行政人格生发过程的质性考察

　　第四章从整体意义上探究了行政人员积极行政人格的生发现状及群体画像；第五章的问卷调查描绘了行政人员积极个体人格（长处及性格优势）的生发状况，并以实证的方式阐述了行政人员的性格优势是其积极行政人格生发的内在动力来源。但问卷调查研究不足以洞悉行政人员积极行政人格的生发过程。多方位考察中国行政人员积极行政人格的生发过程，探讨行政人员个体人格、家庭教养方式、朋辈关系、行政领导、组织制度环境、社会环境等复杂因素对于行政人员积极行政人格塑造的影响，必要且重要。由于积极行政人格概念本身的复杂性、抽象性以及各维度所包括内容之广泛，难以使用标准化的问卷量表进行问卷调查，故需以质性研究为补充。积极行政人格行政人员个体人格与职业人格的正向统一，是积极的个体人格与积极的职业人格的综合体。本章对积极行政人格生发过程的质性考察有必要从其二维结构出发，运用深度访谈法分别探究其积极个体人格和职业人格的生发过程。由于积极行政人格本身并非中性概念，为确保访谈文本的可用性和典型性，首先要保证样本的有效性。抽样样本的选择，应当能够反映其所属总体的特征，抽样的有效性将对研究结论能否用于判断总体特征具有极为重要的影响。美国学者巴顿（Patton）在《质的评鉴与研究》中提出，质性研究主要采用"立意抽样"或"目标抽样"方式。[①]其中，立意抽样又称依意抽样、定标抽样及判断抽样，主要由研究人员依据自身所研究总体的判断，只挑选那些最适合该项研究目的的目标群体作为抽样样本，因而更容易获取代表性较强的样本。对积极行政人格生发过程的质性考察中的访谈样本即用此抽样方法取得，本章样本对象主要来自江苏省省内政府部门获得过一定荣誉表彰的基层优秀行政人员。通过

---

　　① Patton M Q. Qualitative Evaluation and Research Methods. London：Sage，1990：353-364.

对积极行政人格问卷测验结果是否达到较高水平进行筛选，保留问卷测验显示比较具备积极行政人格总体特征且在公共行政实践中具有优秀表现的行政人员样本数为 20 名。

第一节　行政人员积极个体人格的养成

积极个体人格是个体人格中的积极品质，探讨行政人格积极个体人格的养成，不能背离一般意义上个体人格塑造的基本规律。鉴于当前行政人员的个性研究多偏重心理学量表对个体人格特质的测量分析，而鲜少关注这些特质在后天环境中的可塑性问题，有必要寻求一种理论分析视角，深入解析行政人员积极个体人格是如何养成的问题。

一、社会文化–个体人格：个体人格养成研究的一种理论分析视角

社会文化是与基层广大群众生产和生活实际紧密相连，由基层群众创造，具有地域、民族或群体特征，并对社会群体施加广泛影响的各种文化现象和文化活动的总称。广义上的文化指人类社会历史实践过程中人类所创造的物质财富和精神财富的总和，狭义上的文化指社会的观念形态以及与其相适应的文化制度和组织机构。文化属于历史的范畴，每一个社会都有和其社会形态相适应的社会文化，并随着社会物质生产的发展变化而不断演变。作为观念形态的社会文化，如哲学、宗教、艺术、政治思想和法律思想、伦理道德等，都是一定社会经济和政治的反映，并对社会的经济、政治等各方面产生巨大的影响。在阶级社会，观念形态的文化有着阶级性。随着民族的产生和发展，文化又具有民族性，形成传统的民族文化。社会物质生产发展的历史延续性决定了社会文化的历史连续性。鉴于社会文化的历史性、延续性、阶级性以及民族性特点，对社会文化与行政人格的关系探讨中，主要采用的是作为观念形态的社会文化的定义。

（一）社会文化与个体人格关系研究的理论发展阶段

社会文化是影响人格生成和发展的重要因素之一，也是人格研究的重要主题。人是社会的人，社会是人的社会。人的发展离不开社会这一大环境的滋养和影响，而人的发展过程又是其人格的生成与变化过程，人格的生成与变化与其所处的社会文化环境是分不开的。关于社会文化与人格的关系研究，可归为文化与人格的

关系研究,产生于 20 世纪 20 年代。在西方心理学中,这一研究被称为心理人类学,属于文化人类学中的一门边缘性分支学科。关于文化与人格的关系研究,国内学者马前锋和孔克勤根据不同时期的研究取向和重点,将其研究历程划分为 3 个阶段:萌芽阶段、创立阶段、发展阶段。[①]

1. 萌芽阶段

在早期的文化与人格关系研究中,"文化"或"社会"被当成一个整体或体系进行研究,重在历史性地重建某个民族的文化而非人类文化进化的问题,对文化演变中的心理历程并不关注。对文化进行整体性研究而不关注文化下的人的行为,使这一研究难免陷入泛化和空洞。正因如此,20 世纪 30 年代,人类学家受心理分析学家的个体发育理论启示,逐渐转向心理分析学,开始对文化进行深入分析。心理学家冯特在大量经验材料基础上,按照人类的心理特质,将人类文化分为原始人类、图腾时代、英雄崇拜、人性发展四个阶段,开创了群体心理解释人类文化的先例。在这一阶段极具代表性的还有著名的人格心理学家弗洛伊德。弗洛伊德于 1913 年出版的《图腾与禁忌》一书中,用心理学解释了关于文明、文化与现代人的问题。

2. 创立阶段

文化与人格关系研究创立阶段的代表性学者主要包括美国人类学家萨丕尔(E. Sapir)、米德(M. Mead)、林顿(R. Linton)、杜宝娅(C. DuBois)、卡丁纳(A. Karchiner)等。萨丕尔于 1921 年前后发表了《文化人类学和精神病学》和《文化研究中的人格概念的提出》等文,并专门组织了以"文化与人格"为主题的讨论会,高度关注文化与人格的关系这一研究范畴。威廉·奥格本在其 1922 年发表的著作《从文化与原始自然看社会变革》中指出,好的方法论应该在追溯生物学的原因之前首先考虑文化的因素。米德的导师博厄斯(F. Boas)亦认为,将人类学的方法与生物学和心理学的方法分开是不可能的。这些观点使米德深受启发。米德本人就文化与人格的关系,进行了多次深入研究。其一,关于萨摩亚(Samoa)3 个相邻村庄的 68 个青春期少女研究中,发现少年期烦恼是文化的产物,而非生物性的。其二,米德对新吉亚北部的马努斯儿童的教育与成长的两次研究,证实人性是可塑的,而文化的力量异常强大,有必要对不同文化中的人的不同成长阶段以及各阶段之间的关系进行研究[②]。此外,米德和本尼迪克特(R. Benedict)首

---

① 马前锋,孔克勤. 文化与人格:心理人类学的解释. 心理科学,2007(6):1517-1520.
② 徐黎丽,石璟. 论米德对文化人类学的贡献. 思想战线,2005(3):52-59.

次把以同质的部族社会为对象的"文化与人格"理论推而广之，用来研究由异质人群组成的当代各国的典型人格，并于 1951 年出版《苏维埃对权力的态度》一书。1936 年林顿提出"地位和角色"（status and role）概念，并主张将个体与文化一起研究。林顿等于 1945 年合著《社会的心理疆界》（Psychological Frontiers of Society），系统地提出了"基本人格结构"理论。杜宝娅通过田野调查和心理测验，在验证"基本人格结构"理论基础上发现，人类学和心理学所描写的某一民族的特殊性格，实质上只是一种众趋范式，由此提出了"众趋人格结构"概念，并为后续多数文化与人格研究所采纳，进一步发展为"民族性"或"国民性"概念。

3. 发展阶段

创立阶段的文化与人格关系研究，证实了文化对人格的重要影响，发展阶段的文化与人格关系研究，则对同样的社会文化方式所产生的人格结构是否真的没有差异等问题进行了拓展研究。比较具有代表性的如怀亭（J. Whiting）、柴尔德（I. Child）等。1953 年，怀亭和柴尔德二人合著出版《儿童教养与人格》一书，通过跨文化比较研究方法，对文化与人格的关系，以及以人格为媒介的文化整合过程进行了探讨。1963 年，怀亭出版《6 种文化：儿童养育的研究》一书。呈现了"6 文化研究计划"的田野工作成果，并指出在控制年龄与性别两个因素之后，文化对于儿童的社会行为仍有显著的影响。但是文化对人格的影响并非简单地复制和沿袭。1961 年，华莱士（A. Wallale）认为，个体在社会化过程中的心理状态极为复杂，个体的差异也非常大，即使其行为可以表现得相当一致，但其心理却千差万别，同样的行为并不能说明具有同样的动机。

（二）社会文化影响社会成员个体人格的主要途径：家庭教养、学校教育

1. 家庭教养对个体人格的作用影响

家庭是绝大多数儿童生长的最初环境。家庭对个体人格的形成与发展的作用，主要通过基因的生理性遗传和父母人格及其对子女的教养方式等途径实现。父母是个体在婴幼儿时期接触和认识社会的桥梁，其人格特征、教养方式会对儿童产生极大的影响。林顿指出，父母通过子女教养方式影响儿童的早期经验，从而影响儿童的人格形成。[①]鲍比指出，若儿童长期缺乏其母亲照顾，可能对其性格乃至

---

① LaPiere R T, Linton R. The cultural background of personality. American Sociological Review, 1945, 10（3）: 445.

一生，造成深远的不良影响。①父母的人格与教养方式对个体的影响，有时甚至可能跨越几代人。②在父母对子女个体人格施加影响的同时，其自身的思想和行为又往往受到社会文化或规范的影响，比如"望子成龙""望女成凤"等。教养方式是影响人格形成的家庭因素中，最具代表性的因素。研究发现，父母良好的教养方式如情感、温暖、理解，有利于子女稳定成熟、负责等积极人格特质的发展，而严厉惩罚、拒绝否认等不良教养方式则会造成子女童年创伤，导致情绪不稳定等消极人格的形成。③家庭教养方式与人格的关系方面，存在较为一致的意见，在犯罪人群中也是如此。④有研究表明，父母的教养方式对子女反社会人格症状具有非常显著的预测作用，尤其是母亲的关心照顾对反社会人格症状具有显著的负向预测作用。⑤在关于父母教养方式与子女的人格的关系研究中，人格与犯罪的关系亦受到较多关注。尽管对"犯罪人格"的提法存在争议，但是对于存在易于引起犯罪的人格特点这一点却具有较高的一致性。⑥有研究发现，父亲过分干涉、父亲拒绝否认、父亲偏爱等教养方式与青少年的情绪稳定性密切相关；母亲的情感、温暖、理解等教养方式对青少年的精神质人格特质具有显著预测作用，对犯罪青少年影响更为广泛。⑦另有对成年男性罪犯的人格特征与其父母教养方式的相关研究表明，成年男性罪犯其人格特征与父母教养方式显著相关。⑧大量的研究表明，家庭对于个体人格的形成与发展具有重要影响，既有对儿童人格的影响，也有对青少年人格和成年人格的影响，不可谓不深远。

2. 学校对个体人格的作用影响

学校是个体在正式进入社会工作之前，除了家庭以外，另一长期生活和学习的重要环境场所。对于个体而言，学校不仅仅是其获得知识技能的场所，更是其学习所处社会文化传统、规范，并逐渐确立自身世界观、人生观和价值观的文化场域。在这一场所内，学校教育导向、教师等都会构成个体人格形成与发展的影

---

① Bowbly J. Maternal care and mental health. World Health Organization Monograph Series，1951，26（4）：337.

② 李燕，肖博文. 父母的人格、教养行为与儿童发展. 东北师大学报（哲学社会科学版），2015（2）：206-211.

③ 光宗，唐柳，傅文青，等. 大学生人格特质与父母教养方式的关系. 山东大学学报（医学版），2011（7）：151-154+158.

④ 颜艳琼，郑晓宁，毕重增. 重庆市初中生归因方式与自信关系分析. 中国学校卫生，2012（8）：1013-1014.

⑤ 蒋奖，许燕. 儿童期虐待、父母教养方式与反社会人格的关系. 中国临床心理学杂志，2008（6）：642-645.

⑥ 蒋俊梅. 青年罪犯的人格特征研究. 心理科学，2005（1）：217-219.

⑦ 彭运石，王玉龙，龚玲，等. 家庭教养方式与犯罪青少年人格的关系：同伴关系的调节作用. 中国临床心理学杂志，2013（6）：956-958+973.

⑧ 邱昌建，方进博. 成年罪犯人格特征及父母教养方式的相关分析. 中国心理卫生杂志，2002（8）：563-565.

响因素。有研究者提出，在传统心理学支配下的学校教育，常将儿童各个方面割裂开来加以分析和培养，造成学校场域中儿童人格的断裂，集中表现为：身体与心灵的割裂、主我与客我的割裂、自我与社会的割裂。[①]温斯坦（Weinstein）在对小学生知觉教师期望的研究中指出，儿童可以知觉教师期望行为并进行描述。[②]教师期望行为的可知觉性，是个体人格在学校场域中得以建构的重要前提。对于未成年个体而言，教师在学生心中往往具有较高的分量，特别是幼儿时期与儿童时期。一项以 634 名幼儿为被试的问卷研究及其多层线性模型分析发现，教师期望在个体层面对幼儿人格智能特征、认真自控、外倾性和亲社会性具有显著的预测作用。[③]当小学生感知到教师对自己的高期望后，会更易努力学习、争取不辜负老师的期望。[④]有研究表明，如果老师对儿童拥有热情和鼓励的态度，则可促进儿童的自信心发展，使儿童敢于面对失败，将来更富于创造性。[⑤]另在青少年的人格问题研究中，有研究对 33 所学校同一年级的 1228 名初二学生进行了问卷调查，结果发现在学校环境中良好的师生关系可以显著增强学生开放性和创造性科学问题提出能力的正向联系。[⑥]良好的师生关系不仅对学生人格中的部分人格特质具有显著预测作用，还对青少年的心理健康具有显著预测作用。[⑦]

3. 同伴关系对个体人格的作用影响

同伴可以是幼儿园的朋友、邻居伙伴、学校的同学、团体中的成员等。随着个体自身的发展，相继进入不同阶段的学校，个体的人际关系重心将会逐渐由父母转向至其同伴。由此，同伴关系成为个体另一社会支持的重要来源。中国古代"孟母三迁"的故事以及"近朱者赤，近墨者黑"的古训，都说明了同伴关系对于个体成长与发展的重要性。积极的同伴关系一般有助于缓解不良家庭环境对人格发展的消极影响，消极的同伴关系则可能导致青少年对学校适应不良、高危

① 张静静，安桂清. 学校场域中儿童整体人格的建构：第三代活动理论的视角. 教育研究与实验，2015（6）：17-21.

② Weinstein R S. Perceptions of classroom processes and student motivation: Children's views of self-fulfilling prophecies. Research on Motivation in Education，1989，3（3）：187-211.

③ 杨丽珠，李淼，陈靖涵，等. 教师期望对幼儿人格的影响：师幼关系的中介效应. 心理发展与教育，2016（6）：641-648.

④ 程利国，高翔. 影响小学生同伴接纳因素的研究. 心理发展与教育，2003（2）：35-42.

⑤ Pippert R. Imagination and humor in creative writing by achieving and underachieving students. Peabody Journal of Education，1963，41（3）：157-163.

⑥ 李海燕，胡卫平，申继亮. 学校环境对初中生人格特征与创造性科学问题提出能力关系的影响. 心理科学，2010（5）：1154-1158.

⑦ 雷榕，锁媛，李彩娜. 家庭学校环境、人格与青少年心理健康. 中国临床心理学杂志，2011（5）：687-689.

行为及行为障碍等。①同伴关系作为一种社会支持对于个体人格的形成与发展亦具有十分重要的调节作用。其一，同伴接纳分别在父母教养方式民主性与小学生人格外倾性、亲社会性之间起中介作用②；其二，良好的同伴关系对学校适应的各个方面有着积极的促进作用③；其三，以建立良好的同伴关系为重点的同伴心理援助能够有效提升青少年的自我效能，促进其人格发展④；其四，同伴关系在父亲过分干涉与（犯罪青少年）个体人格中的情绪稳定性的关系中有显著负向调节作用⑤。

根据以上研究结果可以发现，在文化与人格的关系研究当中，主要集中在关于文化对儿童与青少年人格的作用机制及其成年后个体人格与行为表现的研究，这在一定程度上反映了社会文化对社会成员个体人格的影响，从儿童早期便已经开始，也就是说，在社会成员成为行政人员之前，他的个体人格就已经深受社会文化的前置影响，包括但不限于其个体人格的智能特征、亲社会性、创造性、统一性等等。

二、行政人员积极个体人格的自我感知

邀请受访人员（比较具备积极行政人格特征行政人员）勾选自我认为比较具备的性格优势，对应访谈题项 Q1。

Q1：以下 24 个人格特质词汇，您觉得您比较具有哪些人格特质⑥？

①仁慈　②公民意义　③公正　④爱　⑤宽恕和宽容　⑥感恩　⑦正直　⑧领导力　⑨幽默　⑩好奇心　⑪有活力　⑫有创造力　⑬洞察力　⑭希望　⑮社会智商　⑯欣赏美丽和卓越　⑰勇敢　⑱精神信仰　⑲头脑开明　⑳审慎　㉑坚持　㉒谦恭/谦虚　㉓自我控制　㉔爱学习

① Podsakoff P M，Mac Kenzie S B，Podsakoff N P. Sources of method bias in social science research and recommendations on how to control it. Annual Review of Psychology，2012，63（1）：539-569.

② 孙岩，刘沙，杨丽珠. 父母教养方式、同伴接纳和教师期望对小学生人格的影响. 心理科学，2016（2）：343-349.

③ 高旭，王元. 同伴关系：通向学校适应的关键路径. 东北师大学报（哲学社会科学版），2010（2）：161-165.

④ 庞美云. 同伴心理援助如何提升青少年的自我效能. 思想理论教育，2009（12）：79-83.

⑤ 彭运石，王玉龙，龚玲等. 家庭教养方式与犯罪青少年人格的关系：同伴关系的调节作用. 中国临床心理学杂志，2013（6）：956-958+973.

⑥ 注："性格优势"作为近年来新兴的积极心理学的专业术语，不为大众所熟知，故在访谈中，我们将其转换为较为熟悉的人格特质概念，但是所列选项均为积极人格特质，也就是前文提到的性格优势，对于一些指向较为模糊的词汇概念，在访谈开始之前由访谈员进行释义。

（一）行政人员积极个体人格的自我感知总况

统计汇总受访行政人员对 Q1 题的回答结果得到表 6-1。对表 6-1 进行进一步总结比较，得到表 6-2，同项性格优势所选人数越多，说明该项性格优势共现频度越高，也表示在受访对象中共现程度较高。表 6-1 和表 6-2 共同反映了受访行政人员对自我积极个人人格（性格优势）的感知状况。

1. 具备积极行政人格的行政人员性格优势存在个体区别

由表 6-1 可见，并没有一种性格优势为全部受访对象共同选择，不同的受访对象在性格优势自评中的选择，在数量以及具体的性格优势内容上不尽相同。有的个体可能具备绝大多数性格优势，有的个体则相对较少。这表明，即使对于比较具备积极行政人格的优秀行政人员来讲，性格优势也会存在个性化色彩。在个体层面，不同的性格优势及其组合同样为个体提供内在动力。

表 6-1　20 名受访对象 24 项性格优势的自评结果

访谈对象	访谈对象自评性格优势编号	数量/个
F1	②③④⑦⑭㉔	6
F2	①③④⑤⑥⑦⑨⑩⑪⑬⑯⑲⑳㉑㉒	15
F3	①③④⑥⑦⑩⑮㉒	8
F4	⑦⑬⑱⑲㉑㉓	6
F5	①③④⑤⑦⑩⑭⑯⑲㉒	10
F6	③⑤⑥⑦⑨⑬⑭⑰⑲⑳㉒㉓㉔	13
F7	④⑥⑨⑩⑪⑳㉒	7
F8	①②⑤⑥⑭⑯㉔	7
F9	⑦⑧⑨⑬⑳㉑㉒㉔	8
F10	①②③⑦⑩⑬⑲⑳㉒㉓㉔	11
F11	①③④⑤⑥⑦⑨㉒	8
F12	⑥⑬⑳㉑	4
F13	③⑥⑦⑫⑬⑯⑰⑲⑳㉑㉒	11
F14	③⑦⑪⑬⑱㉑㉒	7
F15	①③⑤⑥⑧⑪⑬⑱⑲⑳㉑㉒㉓㉔	14
F16	④⑥⑤⑦	4
F17	②⑥⑦⑪㉑㉔	6
F18	①②③④⑥⑦⑩⑬⑭⑯⑱㉑㉒㉔	14
F19	③④⑥⑫⑭⑳㉑㉒㉔	9
F20	②③⑪⑱⑳㉔	6

2. 具备积极行政人格特征的行政人员的共性性格优势

由表 6-2 可见，在 20 名受访对象所选择的性格优势中，排在第 1—4 位的核心性格优势依次为正直、公正、感恩、谦恭/谦虚；排在第 5—10 位的依次为洞察力、审慎、坚持、爱学习、爱、仁慈；其他依次为宽恕和宽容、头脑开明、公民意义、好奇心、有活力、希望、幽默、欣赏美丽和卓越、精神信仰、自我控制、领导力、有创造力、勇敢、社会智商。这说明，正直、公正、感恩、谦恭/谦虚、洞察力等性格优势，在比较具有积极行政人格特征的行政人员身上较为常见。

表 6-2　20 名受访行政人员 24 项性格优势结果统计分析

序号及对应的性格优势	人数/人	占全部样本的比例/%	排序
①仁慈	8	40	10
②公民意义	6	30	13
③公正	13	65	2
④爱	9	45	9
⑤宽恕和宽容	7	35	11
⑥感恩	13	65	2
⑦正直	14	70	1
⑧领导力	2	10	21
⑨幽默	5	25	17
⑩好奇心	6	30	13
⑪有活力	6	30	13
⑫有创造力	2	10	21
⑬洞察力	10	50	5
⑭希望	6	30	13
⑮社会智商	1	5	24
⑯欣赏美丽和卓越	5	25	17
⑰勇敢	2	10	21
⑱精神信仰	5	25	17
⑲头脑开明	7	35	11
⑳审慎	10	50	5
㉑坚持	10	50	5
㉒谦恭/谦虚	13	65	2

续表

序号及对应的性格优势	人数/人	占全部样本的比例/%	排序
㉓自我控制	4	20	20
㉔爱学习	10	50	5

3. 具备积极行政人格特征的行政人员创造力等性格优势不强

由表 6-2 可见，受访对象中，自我控制、领导力、有创造力、勇敢、社会智商 5 项性格优势排在后五位，与前期问卷调查中总样本社会智商、好奇心、勇敢、坚持、宽恕和宽容、有创造力、审慎、幽默 8 项性格优势特征不突出的结论具有内在一致性。这表明，即使是总体上已经比较具备积极行政人格的行政人员，对有创造力、勇敢、社会智商等性格优势亦自评不高。

（二）行政人员积极个体人格自我感知的比较

基于对受访对象性别、政治面貌、年龄、现职工龄、职级分组进行样本统计，其样本构成如表 6-3 所示。其中，31 岁及以上年龄段在本样本中实为 31—45 岁，现行业工作年限 5 年及以下多为 3—5 年。

表 6-3　受访对象基本信息统计表

变量	类别含义	样本量/人	比例/%
性别	男	10	50
	女	10	50
政治面貌	中共党员	12	60
	非中共党员	8	40
年龄	25—30 岁	12	60
	31 岁及以上	8	40
现职工龄	5 年及以下	13	65
	6 年及以上	7	35
职级	科员及以下	16	80
	副科级及以上	4	20

1. 性别与自我积极个体人格感知

男性受访行政人员对自我性格优势感知涉及 23 项性格优势，谦恭/谦虚、审慎、洞察力性格优势出现频次较高，但未提及"社会智商"；女性样本行政人员对自我性格优势感知亦涉及 23 项性格优势，但主要集中在公正、爱、感恩、正直等性格优势上，而未提及"领导力"（表6-4）。

表6-4　不同性别行政人员性格优势感知状况的比较

类型	对应访谈对象编号	自评比较具备的性格优势编号	自评未提及的性格优势编号	过半数人员提到的高频次性格优势编号
男性	F2、F5、F6、F9、F10、F14、F15、F17、F19、F20	①②③④⑤⑥⑦⑧⑨⑩⑪⑫⑬⑭⑯⑰⑱⑲⑳㉑㉒㉓㉔	⑮	㉒⑳⑬
女性	F1、F3、F4、F7、F8、F11、F12、F13、F16、F18	①②③④⑤⑥⑦⑨⑩⑪⑫⑬⑭⑮⑯⑰⑱⑲⑳㉑㉒㉓㉔	⑧	⑥⑦④③

2. 政治面貌与自我积极个体人格感知

中共党员（含中共预备党员）身份的12位受访行政人员，对自我性格优势感知涉及22项性格优势，主要集中在谦恭/谦虚、正直、爱、公正、洞察力、审慎，未提及有创造力和勇敢2项性格优势；非中共党员的8位行政人员对自我性格优势感知涉及20项性格优势，主要集中在公正、爱、正直、感恩、爱学习等性格优势上，而未提及领导力、幽默、好奇心、社会智商4项性格优势（表6-5）。

表6-5　不同政治面貌行政人员性格优势感知状况的比较

类型	对应访谈对象编号	自评比较具备的性格优势	自评未提及的性格优势	半数及以上人员共同提到的高频次性格优势
中共党员（含中共预备党员）	F2、F3、F5、F6、F7、F8、F9、F10、F11、F14、F15、F18	①③④⑤⑥⑦⑧⑨⑩⑪⑬⑭⑮⑯⑱⑲⑳㉑㉒㉓㉔	⑫⑰	㉒③⑦⑥⑬⑳
非中共党员	F1、F4、F12、F13、F16、F17、F19、F20	①②③④⑤⑥⑦⑪⑫⑬⑭⑯⑰⑱⑲⑳㉑㉒㉓㉔	⑧⑨⑩⑮	⑦③④⑥㉔

3. 年龄段与自我积极个体人格感知

30岁及以下的12位受访行政人员对自我性格优势感知涉及23项性格优势，主要集中在正直、感恩、审慎、坚持、谦恭/谦虚、公正、爱等性格优势上，未提及社会智商性格优势；31岁及以上8位受访行政人员对自我性格优势感知亦涉及23项性格优势，主要集中在仁慈、公正、感恩、正直、头脑开明、审慎、自我控制、爱学习，未提及有创造力（表6-6）。

表6-6　不同年龄行政人员性格优势感知状况的比较

类型	对应访谈对象编号	自评比较具备的性格优势编号	自评未提及的性格优势编号	半数及以上人员共同提到的高频次性格优势编号
30岁及以下	F1、F2、F5、F7、F9、F12、F13、F14、F16、F17、F18、F19	①②③④⑤⑥⑦⑧⑨⑩⑪⑫⑬⑭⑯⑰⑱⑲⑳㉑㉒㉓㉔	⑮	⑦⑥⑳㉑㉒③④

续表

类型	对应访谈对象编号	自评比较具备的性格优势编号	自评未提及的性格优势编号	半数及以上人员共同提到的高频次性格优势编号
31 岁及以上	F3、F4、F6、F8、F10、F11、F15、F20	①②③④⑤⑥⑦⑧⑨⑩⑪⑬⑭⑮⑯⑰⑱⑲⑳㉑㉒㉓㉔	⑫	①③⑥⑦⑲⑳㉓㉔

4. 职级与自我积极个体人格感知

科员及以下 16 位受访行政人员对自我性格优势感知涉及 23 项性格优势，主要集中在公正、感恩、谦恭/谦虚、公正、爱学习、爱、洞察力、坚持等性格优势上，未提及社会智商性格优势；副科级及以上职级的 4 位受访行政人员对自我性格优势感知涉及 19 项性格优势，主要集中在公正、感恩、正直、洞察力、头脑开明、审慎、坚持、谦恭/谦虚，未提及公民意义、宽恕和宽容、领导力、幽默、希望（表 6-7）。

表 6-7 不同职级行政人员性格优势感知状况的比较

类型	对应访谈对象编号	自评比较具备的性格优势编号	自评未提及的性格优势编号	半数及以上人员共同提到的高频次性格优势编号
科员及以下	F1、F2、F5、F6、F7、F8、F9、F10、F11、F12、F14、F15、F16、F17、F18、F19	①②③④⑤⑥⑦⑧⑨⑩⑪⑫⑬⑭⑯⑰⑱⑲⑳㉑㉒㉓㉔	⑮	⑥⑦㉒③㉔④⑬㉑
副科级及以上	F3、F4、F13、F20	①③④⑥⑦⑩⑪⑫⑬⑮⑯⑰⑱⑲⑳㉑㉒㉓㉔	②⑤⑧⑨⑭	③⑥⑦⑬⑲⑳㉑㉒

三、行政人员积极个体人格养成的主要影响因素

在邀请受访行政人员勾选自我性格优势之后，访谈员就其个人核心人格特质也就是文中所指的性格优势的养成的促进因素，进行了提问。

Q2：对于以上核心人格特质的养成，哪些个人、组织或环境因素起到了重要的促进作用？

通过对 20 位受访行政人员的回答，进行文本分析后发现：以父母、祖母等至亲的个人人格特质及其对行政人员的教养方式对行政人员正直、感恩、洞察力、仁慈、爱、公民意义、善良、宽恕和宽容、坚持、勇敢等诸多性格优势的养成起到了促进作用；学生时代的老师和同学及学校学习环境，则主要促成了行政人员的欣赏美丽和卓越、感恩、幽默等性格优势的养成；在工作单位组织层面，工作单位的组织性质、工作模式、工作氛围以及单位组织中的重要领导、入职初期的

师傅、同事等，则主要对行政人员的审慎、公正、洞察力等性格优势的养成起到促进作用；社会文化环境则通过对家庭、学校以及工作单位的文化规范和社会期待等，促进行政人员某些性格优势养成的力量。

（一）原生家庭至亲及其教养方式影响行政人员性格优势的养成

家庭作为个体成长的最初环境，对个体人格的形成与发展无疑具有重要的作用，其作用的途径可以是生理性遗传，也可以是通过父母人格的行为外显或者父母有意识的子女教养活动来实现。其中，父母或其他早期共同生活的至亲的人格外显行为及其教养方式更容易为个体所感知，并对个体的人格养成尤为重要的影响。

1. 对行政人员性格优势养成起到重要促进作用的至亲：父亲、母亲、祖母等

根据访谈资料的文本分析，有 12 位（60%）受访对象在回答中提及了"家庭"（F1、F13、F17）、"家人"（F5、F10）、"原生家庭"（F18）、"父母"（F3、F7、F13、F19）、"父母教育"（F8、F16）或"父母的培育"（F6）、"父母的教诲"（F12）、"父亲"（F2、F13）、"母亲"（F2、F15）、"祖母"（F2）。由此可见，父母及其他具有早期共同生活经验的至亲，对于行政人员的性格优势养成起到了重要的促进作用。

2. 父亲、母亲、祖母等重要至亲积极人格特质的榜样作用

在提及家庭因素的 12 位行政人员的访谈资料中可以明显发现，父亲、母亲、祖母等重要至亲的积极人格特质，为行政人员所觉察，并被其视为学习的榜样，通过学习机制，潜移默化地塑造了行政人员的一些性格优势。这些性格优势主要包括仁慈、爱、宽恕和宽容、坚持、公民意义、正直、感恩、勇敢、头脑开明、善良等。

受访对象 F2 提及小时候在农村长大，祖母本人勤快、仁爱的个人品质及其童话故事教育，潜移默化地正向促进了其"仁慈""爱"性格优势的养成：小时候在农村长大，能接触很多小动物，祖母是个讲童话故事的高手，也是个勤快的农村妇女，养过小鸡、小兔、小猫、小狗等，特别是在接触这些动物幼崽的时候，毛茸茸的可爱的小动物，加上祖母的童话故事渲染，让我有了"仁慈"和"爱"的能力。通过大自然的接触，也让我也有了"好奇心"。

F2 具有强大忍耐力的母亲所具有的宽容和坚持品质，直接影响并促成了其"宽容""坚持"性格优势的养成：母亲是少有的具有强大忍耐力的女性，在面对父亲年轻时候的暴躁脾气，母亲的宽容和坚持直接影响到了我，帮助我培养了这

两种品质。

受访对象 F3 则表示自己的父母对其"公民意义""爱"等的性格优势的养成起到的重要的榜样作用：我的父母对我的影响主要像公民意义这方面，还有他们对我的爱，从小就非常有爱心，主要也是受父母的影响。

受访对象 F13 提到父亲正直勇敢、有责任心、有爱心、坚毅果敢，虽然对其严格教育，但同时也支持尊重其个人选择，促成了其个人"感恩""正直""勇敢""头脑开明""坚持"性格优势的养成：父亲的性格对我性格的养成有很大影响，他从小对我比较严格，但也很支持尊重我的选择。我的父亲当过兵，他是一个正直勇敢、有责任心、有爱心的人……父亲让我形成了感恩、正直、勇敢、头脑开明、坚持这几项积极品质。

受访对象 F15 在回答中提及母亲的言辞中充满欣赏，认为其母亲三观正且能与时俱进，她身上具有善良、坚强、宽容以及敢于质疑权威的勇气、积极向上并乐观生活等诸多美好品质，感染并鼓励其向前看、向前走，对其"善良""坚强""宽容"等性格优势的养成起到了促进作用：在我母亲身上，我学到了善良、坚强和宽容，还有她那中国式的信仰……我觉得她有质疑权威的勇气……她始终保持积极向上的心态，感染、鼓励着我向前看、向前走……如果说小时候父亲是我的榜样，长大后我的母亲是我人生的向导。

3. 原生家庭教养方式对行政人员性格优势养成的双重作用

原生家庭的教养方式，是影响个体早期人格特质形成与发展的另一重要后天因素。通过文本分析可见，父母等至亲的教养方式对其性格优势的养成起到了双重作用，但主要以积极作用为主。这主要是因为我们所选择的样本对象本身是比较具备积极行政人格特征的优秀行政人员，一些受到早期教养方式较大负面影响的行政人员个体不在样本的关注范围。

促进作用：教养方式对于行政人员的一些性格优势如审慎、正直、感恩等，起到了促进作用。有 2 位受访对象都提到自己父亲对自己是一种严格教养方式，并认为这种方式在结果上促成了某些性格优势的养成。

其中，F2 论及其父亲的影响时，认为其父亲对其严酷的早期家庭教育对其"审慎""正直""感恩""洞察力"等性格优势的养成起到了结果上的促进作用：父亲年轻时候脾气暴躁，家教严酷，小时候的我每天最害怕的就是惹父亲生气，所以我会在做一些事情的时候会谨小慎微地想该怎么不会惹父亲生气，久而久之就熟练运用了自己谨慎的特征。同时，父亲的严厉管教也造就了我正直、感恩、洞察力等特征……我会经常反思自己受父亲批评的原因,这就锻炼了我洞察力和分析能力。

F13 认为其父亲对其成长具有双重影响,对其多项性格优势养成具有促进作用:父亲尽管严格,但同时也比较支持和尊重其个人选择,并且积极承担家庭重担,使其形成了"头脑开明""正直""感恩""勇敢""坚持"等诸多性格优势。

比较 F2 和 F13 访谈中父亲对其性格优势养成的促进作用可见:父亲较为严格乃至严酷的教养方式,都促进了"正直""感恩"等性格优势的养成;但不同的是,F13 的父亲开明与严格并存的教养方式,更多地促成了"头脑开明"等其他性格优势的养成,而 F2 的父亲,过度严格至严酷的教养方式,间接促进的是 F2 个体"审慎""洞察力"性格优势的养成。

此外,F13 的父母工作忙碌,导致其比较孤独的同时,也加速了其独立思想意识和能力的培养,并客观上使其有了许多赋闲时光用于读书,促进了其"创造力"养成:小时候父母工作忙,经常一个人在家,非常孤独,但也让我更加独立,从小就喜欢看书,各种书都喜欢看,想象力丰富,可能对我的创造力也是有帮助的。

关于阻碍作用,家庭教养方式的过度严格或缺位阻碍行政人员个别性格优势养成。F2 个案表明,尽管严格的教养方式促进了其"正直""审慎"等多个性格优势的养成,但过度的控制也在一定程度上降低了其自我效能感,压缩了自主成长的空间,不利于其"自我控制""爱学习"等其他性格优势的养成:严格的家教造成我没有养成自我控制的本领,比如喜爱学习,仅仅也是喜爱,无法付诸行动。

从更广泛的社会成员而言,父母等至亲消极人格特质及其教养活动的不当方式都有可能对行政人员性格优势等人格特质的生成产生负面影响,因为本样本是根据立意抽样所得,重点关注的是促进行政人格性格优势生成的正向因素,至亲消极的个人人格特质及不当教养方式对行政人员性格优势养成的阻碍作用未能充分展现。

(二)学校层面的老师、同学关系影响行政人员性格优势的养成

在 20 位受访行政人员的回答中,有 5 位(25%)受访对象提到自己接受的"教育"(F15)、"老师"(F1、F2、F6、F13)包括"导师"(F3)对其某些性格优势的养成起到了促进作用。

早期学习生涯阶段所接受的教育以及遇到的老师、同学等在一定程度上促进了行政人员某些性格优势的养成。相对先进的小学教育中的爱国主义教育和素质教育令人印象深刻。例如 F15 提到接受的小学教育:小学在上海读的,接受的教

育理念相对是比较先进的，特别是爱国主义教育和素质教育深入我心。

早期学习生涯阶段遇到的老师对"优等生"的偏好，以及本就存在的学习竞争环境中所遇到的优秀师生，促使行政人员努力向优秀学生看齐，学习和模仿的过程促进了其"欣赏美丽和卓越"等性格优势的养成。例如 F2 提到：从小学开始，老师总喜欢优等生，从小学到初中，凡是优等生，必定是班级里的红人，因此我也开始努力向这些人学习，模仿他们，研究他们成功的原因，慢慢的让我养成了"欣赏美丽和卓越"的能力。

又如 F13 提到：我初中和高中都在我们当地的名校就读，压力有、竞争有，遇到很多优秀的老师和同学，也让我清楚地认识到自己的不足和差距，也因而即使取得好成绩也会一直比较谦虚，当然也可能是自卑的因素作用。

对有研究生教育经历的行政人员而言，其拥有自己的学业导师。相比于大学阶段以前的老师，研究生导师与研究生之间尽管也存在一对多的指导关系，但它是一种小规模的指导，是一种针对性更强的教育模式。在这种更聚焦、交流层次更高、内容更加深入的指导模式下，研究生导师也将会对行政人员性格优势的再养成产生影响。不同的导师往往具有不同的人格特质、教育思想和指导风格，对行政人员所产生的作用也往往因人而异。在较为亲密的研究生导学关系中，导师个人对于某些性格优势的看重和行为偏好，更容易在一定程度上促进其学生该项或某些性格优势的养成，如"感恩""社会智商"等。例如 F3 提到：我的导师则教会了我要心怀感恩，并在一定程度上促进我社会智商的养成。

此外，也存在由于融入早期师生学习环境，而养成隐忍的性格，通过情绪管理和压力调适，养成了"幽默"这一在行政人员群体中并不常见的特质。例如 F2 提到：高中压抑的学习环境让我每天都闷闷不乐，新的环境让我很难与老师同学相处融洽，甚至面临同学的欺负，我也只能愤怒地隐忍。为了让自己能在喘不过气的压力中延续自己的"情绪生命"，我于最绝望的时候学会了逗自己开心，于那时起，我学会了幽默。

（三）职业生涯领导、师傅等工作单位因素影响行政人员性格优势的养成

早期家庭生活经验和学习经历，对行政人员的性格优势养成具有奠基作用，但行政人员的性格优势并非一成不变。进入职场，开启工作模式的行政人员会迎来性格优势进一步发展或改变的契机。组织纪律性以及严谨、务实、紧抓快干的工作作风（F4），工作单位的工作性质与工作模式（F6），体制机制（F10），入职

时的师傅（F7），组织的关爱、领导的认可、同事的支持等（F9），单位氛围（F10）等诸多工作单位因素，促成了行政人员"公正""洞察力""审慎"等性格优势的养成。例如 F12 提到：

随着工作，我慢慢走进社会，学会了洞察力和审慎。

又如 F13 提到：我遇到了很好的领导和同事，他们对于我工作中的价值观形成有着巨大的帮助，他们告诉我工作中要学会观察，观察人、观察工作，要态度端正，认真负责，他们的以身作则为我树立了很好的榜样。

可以看出，促进行政人员性格优势养成的工作单位因素主要包括两个方面：一是其所在工作单位的自身属性如工作性质、工作模式、体制机制等、工作作风；二是工作单位中遇到的重要领导、师傅，以及其本人所处的同事关系；而受到工作单位因素影响较大的，主要集中在"公正""审慎""洞察力"等性格优势上，与家庭方面促进行政人员性格优势的养成具有较大差异。

（四）社会环境与行政人员性格优势的养成

除了原生家庭、学习生涯的学校以及工作单位的组织因素，行政人员性格优势的养成还受到更广泛的社会环境因素的影响，如所处的地域及地区的文化环境、人文因素、经济水平以及文明程度（F6），群众的拥护（F9）等。尽管受访对象的回答直接提及社会环境对其性格优势养成方面的促进作用的并不多，但是笔者仍然可以从一些文本当中发现文化的影响。对严格的教养方式的理解、学生时代的竞争压力和对优等生的偏好、工作当中"审慎"的工作态度和作风、对"感恩""谦恭/谦虚"等特质的群体偏好等。

四、行政人员性格优势养成的主要路径

原生家庭至亲人格特质及其教养方式、学生时代的老师、同学及学习环境、工作单位的组织因素以及宏观的社会文化环境，对行政人员的孩童阶段、青少年阶段、职业生涯阶段的性格优势养成起到了重要的促进作用。行政人员的性格优势，除去先天遗传因素的影响，在后天社会文化诸多文化因素的综合影响下不断被塑造及至形成和发展变化。但在此过程中，行政人员个体本身并不是作为完全的作用对象被塑造的，而是具有自身的自主地位。行政人员的主观能动性对外界社会文化因素作用自我性格优势的活动进行理解、适应和选择，这也是社会文化因素得以作用于行政人员个体性格优势养成的必备环节。对于孩童时期和青少年

时期的个体而言,原生家庭和就读的校园环境,往往具有较强的不可选择性,因为此时的个体缺少左右父亲、母亲及其他至亲的教养方式以及校园环境的力量。换言之,对于孩童时期和青少年时期的行政人员个体而言,如何在既定的家庭教养和学校教育环境中获取更有利的生存和发展空间,是一个非常重要的问题。

（一）观察—认同—学习模仿

据班杜拉的社会学习理论,通过观察、模仿现实生活中的重要人物的行为,是儿童社会行为习得的主要途径。在这个过程中,儿童通过观察其所处环境的特征,注意到那些可以为其所知觉的线索,如至亲的人格特征、品质特征、教养方式等,从中筛选可以作为自我发展的榜样模范,将其典型行为加以记忆、理解和内化,并在适当的条件下加以参照和模仿。至亲的积极人格特质在行政人格个体身上得到一定程度复现的过程,也是行政人员主动选择的过程。一个人的人格特质一定是多样化的,那些能够对行政人员性格优势的养成起到正向的促进作用,与行政人员个体对这些品质的认同息息相关。F2 在乡下的早期生活中注意到了祖母的勤快品质,并从其饲养各种小动物中体会到"仁慈"与"爱",从母亲对脾气暴躁的父亲的长久忍耐中,看到了母亲身上的"宽容"和"坚持",这些品质成为 F2 早期儿童生活经验中的温暖光源,也因此成为 F2 重要的学习榜样;F3 从父母身上感受到了充分的"爱",使得自身的爱心也在悄然生长;F13 在与其父亲相处的生活中,观察并注意到了自己的父亲,在奶奶、大伯病重时期勇挑家庭重担的系列行为,也观察到自己的父亲具有一直坚持晨泳的习惯。F13 对自己的父亲的诸多正向描绘的话语如"正直勇敢、有责任心、有爱心"等,展现出了对父亲人格品质上的认同和欣赏……由此可见,行政人员儿童时期性格优势的养成过程中,原生家庭的影响主要通过儿童的社会行为习得过程实现。

（二）观察—接受—改变自我

"观察—接受—改变自我"是行政人员性格优势养成的另一重要路径。对于一些观察到的但自我并不喜欢又无力改变的情境、人和事,"接受"成为个体调节自我与外界关系的基本策略之一。接受现实,对于儿童时期的个体在不利的情境中获取成长和发展的有利空间和资源是必要的,但仅仅接受现实本身还不足以促进其性格优势的养成。在既定的情境中,认清现实并有意识地改变自我,使自我更加适应所处的环境,是个体主观能动性的体现。改变自我以适应环境,同样会在结果上促进某些性格优势的养成，即使在过程中可能伴随孤独、压抑和痛苦等负面情绪。F2面对脾气暴躁且家教严格的父亲，不得不改变自我行为，竭力避开可能触及父亲愤怒的情形，长期生活在父亲的权威控制的过程，习得谨小慎微的生活策略，使自己变得"审慎"；F2在学生时代在校园学习环境融入中有困难，为了不被本就紧张的学习压力、孤独的人际关系压力所淹没，不得不学会在群体中独处，在"逗自己开心"的过程中养成"幽默"的性格优势；此外，F2通过观察，较早注意到了学校的老师们总喜欢优等生的现象，为了获得来自老师的认可，成为被关注的对象，开始以这些优等生为榜样，加以学习，研究其成功原因，并加以模仿，在此过程养成"欣赏美丽和卓越"的性格优势。F13在那些因父母工作忙碌而感到孤独的日子当中，学会了用阅读各类书籍作为无人陪伴时的消遣，促进了想象力的发展和"创造力"的养成。

（三）阅读—感悟—学习

影响行政人员性格优势养成的不一定都是其身边的人，也可能是来自传统媒介载体——书籍或互联网时代新媒体传播的信息内容。在我们的访谈中，有3位受访对象（占全部访谈样本的15%）在家庭、学校、工作单位等因素之外，着重提到了自己所阅书籍对自己性格优势养成的促进作用。F1明确表示，在学习过程中，其所选择阅读的书籍影响也很大；F13从小喜欢看书，想象力得到发展；F15小时候通读的第一本全文字书《世界上下五千年》，对其人生道路的选择产生了重大影响，树立了向大人物学习的理想信念。例如F15提到：我第一本接触到通读的全文字书《世界上下五千年》对我影响很大……这本书对我人生道路的选择影响很大，特别是展现了古往今来一些大人物的风采，令我很是向往，我那时就想我长大了也要做个有用的人。

由此可见，各类书籍拓展了个体知识眼界和思维，促进"创造力"的发展；优秀的书籍更有助于行政人员树立崇高的理想信念，促进"精神信仰""头脑开明"等性格优势的养成；坚持阅读的习惯则有助于"爱学习"性格优势的养成。

（四）实践—感悟—学习

个人成长的独特实践经历以及个体对自身实践经历的感悟本身，也在不断地塑造行政人员的性格优势。丰富的大学学生组织和社团实践活动和担任学生组织及社团管理人员的经历，促进了行政人员早期"领导力"的形成，例如F9指出：

在大学，我积极参与学生会、社会组织等活动，从一名普通干事成长为部长之后到学生会主席，其间我的个人领导力、执行力得到了培养。

此外，个体"审慎"和"洞察力"也在一定程度上得到发展。公共行政部门的工作实践经历，进一步强化了行政人员"审慎"和"洞察力"的发展。例如 F13 提到：工作的第一站在人事教育处，遇到了很好的领导和同事，他们对于我工作中的价值观形成有着巨大的帮助，他们告诉我工作中要学会观察，观察人、观察工作，要态度端正，认真负责，他们的以身作则为我树立了很好的榜样。

辗转多处的军事成长和工作经历，让 F15 得以大开眼界，感悟祖国的大好河山、领略不同的风土人情，并领略到人力的奇迹，促进"公正""坚持""谦恭/谦虚"等性格优势的形成：工作在部队（云南玉溪），抗震救灾、山林灭火、国际维和、藏区军演等任务都参加执行过、经历过，最后转业回到淮安，特殊的成长经历让我见到了祖国的大好河山、见识到了不同的风土人情，真正开阔了眼界。艰苦的生活和战胜困难的心境让我领略到人力的奇迹，严格的训练和紧张的军事环境让我增长了才干。

同样的经历也有可能促成不同的性格优势形成，其中起到关键作用的是行政人员自身的感悟的重点、程度和思考的深度。从实践到感悟，在感悟中不断学习，是行政人员性格优势养成的另一种路径。

第二节　行政人员积极职业人格的生发

对于行政活动所要实现的公共利益维护和公共价值创造目标而言，积极的职业人格是积极行政人格的集中表达，相比于积极的个体人格则具有更广泛的公共意义。阐明行政人员积极的职业人格是如何生成的，了解行政人员最初的择业动机是必要的，这是其职业人格生发的起点；更重要的是要厘清促进行政人员积极职业人格生发的领导因素、同事因素、家庭因素、学校因素等。

一、择业动机：职业人格生发的起点

择业动机是"人们根据自己的期望与理想，同时结合自身的兴趣、能力、人格特质等因素，以及考量自身处的外部时空环境，影响自己从各种职业中选定一

种职业的最主要理由"①。行政人员职业人格的生发，从其在高学历学习阶段准备进入从事公共行政行业的选择及其准备工作便已经开始。进入公共部门，成为体制内的行政人员是一种热门的选择。学界和媒体人士的观点中，部分人认为人们之所以选择进入公共部门，是因为公共部门的福利保障较为稳定诱人；部分人认为是因为有志青年怀抱理想，积极担当社会使命。2011 年一项以"不同世代地方政府公务员择业动机之比较"为主题的实证研究结果，通过湖北省内大规模的问卷调查和因子分析发现，行政人员的择业动机分成公共性价值与个体性价值两大部分。②

Q3：您为什么会选择从事当前的行业工作？

为了调查了解行政人员职业人格的起点，我们在访谈中设置了上面这一题项，通过对 20 位受访对象回答的文本分析中同样发现，存在个体性价值和公共性价值的择业动机。

（一）个体性价值

1. 工作与就业稳定的需要

找到一份工作，实现就业，是绝大多数社会成员得以在社会谋生的重要且必要的出路。一半以上的受访对象在回答为何会选择从事当前的行业工作时，提到了"稳定"相关的内容，可见，"工作与就业稳定的需要"是受访行政人员选择进入公共部门工作中个体性价值中的首要价值。同样是为了满足工作与就业稳定的需要，又可能存在多种不同的情形。

其一，追求安稳，择业目标明确。公共部门工作本身以及收入待遇方面的相对稳定性，由来已久且深入人心。追求安稳生活的社会个体，针对性地定位择业目标，意向进入公共部门并为之早早准备。在"考公热"的大浪潮下，要想进入公共部门工作，离不开较长时间的学习投入，提前规划并进行充分准备越发显得重要。"稳定"是行政人员在个人性价值择业上考虑最多的因素，包括公共部门工作岗位的稳定性（F1：为了稳定的工作；F2：工作本身稳定；F5：稳定；F6：为了生计、求稳心态；F10：职业相对稳定；F16：这也是一个稳妥、不会出错的选择等），也包括薪资待遇方面的相对稳定性（F8：薪资收入相对稳定；F11：工资

---

① 田蕴祥. 他们为什么想当公务员——不同世代地方政府公务员择业动机比较之实证研究. 中国青年研究, 2011（1）：52-55.

② 田蕴祥. 他们为什么想当公务员——不同世代地方政府公务员择业动机比较之实证研究. 中国青年研究, 2011（11）：52-55+59.

比较稳定）等。

其二，当年度不容乐观的社会就业大环境，提高了社会成员对其他行业就业难度的估计，进而将考公进入公共部门作为择业的主要备选项（F20：从事公务员工作纯属偶然，只是因为2009年工作比较难找，所以尝试了多种可能性，很偶然考上了公务员）。

其三，理想择业道路受挫受阻，寻求自己心中的普通工作。一些计划继续升学的应届毕业生，在经历考研或考博失败之后，重新调整自己的生涯规划方向，从升学准备中转投就业，开始重点考虑"考公"（F18：大四考研失利，考公务员是一份普通工作，考上了就一直在这个岗位做着）。

其四，求学期间，缺少特别明确的未来就业规划，临近毕业从众选择，加入考公大军，并成功上岸（F3：当时并没有特别明确的规划，也不懂规划。最初的考试完全都是和朋友一起准备的。为了有一份稳定的工作，其实当时也并不是很了解这个行业的工作）。尽管并非有意规划，但是临时择定加入考公的诸多因素中，稳定仍然是具有非常重要的影响。

进入公共部门担任比较稳定的公职工作，不仅较为稳定且薪资待遇不错，而且相比于企业单位等，工作强度和压力不大（F5：工作强度不大；F8：工作强度适中；F11：压力偏小）。作为谋生的职业而言，在满足行政人员个体的生理（物质）的需要的同时，其稳定性又能充分满足其安全需要（工作保障）。

2. 家庭出身与期待

家庭出身与期待，通过潜移默化抑或是择业关键期的有意干预，也对行政人员选择从事公共部门工作起到了重要影响。在F7将"父母的建议"视为其选择从事该行业工作的唯一因素；F19回答中，"父母意愿"与"个人喜欢"并列，是其做出从事公共部门工作选择的两大因素；F2回答中，"回应父亲的期待"是主要的3个因素之一，排在第2位，排在"稳定"之前。例如F2提到：考虑父亲的情况比较多一些，大学毕业时，父亲急性心梗住院……病危时，父亲一直念叨着我还没有一份体制内的工作，为了让父亲好转，心理压力更小一些……我努力往体制内的工作努力。

关于父母建议、父母平时潜移默化的影响，F16提到：家庭环境的影响。父母是国企员工、公务员，从小父母就希望我能成为公务员，潜移默化觉得这也是一个稳妥、不会出错的选择。

行政人员自身对父母期待的觉察，考公的选择，有时也可能源于父母强势干预下不得已而为之的选择。例如 F13 提到：大学毕业比较迷茫，本来想在南京去企业工作，但父母不同意，多次争吵，后听从父母建议，走上考公道路。

3. 社会交往与尊重需要

"仕而优则学，学而优则仕"的传统思想，仍然嵌入在社会成员的文化观念当中，具有相对广泛的观念基础。在当今社会，尽管公共部门的性质已经与传统封建社会中的官府衙门迥然不同，但是拥有一份像公务员这样体制内的公职工作，仍然为许多社会成员所推崇。工作"体面"（F5）、"社会认可度高"（F8），与行政人员尊重需要的满足密切相关，人们希望通过体制内的工作，获取外界的认可，满足组织需要。此外，公职本身附带的权力资源和人际资源等（F10：社会资源相对宽阔），有助于帮助个体与其他人建立多样化的情感联结，构建更为广阔的社会交往网络。

此外，方便照顾家庭，履行自我对原生家庭和自我家庭的责任，也是行政人员做出进入公共部门工作的一个重要个体性价值因素（F1：离家近；F12：想陪在父母身边，所以尝试考了家乡的公务员；F15：30 岁理想就是陪伴，离家越近越好）。以考试和面试为主要形式的行政人员招录工作，为社会成员选择既顾家又体面的工作提供了机会，有助于家庭和工作的平衡。

（二）公共性价值

"个人能力与价值的实现""对公职社会价值意义的高度认同""为国家和人民服务的理想与价值观"等是行政人员择业动机公共性价值的主要体现。

1. 个人能力与价值的实现

追求实现自己能力或者潜能，并使之完善化，是社会成员自我实现的需要。自我实现的需要，在马斯洛早期经典需求层次理论中是最高层次的需要。行政人员选择通过成为公务员追求自我实现，既是自我发展的需要，也是追求公共性价值实现的过程。根据马斯洛需求层次理论，自我实现等高阶需要与仅仅追求安稳、物质待遇等缺陷需求（D 需求）不同，是一种增长需求（B 需求）。

就业前多年学习教育经历而建构的专业学识、能力和素质基础，是个体长期教育投入成本的主要收益回报，如果不能专业对口，意味着教育成本投入的回报降低和从事其他职业成本的增加。因此，更多的人希望能学有所用（F4：工作业务对口；F14：希望自己大学内学习的知识能够在工作当中有所应用，一开始想考军校，后来查出眼睛有问题就选择考公务员；F19：个人喜好）。学有所用本质上在于强调专业能力储备与职业生涯的匹配度，有助于降低个人职业道路选择的试错成本，充分展现个人的能力。

2. 对公职社会价值意义的高度认同

受权力机关委托，代表人民行使公共权力，从事公共事务管理或治理活动，践行为人民服务的理念，增进民生福祉，是身为公职人员的责任担当。对公共利益的维护和公共价值的创造，使从事公职工作成为极具社会意义的工作。特殊的价值意义，吸引着行政人员投身此业（F2：因为工作本身有意义价值……一辈子投身在有意义的工作上面，会让我觉得不虚度此生）。

3. 为国家和人民服务的理想与价值观

为国家和人民服务的理想与价值观，激励着行政人员进入公共部门工作，例如 F2：能够跟着伟大的党和国家贡献我的微薄之力，让我会更加有动力、有底气去展开工作；F9：当初外地求学，别人对苏北家乡指指点点，选择考取选调生，投身基层……工作的初心就是要振兴家乡，实现个人价值与革命理想相结合；F17：想加入公务员队伍，实现自己的人生理想，能多帮助人，对社会做点贡献。

这种理想与价值观，从一开始就已经是行政人员职业人格生发的良好开端，例如 F9 提到：之后个人始终做到坚持"四个自信"，做到"两个维护"。

个体性价值、公共性价值是行政人员选择进入公共部门考取和担任公职择业动机的两大构面。从访谈的文本分析结果来看，个体性价值择业动机仍然是当前行政人员择业的主要动机所在，包括"工作与就业稳定的需要""家庭出身与期待""社会交往与尊重的需要""照顾家庭"等。完全出于个体性价值择业动机的行政人员占受访人员的一半以上（F1、F3、F5、F7、F8、F10、F11、F13、F16、F18、F20）。纯粹出于公共性价值择业动机，如"个人能力与价值的实现""对公职社会价值意义的高度认同""为国家和人民服务的理想与价值观"等，总占比为20%（F4、F9、F14、F17）。此外，尽管两者取向存在差异，但并非非此即彼的关系。事实上，由于人本身具有复杂性，人的需求也具有多样性，即使在同一时期，也会存在多种需求。因此个体性价值和公共性价值择业动机，往往能够在同一个个体上并存（F2：一方面是因为工作本身有意义价值，一方面是为了回应父亲的期待，另一方面是因为工作本身稳定；F12：自己还是喜欢稳定的生活，并且想陪伴父母身边……因为本身学的会计专业，所以考了税务局；F15：有一句话叫作"18岁理想就是离乡，走得越远越好；30岁理想就是陪伴，离家越近越好"，于是我转业回来了，成了家，有了小孩，陪着父母。我个人对当前从事的工作轨迹就是从理想出发，回到理想；F19：个人喜好+父母意愿）。

二、他者力量：多主体促进积极职业人格

为了进一步了解对行政人员职业生涯发展起到促进作用的关键人物有哪些以及怎样的人促进了他们的职业生涯发展等内容，我们设置了访谈的第5题。

Q4：请列出3—5个对您的职业生涯发展产生促进作用的重要他人，他们具有哪些特点？是如何影响到您的呢？

绝大多数的行政人员直接列出了自己认为对其职业生涯发展起到促进作用的重要他者。另有两位受访对象以描述的方式形容了对自己产生促进作用的人物特征而未直接点明其相互关系，但是从其描述的内容可见，应当是发生于工作场景中的领导和同事。在此基础上，汇总和整理对行政人员职业生涯起到促进作用的重要他者（表6-8）可见，促进行政人员职业生涯发展的重要他者主要包括部门/分管/单位等主要领导、亲属、典型模范、同事、老师、同学。从出现的频次统计来看，其中，提及"领导"的最多且远高于亲属等其他人物，亲属次之，同事再次之，典型模范和老师再次之，同学提及的最少，仅1位受访对象提及。这表明，促进行政人员职业生涯发展的他者力量主要集中在行政实践的工作情境当中，如领导、同事、相关典型模范等。工作外他者力量相对较弱，主要来自父母等亲属和老师。

表6-8 促进行政人员职业生涯发展的重要他者

访谈对象	他者	类别	统计（单位：次）
F1	其他乡镇的莹莹同学，一名基层的公务员；办公室年龄比较大的一个同事；父母	同事；同事；父母	领导 28 亲属 11 同事 8 典型模范 5 老师 4 同学 1
F2	初中班主任；第一任分管领导；科室负责人；主要单位负责人	老师；领导；领导；领导	
F3	父亲；导师；一位领导	亲属；老师；领导	
F4	研究生导师；前任办公室主任；现任办公室主任	老师；领导；领导	
F5	家人；直属领导；局领导	亲属；领导；领导	
F6	刚上班的纪委书记；换单位时候的领导；现任分管领导	领导；领导；领导	
F7	在日常工作中以身作则，潜移默化地影响我……	领导；同事	
F8	一位老师；单位主要领导；分管领导	老师；领导；领导	
F9	第一任领导；办公室的一位同事；家里的亲戚	领导；同事；亲属	
F10	大学同学；第一任领导；第二任领导	同学；领导；领导	

续表

访谈对象	他者	类别	统计 （单位：次）
F11	奶奶；爸爸；领导	亲属；亲属；领导	
F12	一位老师傅；一位同事，机关里经验丰富的人；第一位直属领导	同事；同事；领导	
F13	王处，职业生涯的第一位领导；媛媛姐，职业生涯的第一位同事；前任分管领导	领导；同事；领导	
F14	父母；焦裕禄；袁隆平	亲属；典型模范；典型模范	领导　　28 亲属　　11 同事　　8 典型模范　5 老师　　4 同学　　1
F15	上军校的领导；下部队的领导	领导；领导	
F16	丈夫；工作最初第一任科室领导；现任科室领导	亲属；领导；领导	
F17	父亲；母亲；领导	亲属；亲属；领导	
F18	母亲；同事，小同；一位前辈，工作生活中的第二位师傅，徐局长	亲属；同事；领导	
F19	左宗棠；毛泽东；习近平	典型模范；典型模范；典型模范	
F20	政治坚定、能力突出、自身要求严格、全局观念强、善于解决复杂问题……	领导	

（一）首要的他者力量：领导的促进作用和起促进作用的领导者特征

对第 5 道题的回答中，80% 的人员明确将"领导"列为促进自我职业生涯发展的重要他人，另有 2 位虽没有明确提及但从内容上也指向组织中的"领导"。在列举的全部 57 位人物中，指向"领导"的高达 28 次，占比一半以上。这表明，领导，是行政人员职业生涯的发展促进中首要他者力量。促进行政人员职业生涯发展的领导中，主要包括第一任领导（F6、F9、F10、F12、F13、F16）、直属领导（F5、F12）或部门领导（F4、F16）、分管领导（F2、F6、F8、F13）、单位主要负责人（F2、F8）等。考虑到行政部门的领导，其个人人格特质包括道德品质、能力以及领导风格等，对组织氛围、组织制度的实施以及其他组织成员的言行具有举足轻重的影响，进一步设置了第 6 题，以调查了解促进行政人员积极行政行为的领导特征。

Q5：在您的职业生涯中，什么样的领导更能促进您的积极行政行为？

1. 行政人员职业生涯中领导的促进作用

（1）可贵的品质令人尊敬，为行政人员提供道德榜样。领导者自身可靠的道德品质有助于促进行政人员积极行政行为，这正是因为领导者自身可贵的品质令人信服的同时，在组织中形成了感染力，激发其他行政人员向其学习的动机（F2：

让我尊敬、仰慕，自发地想去学习；F13：王处让我知道一个机关干部应有的品质和素质，是我的领路人，我愿意向他学习，成为他那样的人；F17：领导，对待事情一视同仁，大公无私。让我学会做事要公正）。①实事求是，兢兢业业（F2：分管领导……不论主要领导交付给她什么样的任务，她都坚决执行，从不浮夸摆架子；F13：王处：职业生涯的第一位领导，也是我最尊重的一位领导……老而弥坚，对待工作一丝不苟，兢兢业业，虽然速度慢，但仍然坚持自己敲键盘打字）而又待人亲和的领导者，令人尊敬的同时感到舒服和温暖（F2：她身上踏实的品质就像是芝兰之香一样，沁人心脾；F13：他关爱下属，会为我们争取权利，像父亲一样照顾我们）。②心理强大，讲原则（F2：科室负责人，不惹事也不怕事……在面对一些突发情况时，办公室主任也从来没有过惧色，能够坚持原则、坚守立场，毫不退缩，完完全全按规矩办事），让行政人员觉得安心可靠，认识到按规矩办事的重要性。③善良，诚恳和谦逊，有温度的领导，让行政人员对工作充满激情（F6：刚上班时的纪委书记：为人善良、对人诚恳，让我对自己的工作产生积极作用；现在的分管领导：为人谦逊、帮助下属，让我对工作充满激情；F13：前任分管领导……他非常善于交际，无论对上、对下、对同级都彬彬有礼，让人如沐春风，是一位有态度、有温度的领导）。

（2）关心、鼓励并支持下属，为行政人员提供精神激励。来自领导的关心和鼓励，是行政人员重要的精神激励来源（F5：直属领导，他经常鼓励我，会率先垂范，以实际行动来影响我）；为行政人员提供业务指导（F7：经常点拨我告诉我遇到事情的处理办法；F8：分管领导，在工作上指点帮助；F12：第一位直属领导……对于我们新进的人员很是照顾，告诉我们在工作中需要注意的点，对刚入职场的小白来说起到非常大的作用；F16：工作最初第一任科室领导……对单位新进公务员站在长辈、前辈的角度给予一些经验，教会了我很多在机关单位工作需要遵守的一些基本准则）和改进建议（F5：局领导，他们会关心年轻人，并且对于工作和个人提升会提出一些好的建议，会给我们精神力量），支持行政人员的工作和成长（F8：本单位的主要领导，鼓励支持我成长；F18：工作中第一位师傅……在工作中给了我很多帮助，像一个父亲在手把手带我成长），有助于行政人员的不断进步。

（3）适度放手，激发行政人员成就动机，加快成长速度。对于心理成熟度较高并且具有一定能力基础的行政人员而言，领导的适度放手对于其快速成长等，具有积极意义（F9：第一任领导，他懂得放手让我去干，就要我最后的结果，而不是全程把控，时不时调整，给我一种轻松工作却又不失严谨，让我学会一种巧妙的工作方法处理基层事务；F13：前任分管领导……让我放手工作，给予我足够的自由……刚开始独立承担业务，虽然有点不适应，担心自己能否胜任，但这同时也激发我工作的热情，让我更快成长）。

（4）相似的行事作风和工作品质，为行政人员职业生涯发展提供参照。当行政人员认为自己与所在单位的领导在行事作风和工作品质上具有高度的相似性时，会倾向将这样的领导者作为自己职业生涯发展的可及性目标（F2：我的单位主要负责人在某些特质上和我很像……对我未来发展有很重大的参考意义……领导的很多做法和现状就是几十年后我要努力成为的目标），进而在与领导的不断接触过程中，把握学习的机会。

此外，爱思考的领导者，谋定而后动，让行政人员体会到思考、洞察和审慎的重要性（F15：我上军校的领导，他教给我最多的就是遇事多动脑子，做事要合规矩；F10：我的第一任领导 B，他让我了解了单位里头的工作流程和方法，教会了我按规矩办事……我的第二任领导 C，他让我学习到了如何审慎工作，更有洞察力，更好地适应单位工作氛围）。

2. 促进行政人员积极行政行为的领导者特征

（1）拥有可靠的道德品质

我国传统文化中对道德、伦理的重视，形成了源远流长的德治思想。《论语·为政》载："道之以政，齐之以刑，民免而无耻；道之以德，齐之以礼，有耻且格。"德治因其具有外在刑罚、科层权威所不具有的重要作用，为先贤所看重，成为中国传统文化中的璀璨明珠。对于无产阶级的公仆而言，优良的人格素质，显得尤为重要。无产阶级公仆人员必须具备坚强的性格，在革命原则问题上勇敢坚毅，在困难条件下不畏缩投降；必须深入实际，接受考验，取得领导工作的实际经验。纵观古今，放眼国际，"因领导者道德缺失而导致的社会负面事件时有发生，而且破坏性极大"[1]。在西方变革型领导理论当中，领导的道德影响力成为领导的重要构成维度；在真实型领导理论中，道德领导在作用进一步凸显，强调领导者应根据道德标准和内化的价值观，而不是群体、组织和社会压力进行决策。随着领导理论的不断发展，道德领导逐渐从领导的构成维度逐渐发展为一个完整的领导理论。管理者在与下属交往过程中展现出符合道德规范的个人行为，并通过沟通、决策制定等管理过程在组织内促进符合道德规范的行为，可视为道德领导。[2]道德

---

[1] 黄静，文胜雄. 道德领导的本土化研究综述与展望. 中国人力资源开发，2016（3）：12-18.

[2] Brown M E，Treviño L K，Harrison D A. Ethical leadership：A social learning perspective for construct development and testing. Organizational Behavior and Human Decision Processes，2005，97（2）：117-134.

领导以高尚的个人品德和操守，影响和激励下属去实现组织目标。行政领导者个人的优秀道德品质有助于促进组织内其他行政人员积极行政行为的产生、强化和保持。

通过 20 位行政人员的访谈，行政领导者的以下道德品质促进了其积极行政行为的产生。①敢于担当。"敢担当"或"敢于担当"，遇事不推诿、不退避、不说谎，是领导干部必备的素质，也是行政人员非常看重的领导道德品质（F4：敢担当；F5/F7/F10/F12：有担当；F6：敢于承担；F13 担当）。"担当"提及次数最多，可见其重要性。敢于担当的领导者，会让下属感觉到是可靠的、可信任，进而增加行政人员积极行政的安全感，不会因为怕多做多错而裹足不前（F1：如果是一个我出现任何问题都会把锅甩给我的领导的话，我就不想做事情了，我觉得做得越多，错得越多。）敢于担当，方能勇于突破，凝聚改革开放的磅礴力量。②公平公正、正直、刚正。领导者作为组织内资源分配的关键人物，如果任人唯亲，结党营私、搞小团体，损害组织风气，不仅妨碍行政价值目标的实现，还会挫伤行政人员的工作积极性；反之，公平公正的领导者，更让下属信服，不吝付出（F2：其次，领导具有公平公正的心，能够知道谁在辛苦，有"按劳分配"的意识，这样我才会觉得我的付出都是有回应的，积极性也会更高一些）。那些在基于领导公平公正评价导向下获得认可的行政人员，自身的成就感和幸福感也会更高（F3：因为大家会觉得这样的人是有公心的，完全是依据成绩进行考核而不是私人关系。在公正的考核下取得成绩的人也会更加幸福）。正直、刚正、廉洁也是行政人员所看重的领导者品质（F18：正直、刚正、廉洁……，会让我舒服，由内而外地自发地努力做好工作，为自己、为领导、为团队而变得更加优秀）。著名管理大师德鲁克曾言：如果领导者缺乏正直的道德，那么，无论他是多么有知识有才华、有成就，也会造成重大损失——因为他破坏了企业中最宝贵的资源——人，破坏组织的精神，破坏工作成就。古往今来，无数哲学家、思想家、文学家等对"正直"品质的可贵进行讴歌。古希腊哲学家伊比鸠鲁认为，正直的人是一切人中最不为不安所苦者，不正直的人永远为不安所苦；罗曼·罗兰指出，对待工作时的严肃态度、高度的正直，形成了自由与秩序之间的平衡；中国的《旧唐书》中早有明言"但立直标，终无曲影"。正直不仅仅是领导者重要道德品质要求，也是社会成员的宝贵道德。③乐于助人。对于下属而言，领导者不仅是科层权威，其丰富的实践经验使其也是一种专业权威的存在。当下属在行政实践当中遇到疑惑或难题时，领导者及时地解惑或指导，能够让行政人员获得组织内的支持感（F1：出现问题，他可以及时帮我解决了……在我有困难，或者说我做事情不确定的时候他能给我指一条明路；F6：善于帮助下属解决问题的；F20：乐于帮助下属的），而不会觉得自己是在孤军奋斗。领导者乐于助人的行为亦有助于在组织中构建互助文化，促进组织成员的共同进步。此外，行政人员认为，行政领导严于律己、以身作则、敬业等也会促进其积极的行政行为（F5：敬业；F13：以身作则；F20：自身要求很高）。

（2）具有卓越的行政能力和领导才能

马克思、恩格斯认为，无产阶级公仆不仅必须具备丰富的理论知识和写作才能，而且要具有实际的领导能力。毛泽东率先总结我国干部队伍建设的经验，明确提出"德才兼备"的用人标准。这一标准在不同的历史背景中不断被赋予不同的时代内涵，但始终是无产阶级领导干部的基本素质要求。"有工作能力……能独立解决问题，在困难中不动摇"①，对于行政领导有效开展各项行政实践活动，必要且重要。

优秀的行政能力和领导能力（F4：能力强；F13：能力卓越；F19：有领导能力；F20：能力过硬），是领导者专业权威的主要来源，是赢得行政人员认可和追随的重要基础。①卓越的行政能力，精于业务。清晰的工作思路（F3：遇到一项工作他就很快会有非常清晰的思路，这样就会少走弯路）、准确的洞察和判断分析能力等（F8：眼光长远、判断能力强；F10：高瞻远瞩；F14：针对问题可以及时发现原因）、能够为解决问题提供有效的指导建议（F12：能够对事务解决提出正确的指导方案，精通业务）等诸多方面。简要而言，就是能够有效指导和引领组织成员解决问题，完成组织任务。②有效的领导能力。领导者的能力不仅仅体现为对本职业务上的精通，更体现为有效的领导能力，能够引领组织成员向共同的组织目标前进，促进组织的良性发展。其一，对于行政人员而言，领导者能够看到下属在工作上的努力付出、成绩并给予肯定，具有重要的激励作用（F1：我的职业生涯中一个积极的领导就是一个让我感觉我做的事情是有意义的；F2：领导愿意欣赏细节的价值，这样我的审慎才会跟着有了价值……能够知道谁在辛苦，有"按劳分配"的意识，这样我才会觉得我的付出都是有回报的，积极性也会更高一些；F3：工作思路清晰的领导）。其二，懂识人、用人之道，合理分配任务（F3：有一些领导非常会用人，会把每个人放在适合的岗位上，我比较认可这样的领导）。其三，能够为下属的进步提供建议，促进其自我成长的领导者更能赢得行政人员的追随（F2：领导能够发现我能力值得改善的部分，并针对此提出有价值的建议

---

① 毛泽东. 毛泽东选集（第1卷）. 2版. 北京：人民出版社，1991：277.

令我信服……跟着这样的领导更能有利于我成长；F10：能够带领下属一起进步；F20：培育下属的领导）。

（3）团队型领导风格

任务行为和关系行为是领导的两种最基本行为，其中任务行为有助于目标的完成，关系行为帮助下属对自我、对他人以及对自己所处的情境感到舒适自在。对两种领导行为的偏好和应用，形成领导者个人的领导风格。领导者领导风格与情境、下属的成熟度等匹配度越高，领导活动越容易获得成功，促进组织目标的达成与和谐的组织人际关系的形成。布莱克（Robert R. Blake）和穆顿（Jane S. Mouton）构建和修订的领导（管理）方格理论，是最著名的管理行为模型，领导方格法将关心生产和关心人相结合，描绘了五种主要的领导风格：权威-顺从型、乡村俱乐部型、贫乏型、中庸型、团队型。基于领导方格法分析受访行政人员关于其欣赏的领导者风格的相关文本，发现能够促进行政人员积极行政行为的领导风格主要为团队型领导风格，也有少数行政人员所描绘的领导风格偏向于乡村俱乐部型领导风格。

团队型领导风格，对任务和人际关系均非常强调，促进组织的高度参与及团队合作，满足员工参与和投入工作的基本需求。①激发行政人员的参与意识，予以反馈。积极鼓励以激发行政人员的参与意识（F1：积极鼓励），让其觉得其在工作上的积极参与投入是有价值（F1：我的职业生涯中一个积极的领导就是一个让我感觉我做的事情是有意义的；F2：领导愿意欣赏细节的价值，这样我的审慎才会跟着有了价值），可以提高行政人员的参与感，促进积极行政行为的产生。对于行政人员的表现，适时地给予积极的反馈（F11：能够对我的付出有实际上认可的领导），维持和提高行政人员的工作积极性，有助于促进行政人员积极行政行为持续（F2：领导具有公平公正的心，能够知道谁在辛苦，有"按劳分配"的意识，这样我才会觉得我的付出都是有回应的，积极性也会更高一些；F9：没有回应会让我的积极性受挫；F15：经常鼓励表扬自己的领导更能促进我的积极行政行为；F16：奖惩分明）。②民主开明，亲和力强，易沟通。尽管公共行政部门是典型的科层制组织结构，组织部门中领导和行政人员存在鲜明的上下级关系，但是讲究民主仍然是非常重要的。民主开明的工作方式（F19：开明、公正、有领导力、亲和的领导），体现的是对行政人员作为团队成员主体性价值的尊重和能力的信任，相比独断专行的工作方式更让人信服。讲究民主开明的领导者，亲和力更高，易沟通，尊重下属意见（F16：能够认真听取下属意见），凝心聚力（F11：平易近人；F3：亲和力强的领导，平时容易接触，有些事情也容易商量什么的，这样的也比较能促进工作。比较有民主作风的领导就是可以和你或者大家一起协商的领导）。民主开明，亲和力强，易沟通，反映了行政人员需要从领导者身上获得组织内部尊重的心理需要。③关心和体恤下属，有人情味儿。关心和体恤下属，在回答中被多次提及（F5：严管厚爱；F6：体贴下属；F7：体恤下属；F8：真诚关心；F9：在我看来有思路有想法、懂得关心关爱下属的领导更能促进我进步；F13：关爱下属；F16：有同理心等）。其一，领导者关心关爱下属，注重下属情绪的疏导（F7：风趣幽默；F14：更能体恤下属的情绪，并能及时处理……不是一味向下传递压力），有助于行政人员心理健康的维护（F9：好在我遇到的领导都是这种类型的领导，特别懂得排解我内心的焦虑），激发行政人员的心理能量，进而促进积极行政行为的发生（F18：正直、刚正、廉洁、风趣幽默有包容心的领导，会让我舒服，由内而外地自发地努力做好工作，为自己、为领导、为团队而变得更加优秀）。其二，体察下属合法合理的利益诉求，注重维护下属的利益，保障下属的福利待遇（F14：关注职工福利）。其三，鼓励和带领行政人员进步，进而促进行政人员积极行政行为的发生和进步（F2：领导能够发现我能力值得改善的部分，并针对此提出有价值的建议令我信服；F10：对下属关心、鼓励，能够带领下属一起进步）。对领导者亲和力特质的欣赏，是一种对"权威-顺从"型这一完全基于科层权威而施展的领导风格的否定。从以上几点可以看出，绝大多数行政人员更喜欢团队型领导，也就是能够鼓励和激发员工的参与意识，讲究民主开明，关心关爱下属情绪和专业成长的领导者，这样的领导者能够凝心聚力，构建相互依赖、相互尊重和信任的团队关系。

综上，道德品质可靠、行政能力卓越并具有领导才能、实施团队型领导风格的领导者，更能赢得行政人员的认可、信服和喜欢。领导者通过对行政人员安全感、尊重、爱与归属、自我实现等多层次心理需要的满足，激发行政人员积极行政的动机和心理能量，进而促进积极行政行为的产生。

（二）行政人员职业生涯发展中同事的价值

无数的行政实践活动和组织任务的完成，依赖于行政人员之间的分工与合作，因此，同事，无疑成为行政人员所在组织系统内部除了领导以外的另一重要力量。在行政人员的职业生涯中，那些优秀的同事，本身也能成为行政人员的学习榜样，为行政人员更快更好地融入组织氛围、进入工作情境提供社会性支持。

1. 年长同事的经验传授，促进行政人员的多维度成长

在促进行政人员职业生涯发展的同事力量中，年长的同事往往工作多年，无

论是业务还是人际关系处理等方面，都经验比较丰富（F1：他的特点就是经验比较丰富，因为他在基层工作了 20 年；F9：第二个是我办公室的一位同事，在这个岗位上已经工作 10 年以上，属于老同志）。一是年长同事的丰富经验，能够在业务上给予行政人员（特别是初入职场的行政人员）有效的指导（F12：一位老师傅教会我一个非常难的业务，至少在当时我觉得是非常难的业务，但他一直悉心传授，也使全局现在只有我能做这个业务）；二是年长同事凭借自身的人生阅历和体会，可以在人生道路方面为行政人员答疑解惑（F1：我们办公室的年龄比较大的一个同事，他也会在我迷茫的时候对我进行指导，然后让我觉得这份工作是有意义的，需要坚持下去，有些人是需要我的）；三是年长同事能够为行政人员在机关工作中人际关系的处理上提供参考借鉴（F9：教会我如何处理好上下级关系，如何做好与部门间的协调能力，快速地适应基层工作还是大有裨益；F12：一位同事是机关里经验丰富的人，人缘非常好，他是一个比较活络的人，善于交谈，跟他一起共事会很轻松，并且也能在他身上学会一些机关处世之道）。

2. 其他同事的闪光点，感染行政人员

"三人行，必有我师焉"（《论语·述而》）。完美的榜样难寻，发现和学习不同人身上的闪光点便显得更加重要。同事在某一或某些方面的突出表现，如果让行政人员印象深刻，也能激发其学习动机。与本单位同事共事的过程，也是相互影响的过程和学习进步的过程（F13：媛媛姐，职业生涯的第一位同事……一个可爱的人，又很大气。她对待工作很认真，追求完美，为了制作一个流程图，会不断地做功课、修正细节，会和我一起加班）。相比于领导，同事之间共事、相处的时间更多，权力距离较短，成为朋友的可能性较高（F13：现在我离开了那个单位，我们依然是很好的姐妹，感恩相遇），能够相互关照，指出不足（F13：她既会严厉地指出我的问题），又能在失败时予以开解（F13：也会在我犯错的时候体贴地告诉我没关系，赶快补救）。从个性不同的同事身上能看到性格和处事的多样性，促进行政人员的自我改变（F18：我的同事小同，她热情大胆、开朗活泼，我平时做事比较循规蹈矩，她能给我勇气，使我接受改变、勇于探索）。此外，促进行政人员职业生涯发展的也可以是其他单位中有工作往来的同行（F1：第一个人是其他乡镇的莹莹同学，她也是一名基层的公务员，然后她就是当我遇到工作上问题的时候，我都会询问她一下，然后她都会给我详细地解释，帮我考虑得很全面，会让我把所有的事情考虑好再做，这让我觉得特别地踏实、安心）。

（三）行政人员职业生涯中亲属的促进作用

由表 6-8 可见，在促进行政人员职业生涯发展的重要他人中，有 8 位（40%）受访对象明确提及父母等亲属，在全部统计中，涉及亲属的达到 11 次，仅次于领导，并高于同事。这表明在组织外的他者力量中亲属具有较大作用，如性格塑造与价值观培育的启蒙（F11：我的奶奶对我的性格以及价值观的培养有重要启蒙作用）等。

1. 亲属的美好品质促进行政人员性格优势的养成，提升职业生涯的心理资本

父母等亲属的人格特征，如正直、坚持、善良等，促进了行政人格"坚持"（F17：父亲，做生意比较守信用，同时能吃苦，照顾家庭。让我从小到大养成了做事情一定要坚持，尽自己最大的努力去做好），"感恩"（F17：母亲，对家庭无私地奉献，支持父亲所做的决定，对待父母和公婆无微不至。让我学会了要懂得感恩），以及"希望""勇敢"等性格优势的养成，增加了行政人员职业生涯中的心理资本（F18：我的母亲，她善良、正直、伟大，让我内心纯净、强大；我的父亲，他给我自信，让我知道自己聪明又优秀，让我在陌生的职业生涯中对自己更有信心地接受挑战）。

2. 亲属的期待，引导和端正行政人员职业发展道路的选择

亲属对于公务员工作本身的认同，首先在起点上增强了行政人员进入公共部门工作的择业动机（F1：我的父母，他们希望我找到稳定的工作；F5：家人，他们的官本位思想较重，比较认同公务员的工作；F9：我家里的亲戚，也是我选调的引路人）。此外，亲属对行政人员的职业发展的正向期待，对行政人员职业发展道路的选择具有一定的内在约束作用（F1：我的父母，他们的特点就是吃苦耐劳，希望我踏实，他们通过自己的行为和语言对我的职业生涯产生促进作用；F5：家人，希望我在工作上认真负责、追求上进；F16：丈夫，通过了解，有的公务员在廉洁从政方面存在问题。我觉得自己无论如何也不能成为一个公私不分、滥用职权的党员干部）。

3. 亲属的工作态度、方法等为行政人员工作表现提供参考借鉴

具有较长时间共同生活经历的重要亲属（如父母等）的工作态度、职业道德和工作方法，潜移默化地对行政人员的职业生涯发展起到启示作用（F11：我的爸爸，他的工作态度、方法以及品质对我的职业生涯发展也有促进作用）。

（四）促进行政人员职业生涯发展的其他力量：典型模范、老师和同学

典型模范，学生时代的老师和个别同学，亦构成促进行政人员职业生涯发展组织外的他者力量。

访谈中，有行政人员列举了历史晚清政治家、军事家左宗棠，领袖人物毛泽东与习近平，人民科学家袁隆平，党员干部先进典型焦裕禄，折射出过去和当前的历史名人和典范对行政人员的职业生涯具有精神的引领作用（F14：坚韧、热爱工作、可以将自己的业务学得很深入，同时对人民有着极大的热情，愿意帮助他们；F19：左宗棠，忠君爱国；毛泽东，全心全意为人民服务；习近平，我将无我，不负人民）。

学生时代遇到的老师，通过早期的教育教化活动如鼓励、言传身教等（F8：一位老师，鼓励我多学上进；F3：导师，情商高、积极向上、正能量满满、做事不拖沓；F4：研究生导师，敢于做事、勇于创新、时间效率高），塑造行政人员的认知思维和行为方式（F2：初中班主任：特点是懂得利用资源，无为而治……跟着班主任老师，我明白，凡事不需要事必躬亲，能充分利用现有资源往往比蛮干死干更有效、更省力）。

此外，大学阶段的同学择业道路的选择和考公的成功实践，为行政人员的择业行为提供了参考（F10：一位是我的大学同学A，他考上了公务员，在他的影响下我走上了公职道路）。

三、制度规制：制度德性约束积极职业人格

"制度形式对行政人格的培育和养成具有深远的导向作用"[①]，一方面，制度规定了行政人员的行为标准，并通过"行为预期"[②]加以巩固。行政人员通过制度预期行为的现实性后果，从而决定是否采取行动。长此以往，作为外在理性和善恶标准的制度规范便在行政人员内心得到巩固，并成为行政人员道德行为选择的习惯和思维定式，逐渐由他律转为自律。另一方面，制度能够保证行政人员行为的独立性。国家通过给行政人员提供相应待遇，并严格规定行政人员的选拔、升迁、退休等程序和条件，为行政人员提供行为的合法性身份，使行政人员的独立性免受国家其他权力的威胁。但是，制度并不总是积极的。正如1980年8月18日

---

① 潘光旦. 潘光旦文集（第3卷）. 北京：北京大学出版社，1995：6.
② 张薇. 行政道德建设中的制度伦理向度. 中国行政管理，2003（4）：41-43.

邓小平在《党和国家领导制度的改革》中指出的一样："制度好可以使坏人无法任意横行，制度不好可以使好人无法充分做好事，甚至会走向反面。"①完善的行政人格是对行政实践中所充当的行政角色的道德原则和规范认同的结果。换言之，就是来自对外在道德与制度规范的内化，以实现他律与自律的统一。其中最重要的外在规范就是来自行政制度。行政人员根据制度的引导，形成一定的角色意识，并时时根据角色意识选择行政行为。"这样的过程不断地在心灵中积淀，最终形成行政人员所独具的心理结果"②，即行政人格是行政人员角色意识的内化和积淀。与领导、同事、亲属和老师等他者力量的局部作用不同，制度的建设在更深层、更广泛的意义上塑造着群体性层面的行政人格，并对行政人员个体的职业人格塑造产生影响。为调查了解制度的建立健全对于行政人员积极职业人格生发的价值意义，我们以党的十八大为界，设置了访谈中的第 8 个问题。

Q6. 党的十八大以来，国家法律法规、政策等制度建设，对您的工作产生了哪些影响？

结合已有理论研究和访谈文本，在促进行政人员职业人格生发方面，制度建设的意义主要体现在以下几个方面。

（一）服务型政府建设为行政人员行政理念的塑造提供方向

"制度本身必然带有价值导向"③，"宪法、法律、规章显然是一系列的强制性规范，它们把我们的价值以及对与错的原则法典化"④。基于这一认识，行政制度从根本上反映了政府或行政组织对行政价值目标的追求，如关于行政职能的设置、行政权力的安排，以及它鼓励什么，禁止什么等等，本身就是"一套内含特定价值取向的行为规则"，"制度在约束人们行为的同时，也在塑造着人们的价值观念和道德品性"。⑤正如兹纳涅茨基所说的那样，人总是担任一定的社会角色，生活于相对确定的社会圈子或制度中，"在社会圈子与角色之间有一个由大家所赞赏的价值复合体所构成的共同凝聚力。人们都受这种凝聚力的约束"⑥。

21 世纪初，在各级政府实践"三个代表"重要思想、落实科学发展观的探索过程中，学界提出的"服务型政府"理念逐渐被纳入政策视野，成为我国行政改

① 邓小平. 邓小平文选（第 2 卷）. 2 版. 北京：人民出版社，1994：333.
② 张康之. 公共行政中的哲学与伦理. 北京：中国人民大学出版社，2004：297.
③ 江美塘. 制度变迁与行政发展：公共行政之制度理论的比较研究. 天津：天津人民出版社，2004：48.
④ 乔治·弗雷德里克森. 公共行政的精神. 张成福，译. 北京：中国人民大学出版社，2004：126.
⑤ 徐邦友. 中国政府传统行政的逻辑. 北京：中国经济出版社，2004：228.
⑥ 兹纳涅茨基. 知识人的社会角色. 郏斌祥，译. 南京：译林出版社，2000：100.

革的目标选择。构建于现代民主、法治理论基础之上的服务型政府，强调"以人为本""执政为民"的治理理念，与党的"为人民服务"的宗旨不谋而合。党的十八大以来，国家在多个方面进一步建立健全制度建设，积极推进国家治理体系和治理能力现代化，增进民生福祉。党的十九大报告中明确提出"建设人民满意的服务型政府"的改革目标和任务。在服务型政府从理念走向现实的过程中，行政人员切实地体会到公共行政"为人民服务"的本质追求，增强对国家和国家治理的职业认同，为先进的行政理念的生发和强化提供动力（F2：更加让我感受到了党和国家对人民的关怀。无论是生态文明建设也好还是放管服改革也好，每一项政策都是为了人民，依靠人民……在如此强有力的党和国家的带领下，我会拥有充足的信心和不竭的动力；F4：新中国成立 70 年多的实践证明，中国特色社会主义制度和国家治理体系具有强大生命力和巨大优越性，我们更加坚定道路自信、理论自信、制度自信和文化自信）。

（二）全面从严治党、党风廉政建设，提升行政人员行政道德意识

党的二十大报告提出，"要坚定不移全面从严治党，深入推进新时代党的建设新的伟大工程"。我国坚持依法治国和依规治党有机统一，国家监察体制改革扎实推进，完善反腐败基础性制度框架。从将所有行使公权力的公职人员纳入国家监察范围到逐步形成"四个全覆盖"格局，从大力推动"有形覆盖"到走向"有效覆盖"，构建党统一领导、全面覆盖、权威高效的监督体系。全面从严治党和党风廉政建设的持续推进，坚定了行政人员的理想信念和道德自觉（F5：国家这些制度建设让我深刻认识到了廉洁纪律、依法工作的重要性，并以一个党员的标准严格要求自己，有底线思维，不碰高压线；F13：公款吃喝减少、违规发放福利减少、统计法的执行力度加强；F20：加强党的建设，更加坚定理想信念，在党言党、在党爱党、在党为党，为党的事业奋斗终身）。此外，全面从严治党、党风廉政建设的持续推进，行政单位的不良工作作风得到有效遏制，进一步端正了行政人员的工作态度（F20：中央八项规定，减轻了个人负担，可以全身心投入工作之中……反对"四风"，更加务实踏实做事）。

（三）法治政府建设严格行政人员的权责履行

"如果他的社会圈子或制度需要他做的那种人，他的自我就必须按照圈子或制度的意见，在体力和智力上，具备某些品质而不是拥有其他一些品质。"①基于行

---

① 兹纳涅茨基. 知识人的社会角色. 郑斌祥，译. 南京：译林出版社，2000：100.

政制度对行政人员的角色定位与规范的功能，当一个行政人员被安排到一定的行政岗位上，他在这个岗位上找到了自己的角色。行政人员获得了明确的角色意识，其中就包括熟知并履行自身的权责义务。党的十八大以来，以习近平同志为核心的党中央从坚持和发展中国特色社会主义的全局和战略高度定位法治、布局法治、厉行法治，坚持依法治国、依法执政、依法行政共同推进，法治国家、法治政府、法治社会一体建设，法治中国建设取得了令人瞩目的成就。2015 年底，《法治政府建设实施纲要（2015—2020 年）》印发实施，明确提出"经过坚持不懈的努力，到 2020 年基本建成职能科学、权责法定、执法严明、公开公正、廉洁高效、守法诚信的法治政府"。党的二十大报告提出，"扎实推进依法行政。法治政府建设是全面依法治国的重要任务和主体工程"。在全面推进依法治国的浪潮中，依法行政加速前进，各地区各部门多措并举、改革创新，法治政府建设取得重大进展。立法与改革对接共进，依法行政制度体系日益健全，行政执法体制机制改革完善，政府权责清单制度稳中前进，行政权力制约和监督全面加强。在此过程中，行政人员的法治意识显著增强，其对待行政权责有了更加清晰的认知，其工作行为更加讲究于法有据（F14：工作的每一步都有法可依；F15：法无授权不可为，法定职责必须为；F16：国家这些制度建设让我深刻认识到了廉洁纪律、依法工作的重要性，并以一个党员的标准严格要求自己，有底线思维，不碰高压线；F19：工作行为更加规范，制度更加健全，行政更有底气）。法治政府建设逐渐将政府权力关进法律的笼子，在合法的范围被审慎使用（F10：国家制度更加健全，政府权力被关进制度的笼子，公务员从管理者逐渐向服务者转变，这是时代的进步，也更加符合社会发展趋势），行政人员的工作更加趋于规范（F1：目前的话我都感觉也就是我们的工作更规范，所有的流程更加规范；F2：能够让工作有章可循、更加规范，工作内容程式和依据让更多无从下手的事情，通过审核、革新、筛选变成了有法可依、有章可依的规章制度；F11：使我们更加规范地工作，法律法规更加完善，也是我们依法行使权力）。

（四）干部人事制度改革深化，激发行政人员的工作激情

改革开放以来，我国干部人事制度逐步展开，建立公务员制度，颁布《党政领导干部选拔任用工作暂行条例》，先后制定并实施《2001—2010 年深化干部人事制度改革纲要》《2010—2020 年深化干部人事制度改革规划纲要》等多个干部人事制度改革规划文件，推进和深化干部人事制度改革。党的十八大报告进一步提出，"深化干部人事制度改革，建设高素质执政骨干队伍"。按照党的十八大部署，深

化干部人事制度改革，要坚持党管干部原则，逐步形成广纳群贤、人尽其才、能上能下、公平公正、充满活力的中国特色社会主义干部人事制度。坚持注重实绩的人事制度深化改革导向和实践，在行政人员群体中引起广泛的影响，个人工作努力的价值被凸显，工作的积极性更高（F8：产生积极影响。因为作为未掌握丰富社会资源的个体，近年来建设的制度让个人努力的重要性相对提升）。党的二十大报告指出，"建设堪当民族复兴重任的高素质干部队伍"，强调坚持德才兼备、以德为先，引导干部树立和践行正确政绩观，推动干部能上能下、能进能出，形成能者上、优者奖、庸者下、劣者汰的良好局面。

（五）政府治理现代化建设促进行政人员不断提升行政能力

政府治理现代化建设，要求行政人员必须保持开放的学习心态，不断与时俱进，更新知识储备（F12：税法一直在变化中，在工作中，需要不断学习新的税法知识），把握工作方向变化（F18：很多法律法规、政策都是应实际需要而生的，都是从解决实际问题的角度出发，这些给我的影响就是，工作中要有目标导向、问题导向，这样才不会迷失自己），不断提升实践能力。

综上所述，当前建立健全各项行政制度建设，在促进行政人员先进行政理念的生成、行政道德意识的强化、行政权责履行的规范、工作激情的提高以及行政能力的提升等方面具有重要意义。

科学化的制度设计在保证独立行政人格形成的过程中具有重要的导向和约束作用，它可以保证行政人员个体行为的独立性，指引行政人员的个体行为，约束行政人员个体行为的任意性，协调行政人员间的行为。但是，制度并不总是积极的，如果制度设计不合理，也会将人们导向反面。部分制度建设中出现的过度问题，也在一定程度上增加了行政人员（特别是基层行政人员）的工作量（F7：减税降费给纳税人带来了众多利好，同时也让基层工作更加忙碌），严肃追责的尺度把握失衡，增加行政人员的心理压力（F10：对相关人员的追责越来越重，使得权责不匹配，也给我们的工作造成了很大的压力），一些人变得过于审慎（F6：各种制度的规范有利于工作的合法开展，但周边的人变得越来越不敢担当），在一定程度上限制了行政人员行政自由的发挥。

第三节　积极个体人格为积极职业人格的生发提供内动力

根据积极行政人格的理论和早期阶段的问卷调查分析结果来看，行政人员自身的性格优势对于积极行政人格的生发（主要是职业人格层面的公共性、自立自为性与和谐性方面）具有显著正向促进作用。通过补充访谈，可以进一步了解性格优势对行政人员职业人格生发的作用。

Q7：您如何看待您的人格特质与您工作心理和行为表现的关系？哪些特质产生了较大的促进作用？

一、人格特质及能力素养与其工作心理和行为的关系认知

在 20 位受访对象中，绝大多数人认为其人格特质与能力素养对工作心理和行为产生了较大影响。

F1：我的人格特质能力素养和我的工作心理和行为有很大的关系。

F2：人格特质和能力素养是把双刃剑，它们既成就了我的行为表现，也束缚了我的行为表现。

F3：我觉得人格特质对工作的影响是非常大的。

F4：理论素质、纪律素质、作风素质、文化素质、业务素质等是工作所具备的内在基本条件。

F5：我的人格特质、能力素养有待提高，它们直接影响我的工作心理和行为表现。

F6：各种心理因素影响的不仅是个人的工作心理和行为，最大的影响是个人的一种处事态度、方法，个人的认知不一样导致人格特征出现千变万化，不能适时地掌控甚至会出现情绪化影响。

F7：（人格特质与能力素养对工作心理和行为）有积极作用。

F8：人格特质、能力素养决定了工作心理和行为表现。

F10：我能努力认识到自我的人格特点，在工作中及时调整，努力扬长避短。提高自己的能力素养能够让自己的工作更顺利和游刃有余。

F11：我认为自己的人格特质、能力素养与工作心理和行为表现密切相关。

F14：在工作过程中，会有一些业务难题以及纳税人刁难，但我可以自行调节情绪，接听后续电话。

F16：（人格特质、能力素养与工作心理和行为）是互相影响、互相促进的。

F19：工作行为都是个人人格特质的表现，但有些工作行为是可以违背自己人格特质做出的。

其他受访对象没有直接回答两者的关系，而是通过自身的具体实际，表达了

自身某些性格优势（积极的人格特质）对自身工作心理和行为的影响（F9、F12、F13、F15、F17、F18、F20）。由此可见，访谈的文本结果支持了前文中关于性格优势促进积极行政人格生发的问卷调查分析结论。此外，工作方面的心理与行为也影响着行政人格自身性格优势的塑造。

二、个体认知视角下促进职业人格生发的性格优势

性格优势作为个体的积极人格特质，为个体的工作、生活等提供内在的动力，也为行政人员职业人格的生发提供个性基础。但具体到行政人员群体而言，24 种性格优势对其职业人格的促进作用存在差异。通过访谈中的第 7 个题项的设置，邀请受访对象结合自身实践，列举或陈述对自身工作心理和行为起到较大促进作用的性格优势。结合 24 项性格优势的具体内涵，对 20 个受访对象的回答文本进行分析和提炼对应的性格优势，结果见表 6-9。根据表 6-9，在受访的行政人员自我认知中，对其职业人格生发产生较大促进作用的性格优势一共有 16 项，包括审慎、坚持、谦恭/谦虚、洞察力、正直、公民意义、宽恕和宽容、爱学习、自我控制、精神信仰、头脑开明、欣赏美丽和卓越、爱、幽默、领导力、希望。其中，"坚持"频次最高，达到 7 次；"审慎""谦恭/谦虚"均为 6 次，次之；"洞察力""正直"频次为 5，再次之；"公民意义""宽恕和宽容""爱学习"的出现频次同为 4 次，再次之；此外，其他性格优势出现频次依次为："自我控制"3 次，"精神信仰"3 次；"头脑开明"2 次；"爱""幽默""领导力""希望""欣赏美丽和卓越"出现频次各 1 次。这说明，被调查行政人员自认为"坚持""审慎""谦恭/谦虚"等性格优势对其职业人格发展具有重要的促进作用。

表 6-9　促进行政人员职业人格生发的主要性格优势统计结果

受访对象	对其职业人格生发具有较大作用的性格优势
F1	希望
F2	审慎、坚持、欣赏美丽和卓越
F3	公民意义、公正、正直、坚持
F4	精神信仰、审慎
F5	正直、谦恭/谦虚、欣赏美丽和卓越
F6	自我控制
F7	活力、审慎
F8	公民意义
F9	正直、领导力、幽默、洞察力坚持、谦恭/谦虚、爱学习

续表

受访对象	对其职业人格生发具有较大作用的性格优势
F10	正直、洞察力、审慎、谦恭/谦虚
F11	爱、感恩、宽恕和宽容
F12	洞察、审慎、坚持
F13	正直、坚持、谦恭/谦虚、头脑开明
F14	洞察力、精神信仰、谦恭/谦虚
F15	爱学习
F16	公正、宽恕和宽容
F17	宽恕和宽容、自我控制、坚持、感恩
F18	公民意义、坚持、自我控制、谦恭/谦虚
F19	不明确
F20	公民意义、公正、精神信仰、审慎、爱学习

三、性格优势促进行政人员职业人格生发的作用机理

行政人员的职业人格是其在扮演行政人员这一角色过程中遵守行政规范而表现出来的有别于其他角色的具体化人格，其实质在于公共行政人员对公共行政人员这一角色要求的内外适应，主要表现在对行政理念的内化、行政自由的运用、行政道德的养成、行政权责的履行和行政职业能力的发展五个方面。

（一）审慎、精神信仰、坚持等促进行政人员对先进的行政理念的认同与内化

行政理念是行政实践的先导，正确把握行政实践方向，离不开先进的行政理念的思想引导。作为掌握公共权力的使用权限的行政人员，"审慎"的性格优势，有助于行政人员树立正确的权力观，牢记"权为民所用""利为民所系"等群众路线观（F9：面对基层复杂的工作环境，坚持审慎用权，牢固树立正确的权力观）。"精神信仰""坚持"等性格优势，有助于行政人员树立坚定的理想信念并为之坚持，增强政治意识（F14：洞察力、精神信仰、谦恭等性格更为重要；F20：在行政机关工作，最重要的就是政治能力过硬……坚定的理想信念）。此外，"爱学习"也是一项重要的性格优势（F20：对我起到最大帮助的就是……勤奋好学的工作习惯以及善于思考的工作态度）。行政理念本身的时代性和发展性以及日益复杂的公共行政实践环境，决定了行政理念的形成不可能一蹴而就，而要在不断地学习和思考中与时俱进。

（二）公正、正直、审慎等促进行政人员对行政自由的合理运用

法律和行政规章制度对于行政人员的规范是底线、原则和行动方向，但日常行政实践的复杂性和碎片化，制度的规范不可能面面俱到，也难以事无巨细。所以，行政人员的主体性发挥成为公共行政中的重要因素。在制度规范和监督不到位的地方，尤其需要行政人员自身公正、正直、审慎等性格优势的展现（F16：因为工作单位性质，公正和宽容的促进作用较大；F20：在行政机关工作……需要我们拥有公正的心态）。公正、正直、审慎这些特质，促进行政人员审慎用权，更好地把握工作中的尺度和分寸（F3：像公正、正直这些特质，其实每个人在工作中都会有私心，但是如果你有了公正和正直这些人格特质，在处理工作的过程中间，我可能会首先考虑工作再考虑私人的关系）。在此过程中，必然涉及审慎用权的问题，如果不能审慎用权，就会让权力陷入滥用的境地，过度使用行政自由。

但是，有时过度谨慎，也可能限制自身行政自由的实现，给自己施加不必要的束缚，增加心理压力（F2：政府部门工作中，谨小慎微的性格让我犯错不多，但也给我带来了很大的心理压力，我总是在不断审慎自己到底有没有犯错，或者在不小心犯错的时候，心里会反复纠结这件事，变得前怕狼后怕虎，无法过得潇洒自在）。

（三）正直、坚持、公正等促进行政人员行政道德的建构

行政道德是实现公共行政价值、目标的伦理保障。行政人员行政道德的生成，是公共行政价值目标实现的内在要求，也是行政人格在规范和自由之间建构自我道德人格的主体需要。"正直""坚持""公正"等性格优势促使行政人员在工作实践中坚守底线，秉持原则，积极践行行政道德的主体伦理责任（F5：正直产生较大促进作用；F10：正直、洞察力、审慎和谦恭产生较大促进作用；F17：主要还是坚持、脚踏实地、懂得感恩这些特质有较大的促进作用；F9：面对基层复杂的工作环境，坚持审慎用权，牢固树立正确的权力观，坚持自我，不被环境所影响）。行政人员在自我品质驱动下，在主动遵循行政道德的过程中，获得外界认可的同时，还能增强自我的内在满足感（F3：在处理工作问题中的事情的时候，如果公正正直能够体现的话，自己也会更自信，也更容易得到认可），进一步促进自我道德人格的完善。另外，行政人员对行政道德的遵循，不仅仅可以增进主体个人自身的内在满足，也能在组织中起到正向影响，以切实的言行向其他行政人员传递积极的行政理念，促进其他成员行政道德人格的完善（F3：如果公正、正直能够

体现的话，自己也会更自信，也更容易得到认可。因为大家会觉得这样的人是有公心的，完全依据成绩进行考核而不是私人关系。在公正的考核下取得成绩的人也会感觉更加幸福）。

（四）公民意义、审慎、坚持、希望等促进行政人员积极履行行政权责

依法行政、科学行政、民主行政、服务行政等无不要求行政人员正确理解行政权力和行政责任的关系，依法使用行政权力，担负自身的行政责任。依法使用行政权力，离不开审慎用权，"审慎""坚持"特质促使行政人员注意并严格遵循外界所制定的法律、行政规章等制度规范和社会评价，规范自身权力的行使，即使可能引发组织内其他成员的不理解（F2：极度负责任的性格也让我不会对工作产生任何马虎懈怠，可能有部分人不理解我，觉得我上纲上线，自己"找麻烦"，但我认为这样做是有必要、有质量、有价值的；F9：坚持自我，不被环境所影响；F12：我是一个比较注重细节、坚持原则的人，这一特质会让我非常认真地对待工作）。拥有"希望"或"公民意义"性格优势的行政人员，认真对待工作，负责任地履行自身的行政责任外（F1：我对于所有事情，都希望它变得更好，而且我会积极地想办法这样做，这就会让事情往好的方面发展，起到促进的作用；F3：我平时做事情也比较认真，只要是我想做的事情，我是肯下功夫的，就像平时文字处理工作一样；F8：本人遵循做事尽力而为的原则，会尽可能地用心和付出去完成工作，工作成果比较不错；F18：我对待任何事任何人包括自己，都要求较高，希望能做到完美，工作上总是给人踏实负责的感觉，同事对我比较放心），还关注组织任务的完成，并愿意为之承担一些可能增加个人工作量的分外之事（F3：其实在很多单位大家不愿意做文字工作……但是我从一开始就花了很大精力来做这个事情）。

（五）爱学习、谦恭/谦逊等促进行政人员不断提升自己的行政能力

出众的行政能力是行政人员有效处理行政事务的能力保障，没有能力为支撑，理念无从践行，道德亦难以实现。行政人员的职前教育为其行政能力的生成奠定了良好基础，但行政能力更需要在职后的实践和再教育中不断提升以提高不同阶段不同岗位的胜任力。"爱学习"是一项重要的品质，也是行政人员不断开阔思维和眼界、锤炼"过硬本领"的必要手段（F15：我个人感觉我有个优点就是爱学习，进入情况比较快，很容易工作出成绩；F20：对我起到最大帮助的就是勤奋好学的

工作习惯以及善于思考的工作态度）。在学习过程中，行政人员需要具有"谦恭/谦虚"的性格优势，能够"欣赏美丽和卓越"（F5：正直、谦虚、欣赏美丽和卓越；F10：正直、洞察力、审慎和谦恭产生较大促进作用），在生活、工作和相关的培训中，虚心请教、主动学习，向优秀的人看齐。深入群众，从群众中来，到群众中去，才能不断提升基层行政能力，不会导致工作虚浮（F9：在工作中我始终保持谦虚向上的心态，在与群众接触中不断提高自己的能力，向农民老师学习）；同时，以优秀的同事为学习对象（F13：业务上，我喜欢钻研，愿意花费时间去研究如何提高工作效率，也愿意多向同事请教，对待同事谦逊诚恳），学习其理念、道德品质、能力素养以及行政实践的经验智慧，有助于提升行政能力的增长速度。

此外，"爱""感恩""宽恕和宽容"等性格优势促进行政人员以较为平和的心境和态度，处理、构建组织内外和谐的人际关系；"幽默""活力"等性格优势促进行政人员保持积极乐观向上的心态，投身于公共行政实践活动中。

第七章 积极行政人格的培育机制

第一节 积极行政人格的培育理念

政府治理视域下的积极行政人格研究的目的在于为政府治理现代化的实现提供主体性动力，是立足中国社会发展需要而提出的命题。中国的国情无论是文化传统、当下的主流意识形态还是市场制度与政治制度等内容，与西方国家国情存在本质的区别。因此，在研究中国的问题时，不能盲目地照抄和借鉴适应于西方社会的思想文化与制度设计等。转型期中国社会的复杂性决定了在中国情境下的行政人格研究不能仅仅着眼于行政人格，必须在整体上对中国当下社会建设的问题进行宏观把握和统筹思考。这就要求紧扣快速转型期这一社会背景，深刻了解和理解当下中国社会发展中出现的行政人格问题的文化根源与制度缺陷，提出能够真正与中国情境相适应的积极行政人格塑造的理念、路径与策略。

一、坚持"以人为本"

"以人为本"是行政学中人本管理和服务型政府的核心要求，也是行政伦理学和积极心理学的共同主张。坚持"以人为本"总体而言，就是"充分尊重人在社会发展中应有的主体作用和地位"，并"以人的价值为根本，要求真正做到尊重人、解放人、依靠人、为了人和塑造人"。[①]尊重人，就是尊重人的主体价值、独立人格与个性差异；解放人，就是不断优化体制和机制，释放人的潜力与活力；依靠人和为了人，就是不仅相信人和人的潜能，将人视为实现目标的手段，更将人视为目标本身；塑造人，就是把人塑造成内心健康、和谐、幸福、丰盈，行为合法、合理、合乎道德的积极主体。对于公共行政而言，"以人为本"中的"人"也非单指行政人员所要服务的公众对象，亦包含行政人员自身。一方面，行政人员虽属

---

① 徐少亚. 论我国行政体制改革的价值选择及其实现. 南京政治学院学报，2006（1）：53-56.

于特殊的职业人群，具有明显的"公仆"性质和不可推卸的"服务"义务，但同时也是"公众"的一分子，不应将其排除在"以人为本"中"人"的范畴之外。另一方面，关注行政人员自身是公共行政应有之义。行政人员是公共行政中不可或缺的要素，是公共行政得以开展的重要人力资源基础，对公共行政的成效具有重要价值。达尔曾指出，"公共行政研究本质上是对处在具体环境中表现出某种行为，以及预计或预测会表现出某种行为的人的研究。公共行政领域能够与心理学、社会学或政治制度区分开的原因在于，它关心的是在政府机构中完成的服务领域的人的行为"[①]。沃尔多也认为，"公共行政的许多研究是通过在公共行政中从事这种行为和过程的人来进行的……在公共行政这个问题上，从某些方面和某种关系上来说，研究的中心要素是人本身"[②]。因而对于行政人员而言，"以人为本"就是要在行政目的实现的过程中，充分关心其身心健康、相信并发掘其积极潜能，使其在行政活动中充分实现自己的价值，达到积极的状态。

二、正视人格和情境的双重力量

正视人格和情境的双重力量，是由人格与情境对人的行为的共同作用所决定的。关于人在跨情境下表现出的一致与不一致的行为，是由人固有的人格特质决定还是由其所处的情境所决定，曾形成"特质-情境之争"。卡特尔、艾森克、奥尔波特等人格特质理论家倾向于认为，特质或因素是人类行为的重要决定者，相对稳定的人格特质能预测行为；而"社会心理学家更关心态度和其他内在因素是如何受社会情境的影响，以及情境又是如何对行为和思想产生重要影响，以至于这种影响能够超越人们之间的个体差异，使不同的人在相似的情境下做出相同的反应"[③]。德裔美国心理学家/社会心理学先驱勒温（Kurt Lewin）很早提出了一个简短的公式"$B=f(PE)$"，即行为是一个人的特定人格和其所处情境的共同函数。勒温认为个体和其所处的情境构成了心理场，与此相同，团体和团体的情境就构成了社会场；个体的行为主要由其生活空间内各区域间的相互关系决定，团体的行为也主要由团体的社会场中各区域的相互关系所决定。勒温的场论看到了人格

---

① 罗伯特·A. 达尔. 国外公共行政理论精选. 彭和平, 竹立家, 等, 编译. 北京：中共中央党校出版社, 1997：150-166.

② 罗伯特·A. 达尔. 国外公共行政理论精选. 彭和平, 竹立家, 等, 编译. 北京：中共中央党校出版社, 1997：185.

③ 菲利普·津巴多, 迈克尔·利佩. 态度改变与社会影响. 邓羽, 肖莉, 唐小艳, 译. 北京：人民邮电出版社, 2007：31-32.

和情境对行为的共同作用，但究其在社会心理学中的应用而言，更多地还是强调情境的作用。积极心理学在人格研究中提倡的则是"生理机制、外部行为和社会环境三者的交互作用，但更强调后天社会文化环境对人格的影响作用"①。总体而言，人格特质可以对人行为的总体趋势有着较高的预测性，但是不能很好地预测某些特定时间和特定情境中的行为。情境变量特定的实验条件下，对人的行为则往往有着较为显著的影响，如著名的"斯坦福监狱实验"，但并不能就此证明情境对人的行为有决定性作用。英国人格心理学家米歇尔（Walter Mischel）在借鉴认知心理学、社会学习理论和社会认知理论的基础上，提出了认知-情感系统理论。该理论认为人所遇到的事件与一个复杂的认知-情感系统发生交互作用，并最终决定人的行为，而在这个模型中，认知-情感单元则是构成人格中核心元素的所有心理表象。米歇尔及其同事所扩展的认知-情感元素包括编码策略、能力和自我调节策略、期望和信念、目标和价值观、情感反应。人的行为是由人格和环境特点共同决定的，这一点在目前已经取得高度的共识。

行政人员积极行政人格的生发除了存在个体人格的差异，还会受到行政大环境以及具体的行政情境的影响。这一点在前文的问卷调查和质性研究的相关结果中已经得到验证。行政人员的主观能动性、家庭因素、组织因素、学校以及社会文化环境因素，共同作用于行政人员的行政人格。因此，在此意义上，培育积极行政人格就必须正视人格和情境的双重力量，行政人格的研究既要考察其人格特质与个体差异，也要了解和分析其所处的行政情境及其交互作用。对于当下行政人员群体中存在的非积极行政行为，既要寻找其个体自身的原因，也要分析组织因素和社会文化环境因素。

三、从积极的意义出发

从积极的意义出发是积极心理学的重要取向。积极心理学和人本主义心理学尽管在方法论上存在较大差异，但在本体论上还是有着较高的相似性，对人的本性和潜能有着积极的关切和主张。在人本心理学中，人既有自己独特的价值与尊严，也有自我发展、自我成长的巨大潜能和自我管理、自我实现的内在动力②。积极心理学强调以人固有的、潜在的、具有建设性的力量以及美德和善端为出发点，

---

① 任俊，叶浩生. 积极人格：人格心理学研究的新取向. 华中师范大学学报（人文社会科学版），2005（4）：120-126.
② 孟娟. "人本的积极心理学"与"实证的积极心理学"——人本主义心理学与积极心理学方法论比较研究. 心理学探新，2015（3）：202-206.

提倡用一种积极的心态来对人的心理现象进行新的解读，从而激发人自身内在的积极力量和优秀品质，并利用这些积极力量和优秀品质来帮助人们最大限度地挖掘自己的潜力，并获得良好的生活。

过往对于行政人格的研究，多从行政人格异化及其成因（以消极因素居多）入手，而少有对行政人员积极人格及其积极影响因素的关切。从积极的意义出发，即相信人的积极本性和人的潜能。人不仅有自我和谐、自我发展、自我实现的需要，更有实现这些需要的建设性力量，有时需要通过外部的力量来激发这样的潜能；用积极的心态对一些偏常或异化的心理与行为进行解读，避免"问题化""妖魔化"；发现和激发人的潜能，调动人自身的积极力量和优秀品质；注意情境中积极因素的培育和创造，以及消极因素的规避和转化。

第二节　重构家庭教育塑造健全人格底色

一、良好的家庭教育：积极人格塑造的起点

家庭作为基础性的社会组织和最基本的社会单元。2018 年 9 月 10 日，习近平总书记在全国教育大会上指出："家庭是人生的第一所学校，家长是孩子的第一任老师。"[①]让家庭成为"人生的第一所学校"的不是家庭本身，而是家庭生活的重要内容——家庭教育。"家长在家庭生活中，经由生活实践、感情交流、身传言教等方式，对未成年子女施加影响的教育活动"[②]，即为家庭教育。对于社会个体而言，幼年的经验和习得、青年的情感指导、中年的工作定位等都需要得到家庭的支持。儿童"最早在家庭中获得语言发展、养成生活习惯、确立价值观念、塑造人格特质"[③]，并为下一阶段的学习和生活奠定基础。在此意义而言，家庭教育无疑是个人成长成才的摇篮。家庭教育是连接个体、学校、社会的桥梁纽带，"是社会进步的重要基石"[④]。良好的家庭教育是人一生的财富，缺位、越位和错位的家庭教育则在教化儿童的过程中埋下诸多隐患。笔者前述的质性研究结果显示，家庭方面的因素是影响行政人员积极行政人格生发的重要因素之一，对于行政人员性格优势的养成、成年后的就业选择、工作后的职业心理和行为等方面都具有特殊的影响。

---

① 习近平. 共同担负起青少年成长成才的责任. 人民日报，2018-09-14（2）.
② 周洪宇，范青青. 家庭教育是人生奠基性教育. 河北师范大学学报（教育科学版），2019（2）：5-8.
③ 钱洁，陈汉民. 家庭教育指导：急需个性化和科学化. 教育科学研究，2018（5）：18-20.
④ 黄文. 家庭教育是社会进步的重要基石. 中国教育报，2015-03-06（7）.

二、传统家庭教育走向现代家庭教育

（一）传统家庭教育的基本思想

中国传统社会中家国同构的政治模式，强调的是"家天下"，"古之欲明明德于天下者，先治其国；欲治其国者，先齐其家"①。在家国同构的中国传统社会治理模式下，家庭的政治、经济的功能地位显著，涵育了我国自古以来重视家庭教育的传统。中国传统家庭教育的目的总体可以概括为：一修身，二齐家，三治国，四平天下。其中，修身是家庭教育的直接目的，也是重要的着力点；齐家则是家庭教育的主要目的；治国、平天下则是更高的目的。中国传统社会的家庭教育滥觞于先秦、成型于秦汉时期、发展于魏晋、成熟于隋唐、繁荣于宋元明清，在中国传统文化的熏陶和感染中，积淀千年，形成了独具中国特色的传统。强调对家庭成员的伦理教化，教育子女等修身养性、正确地待人接物，是中国传统家庭教育的出发点，具体而言主要包括修养身心、立身处世、待人接物等内容。通过对家庭成员的伦理教化，塑造家庭成员的个体人格和能力素养，进而为个体的安身立命、家庭关系的经营和家族利益的维护奠定基石。

1. 修身

中国传统社会发展过程中，家庭教育逐渐趋于系统化和理论化，积累、浓缩、提炼家庭教育正面经验和反面教训的家训逐渐成熟。诸葛亮的《诫子书》、嵇康的《家诫》、王修的《诫子书》、陶渊明的《与子俨等疏》、颜延之的《庭诰》、颜之推的《颜氏家训》、司马光的《家范》等家训著作大量出现。根据《中国丛书综录》记载，"中国古代家训书籍总共有 117 种，其中宋代 16 部、明代 28 部，清代 61 部"②。家训的出现、发展和盛行，反映了我国传统社会家庭这一基本组织单元对家庭教育的高度重视，正如清人张奇逢所认为的家庭教育乃"家庭第一关系事"。可见，"对家庭文化的建设，已经成为一种自觉的文化活动"③。西周时期周成王亲政后，将鲁地封于周公之子伯禽后，周公告诫伯禽"君子力如牛，不与牛争力；走如马，不与马争走；智如士，不与士争智"（《诫伯禽书》）；西汉太史公司马谈晚年手握其子司马迁之手教育道，"且夫孝始于事亲，中于事君，终于立身。扬名于后世，以显父母，此孝之大者"（《命子迁》），教育其继承父志，扬名于后世为

---

① ［战国］曾参，［战国］子思. 大学·中庸. 梁海明译注. 太原：山西古籍出版社，1999：21.
② 转引自邹强. 中国当代家庭教育变迁研究. 华中师范大学博士学位论文，2018.
③ 张艳国等. 家训辑览. 武汉：湖北教育出版社，1994：前言11.

孝之大者；三国时期杰出政治家、军事家诸葛亮，教育其子："夫君子之行，静以修身，俭以养德"（《诫子书》）；"竹林七贤"领袖人物嵇康教育其子不要被外界的物质或内心的欲望所牵累，"无心守之安，而体之，若自然也"（《家诫》）。中国古代教育家颜之推曰"是以与。善人居，如入芝兰之室，久而自芳也；与恶人居，如入鲍鱼之肆，久而自臭也"（《颜氏家训·慕贤篇》），教育子女思贤；北宋政治家欧阳修，劝诫子孙努力学习以不断提升自我修养，免受外界之不利影响，"人之性，因物则迁，不学，则舍君子而为小人，可不念哉？"（《诲学说》）。教育子弟做人、做好人、做君子贤人，是中国传统社会家庭教育中"立身"的思想内核。

2. 勤学立业

鼓励子弟读书入仕，也是古代家庭教育的主要目的之一。伴随文教政策的确立和科举制的形成、发展、强化的过程，读书与做官的联系愈加紧密，成为古代社会中国广大士族及平民立业的最佳选择。唐代诗人杜牧在《冬至日寄居小侄阿宜诗》中言道："朝廷用文治，大开官职场，愿尔出门去，取官如驱羊。"这生动展现了科举制下社会对读书入仕的社会心理趋向。因此，对于教导子弟好学勤学，也就成为中国传统社会家庭教育的另一重点内容。"谚曰：积财千万，不如薄技在身。技之易习而可者，无过读书也。"（《颜氏家训·勉学篇》）读书，乃个体立业之本，子弟尤须勤学，"自古明王圣帝，犹须勤学，况凡庶乎"（《颜氏家训·勉学篇》）。清代名臣曾国藩，亦教育子弟"但愿为读书明理之君子"。明朝进士吴麟徵官至太常寺少卿，其居官时以寄训子弟要多读书，"多读书则气清，气清则神正，神正则吉祥出焉，自天佑之"（《家诫要言》）。读书须惜时，宜自少年始，"幼而学者，如日出之光，老而学[①]者，如秉烛夜行，犹贤乎瞑目而无见者也"（《颜氏家训·勉学篇》）。

3. 处世之道

基于一定标准的处世之道，也是传统家庭教育中的重要内容。中国传统社会家庭教育中的处世教育，可以分为：家庭内部伦理关系的教育和社会上的处世教育。在家庭内部关系上，一言以蔽之，"父慈而教，子孝而箴，兄爱而友，弟敬而顺，夫和而义，妻柔而正，姑慈而从，妇听而婉"（《家范》）。在教育子女在社会上对待他人方面：与人为善。周公告诫其子伯禽，要与人为善，"旧无故则不弃也，无求备于一人"（《诫伯禽书》）；三国时期向郎以和睦为教子准绳，提出训条"贫非人患，惟和为贵，汝其勉之"（《遗言诫子》）。谦逊待人，既是修身之道，也是

---

① 古代官员"家训"：曾国藩愿儿子为读书明理之君子.（2014-02-19）. http://culture.people.com.cn/n/2014/0219/c172318-24404692.html.

处世之道，向来为中国传统家庭教育所重视。《曾国藩家书》中有谦逊自处之明言，"天地间唯谦谨是载福之道，骄则满，满则倾矣"。名士嵇康著《家诫》中对从与官员的相处、面对他人请托等多个情境的行事、言辞应对的"清远"之道，处处可见谦谨。慎交友。交友之道，也是中国传统家庭教育所重视。孔子曰："益者三友，损者三友。友直，友谅，友多闻，益矣。友便辟，友善柔，友便佞，损矣。"（《论语·季氏》）孔子的择友之道，为后世的家庭教育提供了择友的标准。曾国藩强调"一生之成败，皆关乎朋友之贤否，不可不慎也"（《曾国藩家书》）。袁了凡在其家训中对于真正的友谊给予了高度评价的同时，点出了交友之道的重要特点，在于"以信为主，出言必吐肝胆，谋事必尽忠诚"（《训儿俗语》）。

（二）传统家庭教育对行政人员健全人格塑造的阻碍

历经传统社会向现代社会的转型，中国的传统家庭教育在多个方面发生着重大转变。但无可否认的是，积淀几千年的中国传统家庭教育，在当代中国的社会中仍然存在深层的文化影响，包括积极的和消极的影响。其中，"重视对孩子的行为规范、道德品质教育"[①]，是中国传统家庭教育的显著特点之一，对于培养个体的伦理道德意识、塑造道德品质具有积极价值。但从现代社会家庭教育趋势和个体人格自由全面发展的需要来看，传统家庭教育的思想积淀，在个体健全人格的塑造上存在一定的阻碍作用。

"受长期的农业社会影响，中国传统儿童家庭教育具有鲜明的'私性'特征"[②]，家庭内部教育关系上呈现出鲜明的不平等关系。"私性"色彩浓厚的家庭教育，将"听话""乖巧""顺从"等行为赋予积极的道德评价内涵，对不听话的行为予以贬低性评价或其他惩罚。传统的家庭教育，"所要构建的是一种以服从、驯服、恪守本分为特征的整体主义人格，它所要消解的是那种以自主、自尊、个性自由为特征的独立性人格"[③]。在操作层面上，为了确保子女最终按照父母的意愿行动，"过度倚重等级压制与情感绑架"[④]，或利用长辈权威迫使个体就范（F2：父亲年轻时候脾气暴躁，家教严酷，小时候的我每天最害怕的就是惹父亲生气）；或以爱的名义传递长辈意志，干预子女自主选择，即使其已经成年（F2：病危时，

① 关颖. 注重教子做人——中国传统家庭教育之精华. 道德与文明，1992（3）：12-14.
② 蔡迎旗，黎平辉，王佳悦. 从"私性"意识到"公共"精神：论当代中国儿童家庭教育变革. 当代青年研究，2021（4）：60-65.
③ 鲁洁. 关系中的人：当代道德教育的一种人学探寻. 教育研究，2002（1）：3-9.
④ 蔡迎旗，黎平辉，王佳悦. 从"私性"意识到"公共"精神：论当代中国儿童家庭教育变革. 当代青年研究，2021（4）：60-65.

父亲一直念叨着我还没有一份体制内的工作，F13：大学毕业比较迷茫，本来想在南京去企业工作，但父母不同意，多次争吵，后听从父母建议，走上考公道路）。传统的家庭教育具有特定时代的合理性，对人的情感、伦理教化仍然具有借鉴意义，但是在一种不平等关系中开展的家庭教育实践活动，在养成个体某些性格优势的同时，也对作为子女的个体的心理产生负面的结果，如过于审慎而缺少独立性（F2：严格的家教造成了我没有养成自我控制的本领，包括喜爱学习，仅仅也是喜爱，无法付诸行动）。此外，谦虚谦逊是中国传统家庭教育中品德教育的重要的内容，也是当代社会仍然重视的个体美德之一。但中国传统家庭教育的谦谨教育传统，若教育方法不当，则有可能造成个体的自卑情结。因为长期处于强调谦谨教育环境的个体，难以从家庭内部权威处获得与自身表现相匹配的赏识性评价，进而影响对自我价值的评价。

（三）现代家庭教育的基本指向

对民众素养还是行政人员的道德、能力等都提出了不同以往的要求。社会转型、家庭变迁、教育变革等多方因素交融，家庭教育的质量不再仅仅是一种私事。2015年春节团拜会上，习近平发表了关于重视家庭建设的讲话，在讲话中指出，"家庭是社会的基本细胞，是人生的第一所学校"[①]。同年，《教育部关于加强家庭教育工作的指导意见》印发。2016年，《关于指导推进家庭教育的五年规划（2016—2020年）》印发，持续推进家庭教育指导工作。同时，家庭教育立法问题进入政策视野，2021年《中华人民共和国家庭教育促进法》出台，2022年1月1日正式实施。从国家领导人讲话、国家多部门举措和国家立法可见，家庭教育的公共性价值的重要性日益凸显，正在被赋予新的时代内涵。更符合儿童身心发展的和社会整体发展需要的家庭教育需要被重构。

1. 观念上，以儿童本位

传统家庭教育模式，本质上是建立在父母对子女的"私有"基础上的家长制教育模式，强调以家庭为本位，突出家长意志，而忽视子女自主发展和独立思考的期望和权利。随着现代社会的转型及家庭规模结构的重大变化，家庭本位的传统家庭教育观，显得陈旧而又落后，一种以儿童为本位的现代家庭教育观逐渐确立。以儿童为本位的家庭教育观，强调子女作为生命体的独立性和作为社会成员

[①] 陈振凯，李贞. 习近平谈家风建设.（2020-07-22）. http://www.qstheory.cn/qshyjx/2020-07/22/c_1126269757.htm.

的权利主体性，主张家长尊重儿童的自我人格和自主意识，理解儿童的自我选择，反对父母将子女作为私产以及加强父母意志。但儿童本位的家庭教育观，或者将传统家庭教育模式中的亲子地位颠倒重构，形成子女役使父母的另一种不平等关系。儿童本位的家庭教育观的本质是要在父母与子女之间建立平等的、相互尊重的教育观念，在父母教育子女的过程中尊重儿童的自由意志和人格独立。

2. 内容上，注重公共精神的培养

随着科举制的创建、发展，传统的家庭教育中鼓励子弟读书入仕的思想不断被强化。对于大多数的士人和平民而言，入仕是改变自身命运，实现阶层跃升的重要机会，读书的功利性价值不断强化。虽然世事变迁，但以子女的未来社会出路为落脚点的家庭教育思想未减反增，折射出当代家庭教育目的的功利性取向。"物化的价值作为家庭的教育目标，作为儿童生涯设计的尺度，忽视极具儿童成长价值的良好的情感应答"①，不利于儿童健全人格的培养。此外，家庭教育的功利性倾向，也导致个体在择业动机上，过于关注个体性价值而忽视公共性价值的认同。对于行政人员而言，在强调公共利益维护和公共价值创造的岗位上，过于关注个体性价值本身，则容易陷入追逐私利、以权谋私的风险境地。在行政人员择业动机的访谈中，尽管个体性价值和公共性价值并存，但个体性价值仍然是主要动机所在。这反映出当代家庭教育在培养个体的公共精神上存在局限。积极的家庭教育，应当具有更高的价值追求，与社会发展需要同频共振，从个体人格生发的起点上，担当社会责任使命，夯实个体公共精神生发的基础。注重公共精神培养的家庭教育，正视儿童作为社会公民的权利主体地位和社会义务责任主体地位，注重儿童公民意识、公共道德、公民素养的教育。对公共精神培养的重视，力求个体现实性发展需要和社会整体发展需要的平衡，是对个体功利性教育的矫正，而非全面否定和取代。

3. 方法上，强调民主化的、科学化的

积极的家庭教育在教育观念上强调以儿童为本位，破除儿童对家长权威的等级依附关系，因此，在教育方法的运用上，更加注重民主而反对专制。民主化的家庭教育尊重儿童的独立性、自主性，在教育的过程中不仅关注目的的正当性，更强调过程的平等性。此外，积极的家庭教育强调遵循儿童个性心理发展规律和成长需要。在此过程中，必然以现代教育理论科学为指导，加强家庭教育中的系

---

① 赵石屏. 试论家庭的教育关系——基于现代文化变迁的视角. 教育研究, 2012（11）: 117-121.

统化和专业性，而不能仅仅依靠家长的个人经验主义教育。

三、助推现代家庭教育的主要实现途径

积极的家庭教育是个体健全人格培育的重要起点，也是个体一生发展的原始财富。构建积极家庭教育有助于促进社会成员素质的整体进步，夯实行政人员积极行政人格生发的个体人格基础。

（一）加强现代家庭教育理念宣传和教育，转变家长教育观

家长缺乏学习和反思的意识，既是当代中国社会家庭教育的主要问题之一，亦是其他问题的主要内因。转型期的家庭教育正在发生诸多变革，家庭教育的相关理论和实践知识亦在不断丰富和变化，但"绝大多数家长的教育理念仍然是复制父辈们的传统教育方式……只凭借本能的关爱或者是出于责任感教育自己的孩子"[①]。引导家长切实转变家庭教育观，树立儿童本位的现代家庭教育意识，是构建积极的家庭教育至关重要的第一步。

1. 营造积极的社会舆论氛围

"社会舆论氛围作为一种精神控制力量，能够影响社会大多数成员的心理倾向及行为趋向。"[②]当社会舆论氛围倾向大力赞扬功利性家庭教育的成功时，社会成员就会以此为目标，调适自我的家庭教育重点，进一步强化功利性教育；当社会舆论氛围有利于社会责任承担时，则会促进当前家长群体对自身的家庭教育的实践情况进行对照、反思和改进。营造积极的社会舆论氛围，可以充分发挥政府部门的权威性和社会媒体的传播性优势，开展"政府主导、媒体参与的好家长评选活动，弘扬先进的家庭教育理念与方法"[③]。典型家长示范人物的评选，一定要以专业的力量为主导，确保评选标准是基于现代家庭教育理念出发的，而非传统的。社会上一些媒体对于"虎妈"教育进行赞扬性的报道，往往以功利性结果为导向美化了其中的不平等关系实质，与传统家庭教育思想积淀合流，在一定程度上引发负面的群体模仿。因此，在树立符合现代家庭教育理念的典型过程中，必须适当抑制此类消极报道。在营造积极的社会舆论氛围过程中，要注意方式方法和尺

---

① 伊凡. 家庭教育中的中国式问题. 现代教育管理，2014（10）：33-37.
② 段升阳，刘丙元. 从个人私利到社会责任：家庭教育社会职能的实现. 中国教育学刊，2018（9）：39-44.
③ 蔡迎旗，黎平辉，王佳悦. 从"私性"意识到"公共"精神：论当代中国儿童家庭教育变革. 当代青年研究，2021（4）：60-65.

度的运用，积极触发和关注监测家庭教育主题舆情，晓之以理，动之以情，因势利导，"应注意将情感冲击与理性分析相结合，以形成情理交融的社会舆论"①。尽管在目的上要引导家庭教育社会舆论氛围向积极的方向发展，但是在引导的过程中，绝不能以高高在上的姿态展开，因为这样只会引起反感，适得其反。相反地，在理念的传播过程中，官方或主流媒体应当为公众留下合理讨论的空间，触发相关议题，鼓励广泛的社会成员就家庭教育进行意见的表达，并监测把握群体的心理趋向和行为趋向。在此基础上培育或邀请相关领域知名的意见领袖，运用科学的思维、民主亲和的表达方式，阐明当前家庭教育的积极价值和负面影响，进而提出关于现代家庭教育的倡导。在阐述的过程中，在个人关心领域和阶层关心领域之外，还需重点涉及第三层领域——"全民乃至全人类规模上的公共关心领域"②，引导家长树立更高阶的家庭教育培育目标。

2. 提升现代家庭教育理念传播的科学性

现代家庭教育理论生发于教育学学科，并与心理学、社会学等诸多学科理论的发展密切相关。可见，现代家庭教育理论是生发于学科知识的科学研究基础之上。不同于传统家庭教育的个体经验式教育。因此，要切实转变家长的教育观，不仅要在社会舆论氛围对家庭教育的实践活动开展予以方向性引导，更要强化实践层面的科学性指导。国内外家庭教育研究历经多年，已经取得大量成果，但是成果的应用还停留在比较初级的阶段，其社会影响力不足，未能有效指导实践。因此，加强现代家庭教育理念的宣传，应当重视对已有研究成果精华的提炼和推广，将相关理论落到实处。相关管理部门，需要从大量研究成果中筛选出学界认可度较高、有深厚的理论依据和实证数据支持的优秀成果，在征得同意的情况下结集出版或报道宣传。提升现代家庭教育理念传播的科学性，关键是要将相关宣传工作做到有理有据，在保证专业性的基础上，创新方式方法，以一种人民群众喜闻乐见的方式呈现有价值的观点和结论。在此过程中，要注意不同年龄层次、阶层类别受众的差异性，采取多样化的宣传策略，扩大宣传的覆盖面和加强宣传的针对性。

3. 将现代家庭教育理念嵌入国民教育课程体系

转变家长教育观，非一日之功，要为之计深远，不仅仅要聚焦当前的家长群体开展精准宣传，更要重视未来的家长群体相关素质基层的培育。将家庭教育素养培训嵌入国民教育的课程体系，纳入各级教育的人才培养规格中，由浅入深、

---

① 段升阳，刘丙元. 从个人私利到社会责任：家庭教育社会职能的实现. 中国教育学刊，2018（9）：39-44.
② 刘建明. 舆论传播. 北京：清华大学出版社，2001：73.

由低到高地持久提升个体现代家庭教育的意识与能力素养，夯实现代家庭教育的观念基础。

（二）健全家庭教育立法及配套制建设

随着社会的转型和变迁，家庭教育"发生了公共性的转向，导致家庭教育开始具有了公共问题的性质和特征，导致家庭教育领域的社会关系不仅限于家庭教育的内部关系，同时也包括家庭教育的外部关系"[①]。当家庭教育逐渐成为一种公共性议题，建立健全家庭教育相关立法及配套制度建设，推进家庭教育法治化进程，成为推进家庭教育现代化进程的必需。

1. 推进家庭教育立法进程，调整家庭教育立法重点

"随着我国社会转型速度加快，传统的家庭结构和功能发生深刻变化，家庭教育存在的问题日益凸显，引起社会广泛关注。"[②]在现行《中华人民共和国家庭教育促进法》颁布之前，学界关于家庭教育立法的讨论早已有之。推进家庭教育立法，具有"确保家庭教育的法律地位与教育整体发展""总结、确认与推广成功的家庭教育经验""有效解决家庭教育领域的种种现实问题""确保青少年健康成长与成才"[③]等多重价值意义。推进家庭教育立法，首先要厘清家庭教育法作为"社会法"[④]的基本定位，明确以调节家庭教育领域涉及社会公共利益部分以达到促进社会公益为目的，并由此展开家庭教育立法的内容建设。其次，"家庭教育能力现代化是家庭教育现代化的基础"[⑤]，明确家庭教育立法的重点问题在于实现从以明确家庭教育权为逻辑起点向以增强家庭教育能力为逻辑起点的转变。此外，家庭教育立法必须要明确家庭教育相关工作的责任分配，对政府部门在家庭教育及其立法工作中责任主体地位和主要责任内容进行规定。在政府、学届、实务工作者等多方主体的不懈推动下，家庭教育立法讨论被正式提上国家立法进程。2021年10月23日，十三届全国人大常委会第三十一次通过了《中华人民共和国家庭教育促进法》，并于2022年1月1日起实施。家庭教育立法工作的突破性进展，为促

---

① 罗爽. 我国家庭教育立法的基本框架及其配套制度设计. 首都师范大学学报（社会科学版），2018（1）：182-188.

② 王亦君，先藕洁. 家庭教育促进法出台 传统"家事"上升为重要"国事". （2021-10-25）. http://www.moe.gov.cn/jyb_xwfb/s5147/202110/t20211025_574787.html.

③ 熊少严. 关于家庭教育立法问题的若干思考. 教育学术月刊，2010（4）：46-49.

④ 罗爽. 我国家庭教育立法的基本框架及其配套制度设计. 首都师范大学学报（社会科学版），2018（1）：182-188.

⑤ 叶强. 家庭教育立法应重视"提升家庭教育能力". 湖南师范大学教育科学学报，2021（3）：55-63.

进未成年人健康成长和全面发展提供了基本的法治保障。但是立法工作并非一蹴而就，当前立法仍然是导向性为主，未来仍需结合最新法律实践进展和存在的不足持续优化家庭教育立法工作。

2. 建立健全相关配套制度建设，为家庭教育法律实践提供系统化的制度支持

基本法律规定的原则性和抽象性，使其实践指导效力的发挥往往需要更为细化的配套制度和实施意见等，提供更为具体的制度支持。

建立健全家庭教育立法配套制度建设：

其一，"建立统一的家庭教育专业人员资格认证和培训制度"[①]。做好家庭教育指导工作，亟需一支庞大的专业化队伍。确定家庭教育专业人员资格遴选聘任及培训办法和细则，为家庭教育指导服务实践提供高质量的专业人才队伍支持。

其二，建立初婚初育家长教育制度。重点帮助初婚未育或初婚初育的"准家长"群体形成基于爱与尊重的婚姻观、以儿童为本位的家庭教育观、家庭教育中的父母责任观。在操作层面上，初婚初育的家庭教育制度实施可以嵌入婚姻登记程序和生育指导服务当中，提升教育的针对性和有效性。

其三，建立健全各级各类学校家庭教育辅导实施意见，确立不同类型的学校提供家庭教育辅导的具体做法等，构建家校合作育人模式。

其四，建立健全优秀家庭教育个人及团体荣誉制度。确立由教育部门牵头、其他相关部门协同、共同组织实施优秀家庭教育个人及团体的荣誉和奖励制度。一是要基于现代家庭教育理念明确优秀家庭教育的个人及团体的评选标准；二是要制定具体的实施方案和奖励标准，作为奖励计划的相关措施。

其五，建立家庭教育学术专项研究资助制度。一是在各级社科研究中增加家庭教育专项课题，或独立设置不同等级的家庭教育基础研究、应用研究课题以及成果普及课题，推动家庭教育学术研究，丰富研究成果；二是积极鼓励和引导有相关基础的高等学校或其他机构推动成立家庭教育研究基地，充分发挥学术团体、社会组织的智库作用。

其六，建立健全家庭教育督导制度，"对各级教育机构对实施家庭教育的责任主体进行督导的目的、内容、实施流程、问题反馈及改进、法律责任等"[②]。

此外，针对特殊地区和特殊家庭，制定相对独立的家庭教育实施条例，如"少

---

① 罗爽. 我国家庭教育立法的基本框架及其配套制度设计. 首都师范大学学报（社会科学版），2018（1）：182-188.

② 彭虹斌. 家庭教育立法的政府责任及实现途径. 华南师范大学学报（社会科学版），2021（3）：45-53+205.

数民族家庭教育实施条例""特殊儿童家庭教育扶助条例"①，实现同一性和差异性的统一，提升配套制度实施的针对性。

（三）健全家庭教育指导服务的运行机制和组织建设，提升支持能力

"就现阶段来说，家庭教育与其说是如何教育孩子，还不如说是如何让父母变得更称职。"②以一种开放的胸怀，不断反思自我教育理念和方式的同时，持续学习新的教育理念和教育方式，是其提升家庭教育能力，转变教育观念的前提条件。因此，重构家庭教育，为培养健全的人格奠定基础的关键，在于培育学习型家长。对于家长而言，转变家庭教育观念，改变家庭教育方式，不仅仅是转变认知态度那么简单，还存在大量实践操作上的问题需要加以解决。基于绝大多数家长不可能有专业的教育学或心理学的教育背景或家庭教育方面的专业知识储备这一现实，不断健全家庭教育指导服务的运行机制显得尤为重要。健全家庭教育指导服务的运行机制，重点在于建立健全以政府部门为主导的、多元主体共同参与的协同育人机制。在组织建设上，则需要两路并行，一方面，继续优化和拓展当前家庭教育指导服务站、咨询中心或培训中心等实体组织建设，鼓励并规范实体指导服务的实践活动；另一方面，则是要顺应时代发展的数字化、信息化趋势，"建立健全专门的网络支持平台"③，为家庭提供网上家庭教育指导与服务。在健全家庭教育指导服务的运行机制和组织建设的过程中，要充分考虑家庭教育的公共性特征以及发展不均衡的现实问题，统筹优化政策支持、经费支持和人员支持等基础保障，"设计以政策、经费、人员为基本支持框架的'普惠性'服务组合"④。

切实转变传统家庭教育中的威权教育理念，树立以儿童为本位的现代教育主体观，在成长成才教育中强化公共精神培育的现代家庭教育，是广泛促进社会成员健全人格塑造的基础性、先导性、持续性过程。此外，学校作为人才培养和输送行政人员的教育机构，对学生的个体人格塑造也存在重要影响。因此，要铺垫健全人格底色，应充分发挥学校的专业教育和素质教育功能，构建家校协同育人的合作体系，在人格教育上凝聚共识、明确方向、共享现代教育理念与知识等。

---

① 彭虹斌. 家庭教育立法的政府责任及实现途径. 华南师范大学学报（社会科学版），2021（3）：45-53+205.
② 伊凡. 家庭教育中的中国式问题. 现代教育管理，2014（10）：33-37.
③ 陈志其. 家庭教育的社会转向及其支持体系建构—基于福利多元主义理论视角. 基础教育，2021（2）：21-27+41.
④ 陈志其. 家庭教育的社会转向及其支持体系建构—基于福利多元主义理论视角. 基础教育，2021（2）：21-27+41.

第三节　以健全行政制度建设促进积极职业人格

"制度普遍存在于人的社会生活之中"①，个体人格始终处于制度之中。行政人员作为行政组织中人，其言行都要受到来自组织及其制度的规范和制约，其积极行政人格的生成与建构亦离不开相关制度的形塑。"制度与人格相互构建，行政人格的生成与社会治理制度密切相关。"②因此，行政人员积极行政人格的建构必须同时辅以制度的建设，规范和引导行政人员的职业人格向有利于积极行政人格和自我全面自由发展的方向发展。

一、以行政荣誉机制促进行政制度道德化

（一）行政制度的道德化内涵

罗尔斯在《正义论》中提到，"一个人的职责和义务预先假定了一种对制度的道德观，因此，在对个人的要求能够提出之前，必须确定正义制度的内容"③。也就是说，个人道德的实现是以制度的道德化为前提的。制度的道德化是指政府在制度设计中，改变以往形式化的制度建构，恢复价值理性的光芒，将服务理念和公共价值规范纳入制度设计中，并重视行政人员的个人需要，高扬行政人员的主体精神，构建更具道德化和人性化的制度。这种制度具有纲领性、原则性和弹性，并蕴含公正、正义、责任和良知等美德。道德化的制度所体现的价值追求能够符合行政人员心理、情感和精神需求，使行政人员内心的善良意志可以得到制度道德的支持，从而允许行政人员遵从内心和公众期望来行事。此时，行政人员的行为是独立的、自由的，是服从内心的。这种道德化的行政制度不同于社会治理体系中的权制模式和法制模式。在权制模式中，权力关系占主导地位，法律关系和伦理关系只是权力更好运行的副产品。由于权力关系的本质是等级服从和命令统一，因此这一模式下的个体更多的是被动地服从，依附于上下有别、尊卑有序的等级结构。在法制模式中，统治与管理发生形式上的分离，权力关系外生成了法律关系，权力在法律规则的约束下运行，而法律关系的本质是独立平等的契约关系，对权力的制约与调整将人对权力等级的依附转变成人在规则面前的平等和对

---

① 张康之. 面向后工业社会的德制构想. 学海，2013（3）：148-155.
② 杨艳. 论社会治理制度与行政人格. 北京理工大学学报（社会科学版），2013（4）：58-63.
③ 约翰·罗尔斯. 正义论. 何怀宏，何包钢，廖申白，译. 北京：中国社会科学出版社，1998：110.

职业的忠诚。但是，两种模式都没有很好地吸纳伦理关系，或者说伦理关系"始终未获显性化"。权制模式虽然强调道德，这种道德处处充满着强调亲缘地域、身份先赋的特殊主义取向，本质上是一种与特定身份相适应的等级伦理。法制模式虽然实现了人的平等，但这种平等更多的是形式上的意义，法制模式中的伦理主要来自原子化的个体对规则的热情信仰和绝对服从，无形中削弱了包括行政在内的个体对于自身道德良心维系的动机。

（二）行政人员的主体性：行政制度道德化建设的逻辑起点

公共管理与公共服务中的伦理关系来源于社会的普遍人际关系和行为准则，首先是以充分尊重个体的类本质实现、视其为完整的个体为前提的，一方面，公共管理中的伦理关系是以服务理念和服务价值的展开为核心的，生成并实现于行政人员的服务行为之中。从个体与组织群体的角度来看，制度化的伦理关系直接从个人的类本质生成与实现出发，服务价值的实现以个体为起点，上升到组织群体，权力关系和法律关系直接立足于组织群体，从群体的性质、职能、职责出发，再到个体。这种理论上逻辑自洽的路径常常面临现实的阻塞而出现完整性的断裂，让所谓的服务沦为空谈。当德制中的伦理关系被自觉地建构时，通过伦理的融合调整，个体与组织群体之间的相互作用就真正实现了双向的互动与建构，不再是单向的、封闭的自说自话，而在个体与组织的统一中实现了服务价值，行政人员自身也获得了社会生命。因此，行政人员的主体性是我们进行服务行政建构的切入点，在我们进行服务行政的制度、体制和组织模式设计的时候，我们需要把能否塑造出行政人员的自主性作为一项必须考量的指标，"如果我们能够为行政人员独立人格的生成提供广阔的空间，那么服务行政的制度设计就是成功的，否则，就是与服务行政的本质相背离的"[1]。长期以来，工具理性的形式化特征把法律制度本身应包含的道德原则和规范都"祛除"了。还不够健全的法律制度保障了社会成员最低限度的制度遵循，但是对社会生活中某些道德原则及价值规范的回避，则钝化了社会成员对制度道德性的知觉。当制度的硬性规定只限于外在行动，而不能触及人的软性情感，其发挥作用也是有限的和有条件的。因此，要正视人在制度中的主体地位和能动作用，将道德因素引入制度建设中，营造一种有利于公仆意识和服务观念成长的制度氛围，实现制度的道德化。

---

① 张康之，杨艳. 论行政人格的历史类型. 江海学刊，2004（6）：87-93+223.

（三）行政道德制度化建设的主要抓手：行政荣誉机制

当制度实现了道德化，行政人员对制度的遵守与执行就不再是一种强制性感受，而是出于内心道德意识的自觉自愿地服从，将自己的服务行为置于道德的监督和审视之下，这样一种行为就不再是实现目的之手段，而对行政人员具有完整的意义。"行政荣誉是社会舆论对行政组织及其工作人员的行为做出的肯定的道德评价及其对这种肯定评价的自我意识。"[①]行政荣誉机制则通过以道德评价的形式，对行政人员个体、团体或组织部门进行道德激励和利益激励，促成行政人员个体及群体形成充分的道德自觉，促进道德人格的完善，进而促进具有道德内涵的积极行政行为的产生，维护公共利益及创造公共价值。"行政荣誉机制为促成责任政府的实现提供了道德化的制度和制度的道德化基础。"[②]对行政荣誉机制的运用、行政荣誉制度的建立和实施，于行政人员个体及群体的人格塑造和工作引领具有重要的价值意义（F13：国家组织的评选活动非常有必要，可以表彰先进，鼓励优秀，倡导良好的社会风气和社会品德；F16：我认为各类先进人物评选活动是十分必要的；F19：我觉得国家有必要组织各位先进人物评选活动；F20：我觉得评选活动很必要）。

1. 行政荣誉彰显公共行政工作的社会价值，提升行政人员的认同感与意义感

国家权威部门组织的各级各类先进人物评选活动，特别是党政系统的荣誉评选活动，在行政人员看来，是一种对其所从事的行业工作社会价值的高度重视，能够让其感受到工作本身的价值（F1：对于这些评选出来的先进的话能学到很多觉得我们所从事的工作是有意义的，我始终想做一个有意义的人，真的是想做一个对人民有帮助的人）。此外，行政人员从组织高层得到基于差异承认产生的荣誉，"是对其工作业绩的肯定及对其品德的信任"[③]，这会促进行政人员形成这样的一种观念：敬业付出是有意义的（F9：评先评优是对扎实工作、埋头苦干的人一种认可；F5：被评选上的人也会有荣誉感、成就感和使命感），能够增强行政人员的职业认同和组织归属感（F20：我觉得评选活动很必要，有助于提高荣誉感、归属感和责任感）。由此可见，行政荣誉制度机制建设的重要作用是，促进行政人员通过教育、实践等活动形成的道德认知转化为内在的道德力量。"这种力量促使其把他人融入自己的生命活动之中，把他人的事业、他人的要求看作为促使其行动的

---

① 朱晓红，伊强. 行政荣誉的内涵解析. 求实，2004（11）：66-68.
② 朱晓红，伊强. 行政荣誉的内涵解析. 求实，2004（11）：66-68.
③ 赵家俊. 行政荣誉的激励功能及其优化. 管理观察，2019，735（28）：72-73.

命令，同时又把自我生存的意义放置在为他人的服务之中。"①

2. 行政荣誉机制建设促进积极向上的社会氛围和文明风尚形成

先进人物或组织评选的权威性使其具有天然的公信力，在社会媒体的宣传下，有助于在全社会营造一种积极向上的社会氛围（F2：能够充分发挥"榜样的力量"，号召全社会的人民养成积极向上，开放文明的良好风气；F4：有利于在全社会形成崇尚先进、学习先进的良好社会风气），引导全体成员崇德向善（F3：我认为国家组织的各类先进人物评选活动特别好，宣传弘扬正能量，在全社会营造积极向上的浓厚氛围，引导人们崇德向善；F13：可以表彰先进，鼓励优秀，倡导良好的社会风气和社会品德），营造积极向上的社会氛围和文明风尚。

3. 行政荣誉机制建设激发其他行政人员的学习激情

各级各类先进典范评选活动，都需要以真实、具体的先进事迹作为支撑，因此，此类活动比口号式宣传更加具象化（F2：国家组织的各类先进人物评选活动，有利于树立大众学习的"标杆"，通过榜样的具象化形式，将社会主义核心价值观以实实在在的人物形象和事例事迹彰显出来，更加生动有号召力）。一般先进典型的评选活动，随着结果的产生，往往会吸引更多的新闻媒体对获奖人员进行采访，由此挖掘更多的先进事迹和其他个人品质方面的细节等内容。这些美好的品质（F2："双百"模范人物、"最美公务员"、"优秀公务员"等先进，让我学到了很多东西。对我印象最深的就是两个字——"坚持"；F10：从先进模范人物事迹中，能够学到他们一心为公的精神；F12：从这些先进身上，可以通过他们的优秀事迹，学到很多比如敬业等优秀品质；F13：可以从他们身上学习敬业、奉献、拼搏、奋斗的品质）以及实践理念有助于在行政人员心中播种"为人民服务"的种子，形成感染力，进而成为一种榜样，激发行政人员向其学习的动机（F9：我从中更好地汲取榜样力量，不断对标学习，让自己有突破瓶颈期的毅力与坚韧；F3：学习他们在疫情防控中的勇敢，学习他们政治立场坚定，善于付出，帮助他人；F4：从先进典型身上学到的是一种精神，比如无私、敬业、执着等；F5：从这些先进人物中能学到他们的敬业精神和其他优秀道德品质；F11：我个人可以从他们身上学到相关的优秀品质和精神，并鼓励自己不断前进；F18：我能从他们中学到很多最接地气的优秀品质，从小事上体现出大品德，大智慧，能刺激激励我们向他们学习）和工作的积极性（F7：给大家树立一个榜样，激发大家的工作信心和活力；

---

① 杨艳. 合作型组织中行政人员独立人格的塑造. 中国行政管理，2012（4）：68-70.

F14：很容易激发工作积极性，更愿意投身自己的事业当中）。由此可见，行政荣誉制度的实施，"能够对组织内每一个追求卓越的人产生激励，而不论其是否获得荣誉"①。

总体而言，行政荣誉机制建设"知道如何才能够最好地使人改变他的天性，如何才能够剥夺他的绝对的存在，而给他以相对的存在，而且把'我'转移到共同体中去，便使各个人不再把自己看作一个独立的人，而只看作共同体的一部分"②。各级各类不同侧重的先进典范人物评选活动，为广大行政人员提供了多样化的榜样，对于行政人员做人做事具有重要的感染作用，有助于其积极行政人格的生发和强化（F19：我从他们中学到了，要在思想上一尘不染，行动上才能一身正气。要时刻保持积极向上、谦虚温和的心态，树立正确的世界观、人生观、价值观。要常怀敬畏之心，敬畏人民、敬畏组织、敬畏法纪，不断锤炼党性、磨练心性。要守得住清闲、耐得住寂寞、稳得住心神、挡得住诱惑、经得住考验，常思律己之益、常思放纵之害。要守住做人、处事、用权、交友的底线，时刻肩负党和人民交给自己的政治责任）。因此，通过行政荣誉的设立和评选活动的开展，"可以协调组织目标的努力方向，为实现组织目标和提高组织效率作出贡献"③，促进积极行政的实践。

（四）健全行政荣誉机制建设，充分发挥其正向激励功能

1. 完善行政荣誉机制建设的法律依据，规范行政荣誉体系设置

目前我国已经基本完成荣誉制度的法律基础，但还没有专门针对行政荣誉的条例或规章，有待补充。行政荣誉作为一种特殊的稀缺性资源，对其进行配置，必须从法律的层面予以明确和规范。各级各类行政荣誉的设置、评价、授予和表彰，其主体权责分配、基本原则、评价标准、操作程序等实施细则，关乎行政荣誉机制建设的合法性基础。在各级各类行政荣誉的设置上，应当统筹考虑低等级行政荣誉的覆盖度与高等级行政荣誉的稀缺性之间的平衡，"以保障最低限度的'承认'、建立认同感"的同时，"保证高层级荣誉的质量和吸引力"。④此外，还要考虑设置的相对稳定性和现实情况的多变性，在条例或规章层面明确各级各类行政荣誉，减少地方政府或部门随意私设行政荣誉的投机行为；同时，也要预留事

① 赵家俊. 行政荣誉的激励功能及其优化. 管理观察，2019（28）：72-73.
② 卢梭. 爱弥尔. 李平沤，译. 北京：商务印书馆，1982：11.
③ 赵家俊. 行政荣誉的激励功能及其优化. 管理观察，2019（28）：72-73.
④ 赵家俊. 行政荣誉的激励功能及其优化. 管理观察，2019（28）：72-73.

关国家重要民生发展方面的应急式实践或运动式实践方面行政荣誉的弹性设置空间，但要建立相应的备案审核和督导制度，保障行政荣誉的差异认可本质。

2. 优化行政荣誉的组织建设

设立"专门管理行政荣誉的协调组织，以负责行政荣誉项目的审定、评选、监督等流程"[①]，提高行政荣誉相关活动的权威性、合理性和工作效率。作为专门管理行政荣誉的协调组织，需要与国家公务员局、人力资源和社会保障部的考核司等既有行政机关内部考评组织建立统一的联动机制，并引导社会组织充分发挥第三方的作用，使其参与到行政荣誉的活动当中。

3. 健全行政荣誉配置机制，增强行政荣誉的民意基础

行政荣誉是对行政组织及行政人员在促进公共利益方面的道德行为和行为的肯定性评价和差异认可。行政荣誉作为一种基于职业性质产生的荣誉，不同于一般的社会职业的行业荣誉，因为它具有公共性意义。无论是行政组织还是行政人员，其掌握的行政权力从根本上都来自人民的委托，要对人民的根本利益负责，其工作的表现与为人民服务的实现程度密切相关。在现实中也存在部分地方政府取代了社会公众的行政荣誉配置主体的地位，把持行政荣誉配置的各个环节[②]。这可能导致部分荣誉获得者在获得荣誉之前，缺少一定的社会影响力（F6：模范人物的评选缺乏广泛性、知晓度，简而言之都是先选出来之后大家才知道他们的事迹）。除了国家机关这一最重要的权威主体，社会和行政人员自身，应当成为行政荣誉配置的主体，破除国家机关对行政荣誉资源配置的绝对垄断。"行政荣誉配置应置于开放、民主的行政体系之中"[③]，切实而充分地了解民意基础，提高民主评价在荣誉评选中的权重。近年来，一些行政荣誉评选，开始面向公众开放，开通民主选举通道，彰显对民意基础的重视。但是，在实际的实施过程中，存在形式化的问题，一些候选者个人及其所在单位的人脉资源，导致忽视功绩及真实道德品质的刷票现象，削弱了部分行政荣誉评选的公正性。因此，在健全行政荣誉配置过程中，不仅要在形式上重视民意基础，更要在程序上和技术手段上保障真实的民意表达，限制非个人品质影响力及功绩外的其他因素对民主选举结果的干扰。

健全行政荣誉机制建设的关键在于保障相关评选活动的公正、公平、公开，

---

① 赵家俊. 行政荣誉的激励功能及其优化. 管理观察，2019（28）：72-73.
② 赵伦，吴志明. 理性限制行政荣誉的设置——对夸大行政荣誉功能的警惕. 科技经济市场，2019（7）：107-108.
③ 邹金朋. 公平的制度：应对行政荣誉中马太效应的思考. 法制与社会，2021（6）：93-94.

只有基于正义的目的、正当的评选程序产生的行政荣誉，才能让公众认可，让广大行政人员信服，达到正向激励的作用（F13：只要评选活动能公正、公平、公开，各级政府都应该开展这样的先进人物评选）。有悖正义的行政荣誉评选，则会沦为某些政治精英或精致的利己主义者投机取巧、攫取荣誉资源的工具。这将导致行政荣誉制度的异化，加剧行政荣誉评选中的"马太效应"、助长形式化的浮夸工作作风，背离行政荣誉制度建设的初衷（F16：在基层实际中，有些年度先进个人的评选还是流于形式，比如在一个单位、一个科室内部每年各个人轮流当先进，失去了评选先进的初衷），并挫伤其他行政人员的积极性。

二、优化公共部门人力资源管理制度

（一）深化干部人事制度改革，优化领导队伍建设

马克思、恩格斯认为，无产阶级公仆必须具备优良的人格素质和条件，不仅必须具备丰富的理论知识和写作才能，而且要具有实际的领导能力。[①]强调政治与业务的统一、红与专的统一，是马克思主义公仆人格的整体素质要求。深化干部人事制度改革是巩固党群关系、增强公共部门公信力、促进社会主义民主政治发展、促进国家治理现代化的现实需要，也是解决干部队伍问题、促进干部自我实现的需要。

1. 加强领导干部政治素质教育、考查与监督

坚决地执行党的路线，服从党的纪律，与群众密切联系，有独立的工作能力，积极肯干，不谋私利，是马克思主义社会公仆政治素质评价的基本标准。对于掌握公共资源配置主要权力的领导干部而言，政治素质是首要的，"必须突出政治忠诚、政治定力、政治担当、政治能力、政治自律等实践要求"[②]。因此，深化干部人事制度改革，首先要加强对行政领导干部政治素质的教育、考查和监督。一是要加强和优化思想政治教育，改进领导干部思想政治教育方式方法，切实提升教育成效，端正行政领导干部的政治态度；二是建立健全对行政领导干部政治素质的日常考察机制，化被动为主动，主动考查领导干部在工作场合的讲话、行为表现及其著书立说等内容，对于存在思想政治问题的予以提醒、批评及纠正，夯实行政领导干部思想政治理论知识基础；三是坚持贯彻落实全面从严治党和加强党

① 徐艳红，陈建斌. 马克思主义公仆人格思想及其解读. 求索，2013（3）：93-95.
② 秦真英. 党史视角下的"四个意识".（2019-03-15）. http://dangshi.people.com.cn/n1/2019/0315/c85037-30977041.html.

风廉政建设，着重以行政领导干部群体为主要监督对象，压缩领导干部恣意妄为的行动空间，并严查工作作风、生活作风等问题，强化领导干部的工作作风监察和惩戒制度。

2. 优化行政领导干部的美德教育

习近平同志在《之江新语》中的《做人与做官》篇提到，"做官先做人，做人先立德；德乃官之本，为官先修德"①。无论是做人、做事，还是做官，德都是第一位的。正如 2014 年 5 月 4 日，习近平总书记在北京大学师生座谈会上的讲话时指出的，"一个人只有明大德、守公德、严私德，其才方能用得其所"②。没有品德为前提，精于业务也是不足取的。蔡元培曾说过"若无德，则虽体魄智力发达，适足助其为恶"，指出做人做事第一位的是崇德修身。此外，领导干部的道德品质在潜移默化中会影响其所在单位其他组织成员的德性养成。可靠的道德品质是领导干部个人魅力的重要来源，也是促进组织德性生发的关键人物。正如前文研究结果那样，"敢于担当""公平公正、正直、刚正""乐于助人""严于律己"等可靠品质的领导者，更能促进其他组织成员积极行政行为的产生。因此，在对行政领导干部的再教育中，应当加强和优化美德教育，培育行政领导干部的美德意识和美德实践的能力。不同于知识的教育，美德的教育是一种对人格内在品质的塑造。因此，美德教育需要切实以人的心理为出发点，遵循美德生发的规律。在具体手段上，要注重美德典范人物的遴选和宣传；要加强关于美德的实践教育与考查；强化情境教学法、体验法等教育教学方法的运用；对领导干部已经具备的美德予以积极反馈，加强对领导干部美德实践行为的精神激励，但不要与待遇等物质利益直接挂钩；对于缺失或不足的道德品质，加以提醒，提供教育方面的支持。

3. 鼓励政治精英下基层，激发基层活力

（1）鼓励政治精英下基层，树立重视基层的用人导向。分析"最美公务员"获得者获奖主要事迹发生期间的任职情况发现，其无不与基层密切相关，来源于基层或具有下基层任职的驻村经验，这充分说明基层实践经验的重要性。从行政人员积极行政人格的生发现状来看，副科级行政人员在公共性、自立自为性以及积极行政人格的总体水平上显著高于办事员和科员。这表明，较高级别职务的行政人员或政治精英，其积极行政人格的生发状况要相对优于办事员。鼓励"政治

---

① 田依漪. 传统文化与官德修养. 光明日报，2015-09-12（06）.

② 学而时习. 总书记希望青年这样修身立德.（2022-05-09）. http://www.qstheory.cn/zhuanqu/2022-05/09/c_1128632155.htm.

精英主动下沉"①，就是让比较优秀的干部充实到基层一线（F4：好钢要用在刀刃上，条件比较优秀的干部更应充实到基层一线。基层工作直面群众、企业和社会矛盾，更需要素质能力强的干部队伍）。对于领导干部而言，到基层工作，一是可以丰富其基层工作经验，掌握基层最新的真实数据，有助于科学地分析基层实情，提高基层问题诊断的科学性和针对性，提高基层领导效能；二是有助于为基层办事员、科员等行政人员提供示范榜样，充分利用"鲇鱼效应"，激发基层行政人员群体的工作激情，提升基层治理的积极性；三是有助于"构建完善的基层一线干部培养链"②，充实基层国家机关队伍；四是有助于突破科层制的局限，实现地方政府管理部门与基层的有效联动，降低沟通成本，倒逼基层治理的体制机制创新。

（2）建立以实干为核心的领导下基层考评制度。在大力开展群众路线的活动中，更要建立以实干为核心的领导下基层考评制度，避免无效地扎堆下基层。对于领导干部而言，要在以下四个方面主动下基层：信访接待下基层、现场办公下基层、调查研究下基层、宣传党的方针政策下基层。这是习近平于 1988 年在福建宁德地委工作时大力倡导并形成的"四下基层"制度③，是各级领导干部深入基层自觉践行群众路线的重要参考。时下，有些领导和机关干部下基层，抱着一种应付的态度，"下基层如'浮球'，从上面看球是在水中的，从侧面看，球却在水面上，没有真正沉下去"④。这种形式化的、应付式的下基层，不仅对解决掌握基层事情、解决基层难题、疏解基层民情毫无助益，反而招致基层干部和群众的反感。因此，在鼓励政治精英下基层的同时，必须建立以实干为核心的领导下基层考评制度，明确下基层的目的、所要解决的问题，带着问题下基层，做谈话、做调研等，事后还应考查具体了解了哪些基层问题，以及是否为问题解决提供了切实可行的解决思路和方法等。对于切实取得成效的下基层行为应当予以精神激励，并将其纳入领导干部绩效考评体系；对于下基层工作履职不力的干部，则需要及时召回并记录在册，以免因用人不当而消解领导干部下基层制度的积极价值。

（3）加强对领导下基层的作风监察。"要轻车简从、减少陪同、简化接待"，这是中央八项规定提出的明确要求。可是，仍有个别领导干部到基层考察调研"重陪同、好场面"。在鼓励领导干部下基层的热潮中，大批行政领导干部和人员纷纷开展下基层活动。少数领导的形式化作风，一方面给基层同志增加不必要的负担，

---

① 吴新叶. "精英下沉"有利于优化人才结构和基层治理. 探索与争鸣，2015（10）：24-26.
② 周培，赵达薇. 基层一线干部培养链构建问题研究. 理论探讨，2013（2）：174-176.
③ 尤权. 坚持"四下基层"密切联系群众. 人民日报，2013-05-21（08）.
④ 张学洋. 下基层要下到底. （2021-07-01）. http://news.12371.cn/2013/07/30/ARTI1375152907571581.shtml.

严重挤占基层干部原本应当用于基层治理时间和精力。某县王县长曾一天接待九拨领导，"哪拨都要陪，其实哪拨都没陪好。有的吃饭陪，有的穿插陪，有的只能打个照面，还有的深夜前往汇报工作"①。另一方面，当地领导的陪同则会让基层调研过于高调，反而可能导致无法了解真正的民情、民意，远离领导干部下基层的初衷，对于解决群众问题不仅没有帮助，还可能引起群众的不满。因此，在鼓励领导干部下基层的同时，也要加强相应的作风监察，并尽快建立健全领导下基层的规范制度，进行清单化、透明化管理。

4. 重视领导干部的育才责任

无论是从学界已有的理论研究，还是国内行政实践的总体经验，抑或本书研究中官员行政人员积极的个体人格和职业人格生发影响因素的相关分析结果来看，领导干部对于一个组织的行政人员的工作心理与行政行为都具有重要影响。好的领导干部，能够为行政人员提供真实的榜样借鉴；不好的领导干部，则可能带坏整个组织的工作风气，导致集体偏离主流的行政价值观。因此，对于领导干部的考评，不仅要重视其职内的任务绩效，还应重视其在组织内部人才培养方面的成败得失。具体而言，要将组织内行政人员的工作表现（特别是其任内的新进人员与领导绩效考评）适当挂钩，建立相应的评价体系。此外，在领导绩效的评价过程中，由组织部门牵头，要充分发挥民主考评的制度作用，重视单位内非领导职务的行政人员的民主意见。

（二）健全行政人员选拔录用制度

当下中国行政人员的选拔，主要表现为公务员的选拔。而在现行公务员招考中，报考者需要通过报考资格的审查，经过笔试和面试两轮筛选，再经过报考资格复审、公示、上报审批和试用等多个环节，方能正式任职。一般而言，公开招录的岗位会对政治面貌、学历、人格特质、政治素养、择业供给等进行考查，以提高招录的效率。

1. 重视政治面貌条件

根据本书研究的结果，政治面貌为中共党员的公务员，不仅在多项性格优势水平上要高于非中共党员，也在积极行政人格水平上高于非中共党员。由此可见，是否为中共党员，仍然可以作为公务员选拔招录方面的重要参考依据。对于中共

---

① 李志强. 某县县长：曾一天接待 9 拨领导 结果谁都没陪好. 人民日报，2017-04-03（1）.

党员而言，一方面，其言行不仅受到行政法律规章的制约，更受到党内监督，受外部监督的力度和强度更大，在一定程度上可以倒逼其积极行政；另一方面，中共党员向来主张情为民所系、利为民所谋、权为民所用，"为人民服务"的精神信仰优势显著，更能从个体内部自主生发积极行政的情感和理念，促进积极行政行为的产生。

2. 根据岗位特点，制定学历要求

在本书研究中，最高学历对行政人员性格优势与积极行政人格的总体水平均不存在显著影响，并且在积极行政人格的个别因子上，最高学历为本科的行政人员的水平更高。因而，在公务员人才选拔过程中，应结合岗位和职务的实际需要限定学历要求，不宜人为地过分拔高报考的学历门槛。

3. 增加人格特质测试，作为择优录取参考

在选拔、招录行政人员时，不仅要看重其理论知识、专业素养，还要适当考虑人格特质因素，把好"第一关"。同等条件下，优先选取性格优势更适合行政人员工作及相关岗位要求的人员，重点考查其"希望""社会智商""洞察力""勇敢""精神信仰"等性格优势。对于性质特殊的岗位，则要重点考查与其岗位胜任力密切相关的性格优势基础，从个体人格角度提高人-岗的匹配度。在此过程中，可以综合运用霍华德职业能力测试、MBTI 职业性格优势问卷等经过心理学量表严格编制检验程序的成熟量表工具。

4. 优化政审环节，提高政审的有效性

"公务人员的行政良心和职业道德会直接影响其工作的效率和效果。"[①]我国古代官员选拔制度比较重视对德行的考查，在科举制尚未形成之前，德行的优良是平民突破阶级限制，实现阶级跃升的重要依凭，如汉朝的察举制。尽管在实践过程中，以德行为主的用人制度存在瑕疵，但不可否认的是，能够实行 300 多年的两汉选官制度，确实为汉朝选出了许多德才兼备的官员。尽管当前的公务员用人强调德才兼备，但实际情况是，对知识能力的筛查远远超过了对德行的考查。古代一度以德为重的用人特点，在一些现行的行政人员选拔招录中没有得到较好的发展而流于形式。一般情况下，高校要考虑就业率，同学要顾念同学情，对于候选人的评价往往以赞扬者居多，不够客观和全面。

---

① 刘桂芝,陶立业. 从中国古代人才遴选体制流转脉络看现代公务员招考的制度修正. 东北师大学报（哲学社会科学版），2013（1）：1-5.

5. 补充对行政人员择业动机的考查

"行政信念作为行政人员对自身所从事的行政工作价值观的正确看法,对行政人员行使行政职权,履行行政职责,实施行政行为,承担行政义务产生着重要的影响。"①行政人员的行政信念的认同危机主要表现为两个方面:其一,在行政动机上私利过重,将行政工作仅仅视为谋生的手段,缺少致力于公共利益实现的理性情怀;其二,在行政目标上发生偏离,将党与人民对立。其中第一类认同危机与择业动机密切相关。行政动机是行政人员行为的重要导向,反映行政人员行政行为中的强烈愿望,关乎行政行为的定位问题。当下的"公务员热"只能说明人们对行政人员这一职业的选择倾向,却无法证明其"为人民服务"的初衷。事实上,在近年来的考公中,一方面,一些地位高、待遇高的行政部门的岗位更容易吸引报名者,出现"百人争一"甚至"千人争一"的情形;另一方面,有一些岗位乏人问津或者报名者寥寥无几。这种鲜明的对比的背后,既反映了社会成员自主择业的理念,也在一定程度上反映了社会成员选择从事行政人员职业时追求个人利益最大化的动机。需要说明的是,这种动机的影响并不仅仅体现在选择行政职业的早期过程中,也将会在其后的行政实践中有所表现。行政人员追求个人利益本身并没有错,但追求私利的动机过于强烈而超出应有的限度,就会导致行为上对公共利益的偏差或背离,引发一系列问题。因此,在公务员招录工作中,应当以一种更为科学的方式考查报考者的择业动机,并将其作为同等条件下择优录取的参考条件之一。

(三)优化绩效考评体系,激励组织公民行为

现有的行政人员绩效考核,往往更多侧重于职责内的行为和任务绩效,而对行政人员表现出的组织公民行为关注较少。对于掌握公共权力的行政人员而言,仅仅履行本职工作无疑会弱化其对公共利益的责任感,增加对行政风气和组织环境的妥协和纵容。"行政人员在工作中主动表现出组织公民行为,不仅能有效促进政府机关的和谐运转,也有利于提高政府机关的行政效率。"②因而,有必要将行政人员在工作中表现出的组织公民行为纳入绩效考核体系,创新行政人员个人绩效考评体系,并辅之以相应的激励措施,丰富和完善行政人员荣誉激励机制和物质激励机制,积极传播公平正义的"正能量",营造"做得好才是真的好""做多

---

① 唐文锋,许峰,谭国平.文明行政中的行政信念强化途径分析.前沿,2007(5):132-134.
② 翁清雄,刘勇,张增田.基层公务员组织公民行为提升机制研究——基于社会心理动因视角.软科学,2014(11):86-89.

做少不一样""做好做差不一样"①的个人绩效考评氛围，进一步调动行政人员工作的积极性。

（四）健全行政人员退出制度及其配套机制

健全行政人员退出制度及其配套机制，是行政人员制度改革、建设高素质和高水平的行政人员队伍建设的必然举措，将不合格或者不合适的行政人员留在队伍中，在增加公共部门的人力成本、降低公共部门的行政效率、影响或败坏行政风气的同时，还会增大新成员进入的困难，不利于公共部门人力资本的优化。行政人员退出的具体内容主要包括退休、辞职、辞退、开除、解聘、调出等，从现实来看，除退休以外的退出方式相对较少适用，且与其他社会职业相比，行政人员总体"流动性差，新陈代谢程度十分缓慢，处于缺乏活力的职业生涯状态"②。目前，行政人员退出制度建设已经引起重视和讨论，但在现实中还存在一些问题，需要进一步探索和完善。具体而言，首先，要破除对"金饭碗"的追捧，在公共部门适当引入职业化理念，淡化"官本位"思想；其次，可进一步推广聘任制，建立更加具有弹性的行政人员队伍，保持一定的流动性；再次，优化行政人员薪酬福利待遇体系，可适度提高行政人员在职期间的薪资待遇，同时降低其离退休之后的福利待遇，降低编制内行政人员对岗位职务的不合理期望；最后，建立健全行政人员离职后的约束机制与保障机制，在对行政人员离职后的再就业行业、职位类别、开展活动范围进行合理限制，完善离职审计及财产申报制度建设的同时，还要注意行政人员离职后作为普通公民正当权利的保护和保障工作。

此外，需要进一步优化"二线官员转任和管理的各种制度"③，重视和严格规范二线官员管理，防范其利用在职期间建立的关系网谋取转任后的私利行为。

（五）构建公共部门内部创新平台

组织成员——行政人员创造性的发挥是公共部门在新时期高度风险、高度复杂的社会中，处理复杂社会事务的必然要求，也是行政人员自我实现的重要诉求。根据实证研究结果，在创造性方面，多数行政人员（156 人，总样本 192 人）认为，在条件允许的情况下，便能在工作中展现创造力（均值为 4.05，高于 4），但在其

---

① 蒋万春，邓敬元. 关于建立"正能量"模式改进个人绩效考评结果运用的研究. 经济研究参考，2016（17）：65-68.

② 章海鸥，张静. 我国公务员退出制度的优劣势及其对策研究. 南昌大学学报（人文社会科学版），2010（1）：20-24.

③ 江兴. 应重视对二线官员的管理. 宁夏社会科学，2015（3）：29-31.

他题项上的均值均低于 4。其中经常有创新的想法，均值为 3.90；经常有创造性的问题解决方案，均值为 3.90；我常常创造性地开展工作，均值为 3.74。这说明，当下行政人员的创造性并没有得到较好的发挥，创造性发挥的相应条件还不充足。因而，有必要构建和完善公共部门内部创新平台，并辅之以相应的配套机制，促进和保障行政人员创造性的发挥，满足部门和成员的共同需要。

三、构建合作型组织，培育组织共同体文化

（一）鼓励民主工作方式，畅通沟通渠道

培育组织共同体文化，离不开组织成员间的积极交往活动。交往是人与人的相互作用，主体以语言、符号为媒介，通过对话进行知识、情感、观念、信息的交流，形成相互"理解"与"共识"的行为。交往本身就蕴涵主体间的自由、民主、平等精神。畅通组织成员的主体间交往，有助于促进情感、观念和信息的共享，促进组织内共识的形成，在不消解交往主体性的基础上，将其转移到组织共同体当中。

鼓励民主公正方式、畅通沟通渠道的本质在于，构建行政领导干部与行政人员之间以完成组织任务目标、实现组织价值使命为目的的合作关系。从我们的访谈研究结果来看，绝大多数行政人员倾向于领导者能够具有亲和力特征，在工作作风上讲究民主，尊重行政人员的主体性地位和智力作用，积极倾听行政人员的观点和建议。民主工作方式的运用，有助于行政人员感受到其作为交往主体在人格上平等地位，满足其尊重需要，提升其组织归属感，进而促进其积极行政行为的产生。对于领导者民主工作方式的偏好，折射出行政人员对组织内平等交往的诉求。因此，促进领导者积极地运用民主工作方式，畅通组织内沟通渠道，是实现行政组织成员交互主体性的重要基础。在科层制中充分发扬民主的工作风格，能够帮助行政人员形成这样的一种认知：即使作为具有严格等级规范特征的组织内成员，行政人员也具有自身的独特价值，其良知与美德、能力与智慧、态度与行为不是一种工具的存在，而是一种价值的存在。一方面，这有助于解构行政人员作为普通公民与作为行政组织成员之间的角色冲突，提升其内在的人格统和度；另一方面，则有助于提升行政人员增强对组织的认同，主动建言献策，积极行政。

（二）倡导团队式领导风格，提升组织凝聚力

通过前文研究结果可见，具有卓越的行政能力和领导才能，对于行政领导有

效开展各项行政实践活动必要且重要。行政人员的招录制度本身决定了绝大多数行政人员属于高学历群体，经受过专业方面的系统训练，具有较好的专业能力基础和较高的专业成熟度。因此，相比于行政能力本身，领导者的领导才能往往对组织内成员具有更为广泛的影响。诸多领导学研究结果以及笔者所开展的访谈结果显示，团队型领导者更受组织成员欢迎，更有助于促进组织目标的达成、下属的成长以及团队共同体的建设。团队领导风格具有多种显而易见的效能优势，对于行政领导干部而言，高度关注和促进组织目标任务完成的同时，还需要高度关注组织内其他成员的心理需要并给予其适切的关怀，这些都需要花更多的时间和精力。因此，在行政组织内部实施团队领导的重点在于，向行政领导干部倡导团队式领导风格，使其形成团队领导的责任自觉。此外，绝大多数的行政领导是从业务做起、经过实践逐渐升至领导职务的，所以其本身可能缺少专业的领导学理论知识储备和实践技能训练。因此，干部考评机构在倡导团队领导风格的同时，还应联合行政组织内部负责干部培训的机关单位，开展领导力主题的教育培训，重点提升领导者的团队领导力。需要注意的是，倡导团队领导风格的同时，还要建立健全相应的考评和监督机制，防范领导者假借团队领导之名，打造以自己为核心的利益共同体。

（三）建立健全新进行政人员的指导与互助制度

行政人员进入公共行政部门工作的第一位直属领导或入职初期的师傅，对于行政人员而言，具有特殊的意义，是其职业生涯的重要引路人。那些优秀的"好"同事，本身也能成为行政人员的学习榜样，为行政人员更快更好地融入组织氛围，进入工作情境提供社会性支持；同时，也有助于帮助新进人员形成传帮带的认知思维，在自己中后期的职业生涯中积极担负起指导其他新进人员的组织公民行为责任。因此，应当进一步优化新进行政人员的指导制度。具体而言，需要注意以下几个方面：

1. 慎重为新进行政人员制定入职师傅人选

尽管俗语说"师傅领进门，修行在个人"，说明师傅的影响不具有决定性，但也要慎重为其择师。一个好的师傅往往能够为行政人员提供近距离的学习榜样，弥补其自我性格优势方面的不足，促进其积极职业人格的生发。问卷调查研究结果显示，现职工龄 6 年及以上的行政人员的积极行政人格特征比 5 年及以下行政人员突出，总体上更具"公共性""自立自为性""和谐性"属性特征。这表明，现职工龄 6 年及以上的行政人员在公共行政意识、行政能力、心理冲突调适能力等方面具有较为丰富的经验。此外，访谈研究结果也显示，经验丰富的年长同事，不仅能够在业务上予以新进行政人员指导，也能在人际关系处理上为其提供建议，并能为其人生发展问题答疑解惑。综合问卷调查研究结果和访谈研究结果，在为新进行政人员制定入门师傅的决策中，应重点从现职工龄 6 年及以上的行政人员中遴选符合相应条件的入门师傅。新进人员的入门师傅应当满足以下基本条件：第一，具有敬业负责的工作态度。对于促进行政人员积极职业人格生发的入门师傅，敬业负责应当是第一重要，只有敬业负责的人才能在经年累月的行政实践活动中，累积能够用于授业的行政实践经验知识，为新进人员提供业务成长的范本。第二，精于业务。精于业务的引路人，能够为新进人员在一些难度较高的业务上提供有效指导，并帮助新进行政人员建立自己的业务优势，对其提高岗位胜任力等具有积极价值。第三，具有团结合作意识和能力。传统以等级、分工和效率为导向的科层制下的权力距离和组织壁垒，已经难以适应政府治理现代化建设和服务型政府建设对合作型组织的内在要求。在走向合作型组织的进程中，团结合作意识和能力对于行政人员的重要性将日益凸显。为新进行政人员指定具有团结合作意识和能力的入门师傅，能更有效地践行新进行政人员指导制度设计的初衷，并帮助新进人员强化团队合作能力，塑造组织共同体的认知思维，推进科层制组织向合作型组织转变。第四，人际关系优良。人际关系的好坏不仅与个人的品质相关，也与个人的社会智商相关。社会智商这一性格优势对于促进积极行政人格的生发具有显著正向促进作用，是主要的核心性格优势之一。为新进行政人员指定人际关系和谐的入门师傅，有助于其在身份角色转换过渡期间更好地融入组织，处理人际关系问题，学习共事和处世之道。

2. 建立入门师傅的激励和考评制度

组织内部成员并不必然具有指导其他新进成员的行政责任和道德义务，担任指导工作的积极性和指导成效，依赖于经验丰富者的行政人员自身乐于助人的品质和被指定为入门师傅后的责任感。因此，应当建立相应的激励制度，对愿意承担指导工作、帮助新进成员提高岗位胜任力和组织融入的公民行为给予精神激励。此外，还应建立配套的指导考评制度，对那些得到被指导者充分肯定、指导成效显著的入门师傅，可酌情给予物质激励或晋升考核激励；对于那些不能积极承担指导工作的入门师傅，应由单位领导与其进行沟通，对其进行必要的指导，但不要加以批评批判，以免影响指导者与被指导者之间的同事情谊；对于经过谈话沟通仍然不能积极承担指导工作的入门师傅，应予以替换，重新遴选入门师傅。

3. 建立单位主题报告和成员间学习交流制度

除了入门师傅，行政单位还可建立内部的先进人员集体报告和交流制度，促进先进经验的内部传播，从不同侧面为新进行政人员提供学习的榜样，让他们择其善者而从之。其一，定期邀请组织内的专家学者在单位内部做主题报告，分享业务理论成果和实践工作经验；其二，构建新进行政人员入门师傅团体交流制度，就新人指导中存在的问题和难点进行交流，共享指导经验和方式方法；其三，定期召开同期新进人员的圆桌论坛，让他们分享职场的适应经验、讨论自我提升的问题；其四，定期邀请单位先进模范与入门师傅和新进行政人员进行经验分享。

此外，对于行政人员的双重身份所造成的行政人格冲突，处理不当则会造成行政人员角色认知失调与当前行政事务的高压环境，进而可能诱发行政人员的心理健康问题。与普通社会成员不同，行政人员的公共身份阻碍了部分行政人员向社会机构的心理咨询人员寻求心理援助，其心理问题往往依赖于自我消化和疏解。因此，在健全相关行政制度的同时，还应建立健全针对行政人员的心理健康教育，提升其对自身心理状态的自我审视能力；健全行政人员心理健康辅导和干预的组织专业化建设，为其心理健康状况的维护提供专业的、可靠的、安全的心理辅导和干预性支持。

第四节 建设中国特色的服务行政文化

"行政文化是行政机关及行政人员的各种行政实践活动中形成并反映出来的一种精神文化形态，是社会文化在行政实践中表现出来的一种独特文化形式。"[①] 行政文化既是行政系统和行政人员长期行政实践活动的产物，也是行政客体对象（即其他社会成员）对行政活动的认知与行政实践参与的集体结果。基于学科规范的角度，行政文化从属于政治文化，是"政治活动中的一种主观意识形态领域"[②]。因此，从狭义的行政文化观来看，行政文化可以理解为"一种特殊的社会意识形态或观念系统"[③]，与行政制度等相区别。行政文化产生于行政实践活动，不仅具有作为一种"文化"而应该具有的导向、激励、规范等一般功能，更具有一定的特殊功能。行政文化的特殊功能主要表现为对行政本身的功能，"对行政系统、行

① 周文彰. 建设中国特色行政文化. 北京：国家行政学院出版社，2014：7.
② 王沪宁. 行政生态分析. 上海：复旦大学出版社，1989：105.
③ 周文彰. 建设中国特色行政文化. 北京：国家行政学院出版社，2014：10.

政过程、行政行为等具体的作用与影响"①。行政文化对于行政本身的能动性作用，决定了其在培育积极行政人格中的独特地位。建设中国特色的积极行政文化，是塑造积极行政人格的组织文化土壤，也是重要的社会文化土壤。

一、坚持"以人民为中心"的治理理念

"人民性是马克思主义最鲜明的品格"②，马克思主义政党同其他政党的根本区别在于为人民的根本利益而奋斗，全心全意为人民服务。我国是共产党领导下建立的人民民主专政国家，从制度上决定了我国政府治理的目的是维护最广大人民的根本利益，全心全意为人民服务。纵观中国共产党领导下的革命建设、社会主义建设、实施改革开放以及推进政府治理现代化和国家治理现代化建设，无不实实在在地践行"以人为本"的治理理念。建设中国特色的积极行政文化，必须紧密结合中国特色社会主义理论体系的核心思想和最新发展，明确新时代坚持和发展中国特色社会主义的根本立场——坚持以人民为中心。坚持以人民为中心，是"以人为本""执政为民"等治理理念的进一步发展，因应新时代人民对美好生活的向往，要求党政人员"必须始终把人民放在心中最高的位置，始终全心全意为人民服务，始终为人民利益和幸福而努力奋斗"③。

立足中国特色，坚持"以人民为中心"的治理理念，规定了我国积极行政文化建设的政治立场，不是为执政党的私利服务，不是为别的政党服务，不是为利益集团服务，不是为资本主义服务，而是为中国最广大人民的根本利益服务的，是为中国特色社会主义建设服务。这是培育新时代中国特色积极行政文化的立场前提。坚持"以人民为中心"，要求在"向人民学习，为人民服务，请人民评判，让人民满意"④的行政实践过程中始终把人民的利益摆在至高无上的地位。

二、以服务型行政总体价值观建设重塑政府行政品格

随着现代工业的兴起和官僚制的广泛应用，管理行政成为近现代政府治理的主流模式，确立基于管理主义的行政价值观。在中国传统计划集权体制下，管制

---

① 周文彰. 建设中国特色行政文化. 北京：国家行政学院出版社，2014：14.
② 中共中央宣传部. 习近平新时代中国特色社会主义思想学习纲要. 北京：学习出版社，人民出版社，2019：40.
③ 中共中央宣传部. 习近平新时代中国特色社会主义思想学习纲要. 北京：学习出版社，人民出版社，2019：40.
④ 中国行政管理学会课题组. 服务型政府是我国行政改革的目标选择. 中国行政管理，2005（4）：5-8.

型行政价值观成为中国社会主流的行政总体价值观。管制型行政总体价值观下的行政系统，依赖行政强制与命令的手段，通过"使社会民众按少数精英的个人理想及经验思维所构建起来的蓝图去改造社会、自然和人本身"①。20 世纪 70 年代末和 80 年代初，西方大部分国家开始兴起"重塑政府""再造公共部门"为目标的公共行政改革运动，也就是新公共管理运动。"新公共管理提出了公共服务的新思维……使公众的满意度进入公共行政的中心"②，突出了以服务为价值取向的伦理诉求和实践导向，勾画了"服务型政府正从理论走向现实的新图景，成为服务型政府区别于传统型政府的最大特征之一"③。服务行政是政府治理现代化进程中对统治行政模式、管理行政模式的发展与变革性超越，是推进政府治理现代化的趋势所在。"服务型政府是指在民主政治的框架下，通过法定程序按照公民意志组建起来的，以为公民服务为宗旨，实现服务职能，承担着服务责任的政府。"④在坚持"以人民为中心"的治理理念立场前提下，建设服务型行政总体价值观，重塑政府品格，是发展中国特色的服务行政文化的重要实践指向。

（一）突出公共性行政价值，重塑行政主体公共精神

"国家安全与政治秩序价值""经济-文化秩序维持与发展价值""社会公正（公平）价值""行政系统整体性功能优化（效率）价值"⑤，是构成行政价值体系的四种基本成分，其中"安全秩序价值、经济-文化发展价值和社会公平价值……可以归纳为公共性行政价值，行政效率价值主要与行政组织自身功能优化有关……可以归纳为工具性行政价值"⑥。明确公共性行政价值在行政价值体系中的突出地位，以公共精神为主线整合行政主体不同观念，是建设服务型行政总体价值观、重塑政府品格的关键所在。

1. 突出公共性行政价值

公众基于自身和社会发展的需求，形成了服务型政府公共性的深刻内涵。服务型政府公共性内涵，体现为政府是受人民委托、代表人民行使公共权力、追求公共利益并承担公共责任的政府，向公众提供公共产品和服务，不是所有者向消

---

① 周文彰. 建设中国特色行政文化. 北京：国家行政学院出版社，2014：7.
② 张康之等. 公共行政学. 北京：经济科学出版社，2002：32.
③ 杨艳. 服务型政府建设的导向：公务员独立人格的追求. 南京社会科学，2005（9）：57-61.
④ 中国行政管理学会课题组. 服务型政府是我国行政改革的目标选择. 中国行政管理，2005（4）：5-8.
⑤ 陈世香. 行政价值研究：以美国中央政府行政价值体系为例. 北京：人民出版社，2006：81-87.
⑥ 周文彰. 建设中国特色行政文化. 北京：国家行政学院出版社，2014：40.

费者的主体性供给，而是代理者在向委托者或所有者实现公共利益的承诺。因此，公共性行政价值在服务型行政总体价值观中具有突出地位，是其区别于管制型政府的本质特点。在诸多公共性行政价值中，尤其要突出的是社会公平价值。具体到中国特色社会主义建设，则是要在安全秩序价值、经济-文化发展价值的基础上，凝聚共同富裕的理念共识，推进共同富裕的实现。共同富裕是"中国特色社会主义的根本原则"，"追求的是全体人民的共同富裕"，"让发展成果更多公平惠及全体人民"。①

2. 重塑行政主体公共精神

服务型政府公共性内涵的实现，最终要依赖行政主体公共精神的生发和表达。"公共精神的缺失与职业伦理道德的匮乏是导致公共权力的部门化、个人化与商品化的主要根源之一"②，进而造成诸多"政府病症"的产生。因此，在需要重塑的政府品格中，公共精神品格重塑是首要的。重塑行政主体公共精神，就是要促进行政主体积极行政人格公共性属性的生成，不仅要采用道德说教方式，多方位地开展相关主题培训，提升其公共行政知识和理论素养，"更要采用道德实践的方式，通过各种途径将'为公共利益服务的决心'内化为公务人员的职业价值观"③。此外，还应在整体社会层面大力弘扬公共精神，营造有利于公共精神培育的社会文化环境，促进全体社会成员公共品质的同步培育。

（二）优化问责机制与容错机制建设，塑造积极的行政责任观

随着现代民主政治的发展，责任政府从早期的责任内阁制政府逐渐扩展至所有民主政府，"责任政府建设已成为现代民主政治发展的一种基本价值理念"④。责任政府"是指政府及其公务人员能够积极地对社会民众的需求做出回应，并采取相应的政策举措，公正无私、卓有成效地满足民众的需求，促进其利益"⑤。2002年，党的十六大提出"实行党政领导干部职务任期制、辞职制和用人失察失误责任追究制"成为我国责任政府构建的开端。2004年3月，国务院颁布实施《全面

---

① 中共中央宣传部. 习近平新时代中国特色社会主义思想学习纲要. 北京：学习出版社，人民出版社，2019：44.

② 张国庆，王华. 公共精神与公共利益：新时期中国构建服务型政府的价值依归. 天津社会科学，2010（1）：59-65.

③ 张国庆，王华. 公共精神与公共利益：新时期中国构建服务型政府的价值依归. 天津社会科学，2010（1）：59-65.

④ 温辉. 责任政府：内涵、形式与构建路径. 法学杂志，2012（4）：115-120.

⑤ 顾肃. 民主治理中的责任政府理念与问责制. 学术界，2017（7）：70-78.

推进依法行政实施纲要》，明确提出要建立健全决策责任追究制度、建设责任政府，为责任政府的制度化建设提供了依据。责任政府建设的目标达成，有赖于行政人员树立积极的行政责任观。目前已经明确实施的"行政问责制、首问责制、服务承诺制和限时办结制"①四项制度中，服务承诺制、限时办结制的真正实现也依赖问责制的实施。从实践层面来看，以问责制实施为核心的责任政府建设，在一定程度上促进了责任政府理念的广泛生成，但是在实现的水平上还有待进一步提升。"懒政""怠政""乱政"等消极行为仍然存在，背离服务型行政总体价值观不仅损害了人民群众公共利益的实现，而且损害了政府自身的组织形象，对政府的公信力造成负面影响。随着责任政府建设的不断推进，问责制被广泛实施的强问责环境，在一定程度上控制了行政人员特别是行政领导干部"乱作为"的消极行政行为，但同时也凸显了原有的"懒政"行为。俗语说"做得多，错得多"，在强问责下，一些行政人员从经济理性出发，持审慎原则，反而出现消极行政行为不敢作为。"懒政""怠政"行为的背后，除去行政人员自身政治信念不坚定、行政意识淡漠等因素，制度建设或机制建设的不健全，对行政人员的约束和激励不足等，是其产生的重要原因（F8：消极行政行为有其存在理由，制度性的因素影响较大。F9：制度的笼子没有扎紧，抓了大鱼，漏了小鱼，还需要进一步落实落细各项规章制度。F10：消极行政行为的形成是制度使然。F13：工作中有这样的人，不屑与之为伍；办事的时候遇到这样的行为，跑了几次腿，非常愤慨。究其原因，一方面可能缺乏行之有效的考核机制与监督制度，约束少而让人懈怠；另一方面即使有了制度，但执行力不够）。因此，塑造行政人员的积极行政责任观，既要优化相关问责机制，强化其责任意识，也要注意相应容错机制的建设，倡导积极行政，在问责与容错之间寻找平衡。此外，还应加强积极行政的主题教育，提升其积极行政的理性自觉和能力素养。

1. 优化问责机制建设，强化行政人员责任意识

行政人员积极行政人格"公共性"维度生发现状呈现如下结果：行政人员总体上在"公共性"属性中比较具备"服务性""民主性"特征，但是"尽责性"特征不突出；在"尽责性"得分上，具有较强的责任意识和责任能力的行政人员不足六成，另有超三成人员处于一般水平，这部分行政人员更容易满足于对基本责任的履行；在"公共性"属性3个子要素中，"尽责性"处于较低水平的人数最多。这些结果共同表明，行政人员的行政责任观念总体上还有待进一步强化。强化行

---

① 顾肃. 民主治理中的责任政府理念与问责制. 学术界，2017（7）：70-78.

政人员的责任意识，是塑造积极的行政责任观的基础和前提。当前，行政问责文化基础还比较薄弱，政府问责多集中表现为政府组织内部上级对下级的问责，而自下而上的民主问责或公民问责尚未形成习惯。优化行政问责机制建设，强化行政人员的责任意识，则需要重点把握责任主体的判定、如何问责、谁来问责、问责程序等问题。其一，明确责任主体的责任清单，划定责任履行缺位的负面行为范围，并将责任主体的判定依据纳入问责结论报告中。其二，纠正重责轻问实践误区，既要重视过错责任，也要重视说明责任，罚过相当，既让公众满意，也让被问责者心服。其三，强化异体问责，弥补同体问责的不足。不仅仅是行政上级追究下级责任，对于行政领导的不作为或玩忽职守造成严重后果的，应当由领导所在单位所在地方人大进行平级问责，将问责常态化。其四，不仅要保障结果正义，也要确保程序正义，体现法治精神，应健全公开问责、被问责者申诉和申辩程序，在官方网站公开问责结论报告。概要而言，优化行政问责机制建设，要点在于让行政人员对自己的行政责任形成清晰认知，为不作为或履职不力的行为负责接受问责，问责的过程要有理有据和罚过相当。对于确实存在的"懒政""怠政""乱政"行为的行政人员，不仅要严肃处理，更要及时将处理结果向社会公布。

2. 建立健全容错机制建设，创设积极行政的文化土壤

行政人员的群体内部具有发展的差异性，部分行政人员，政治信念坚定，本身具有较强的行政责任意识，出于本心积极行政，受外界制度建设影响较小；也有部分行政人员，自身政治素养、行政素养等均处于中等水平，行政人格发展处于成长阶段，受外界制度影响则较大。在强问责的环境下，容错机制建设的不健全放大了部分行政人员不敢担当的品质局限和审慎品质的影响，导致一些行政人员"懒政"行为的增加（F10：目前制度下，存在多干多错、干得多责任大的现象，而在工作上的付出和获得的往往不成正比，有些理性的经济人就会选择消极行政；F15：懒政就是怕担责任，怕出问题，怕惹麻烦）。"懒政"行为主要表现为，行政人员只求完成本职分内工作，而不愿多思、多做（F14：没有坚定的意志去投身工作中，遇到困难就敷衍了事；涉及多部门的事项，害怕担责任，只想保住自己的"乌纱帽"；在发现事项超出自己的权限后，不上报、不反映，任其发展；被身边一些工作态度不积极的人员影响后，没有及时抵制，反而随波逐流），以此来降低因做错而被问责的风险。

因此，要促进行政人员积极行政责任观的形成，不仅要健全问责机制建设，还要建立健全相应的容错机制建设，让行政人员在法定范围内敢于作为。2015 年，习近平总书记在全面深化改革领导小组第十七次会议上首次将激励机制与"允许试错、宽容失败"相联系[①]；2016年，李克强总理在《政府工作报告》也提出"健全激励机制和容错纠错机制，给改革创新者撑腰鼓劲，让广大干部愿干事、敢干事、能干成事"[②]。建立健全容错机制，创设积极行政文化空间，是让行政人员敢于作为，不怕犯错的关键。一是要明确制度建设的初衷，是为了鼓励行政人员及领导干部在追求公共利益的过程中，改革创新，而不能成为干部及行政人员故意犯错、逃脱问责和处罚的温床。二是要"明确可探索领域和授权性规范"[③]，包括：明确容错的领域在于可探索领域而非法律和行政规章的禁地；在此基础上则要划定可探索领域的范围并建立相应的授权性规范；根据探索性领域发展实际，建立授权性规范的动态调整机制。三是要促进同级党政干部在可探索领域就改革创新重要决策展开充分民主、科学的讨论，完善决策讨论备案签字制度，强化集体责任感。此外，还应建立健全相应的集体激励机制，鼓励政府部门单位或部门以共同体的方式积极参与改革创新，在授权范围内大胆积极行政。

（三）创新行政人员培训理念和方法，强化积极行政能力与情感教育

积极行政，是指"行政主体在其职权范围内，为了行政自治，不与宪法、法律相抵触，而主动做出的各种行政行为"[④]，如行政指导、计划行政、公法契约、行政仲裁、行政斡旋等。积极行政是政府部门行政人员充分发挥主观能动性、促进政府治理现代化建设的重要表现。越是在社会转型和改革深化期，越需要行政人员以公共性行政价值为核心，在法律允许的范围内，充分发挥自身的主观能动性，开展积极行政实践活动，探索未知或改善现状。优化行政人员教育培训体系和方式，培育积极行政情感，有助于弥补相关问责制度或问责以及容错和激励机制建设不健全对行政行为产生的消极结果；积极行政情感的缺失则会放大行政制度建设不健全的弊端（F9：没有把理想信念坚持到底，没有用好手中的权力，没有真正做到情为民所系、利为民所谋）。传统行政人员培训以提高行政人员政治素质、业务能力、工作绩效为主要目的，对于提升行政人员的政治素质和岗位胜任力具有重要作用，即使在当下服务型政府建设的推进和全面深化改革进入深水区时期，依然有其积极价值。但是传统培训习惯于以一种政策传达和解读者的姿态，

① 马雪松.党史上容错机制的演进与实践[J].人民论坛，20232（6）：64-67.
② 李克强. 政府工作报告——2016年3月5日在第十二届全国人民代表大会第四次会议上. 中国集体经济，2016（8）：14-25.
③ 艾丽娟，陈俊宏. 责任政府背景下官员容错机制探析. 领导科学，2018（29）：16-18.
④ 叶天泉. 房地产经济辞典. 沈阳：辽宁科学技术出版社，2005：619.

采取讲授型方式,对行政人员进行专业知识、职业道德和能力素养方面的教育,而忽视了对行政人员积极行政情感的培育。缺少积极行政情感的个体,往往无法对这种灌输式、要求式的培训产生兴趣和共鸣,而把培训看成完成任务、走过场。

应当以行政人员积极行政情感教育为重点,创新行政人员培训理念和方式方法,增强行政人员培训的生动性和感染力。具体而言:

第一,树立双主体培训理念。既要充分考虑社会发展需要,充分发挥培训机构和培训者在培训过程的政策传导与解读、理论分析与指导等作用,又要充分考虑参训行政人员的培训需求、受训感受和培训期间的行为表现。

第二,优化培训内容的设置,增强培训的针对性和有效性。根据我们的研究结果来看,不同职务级别、工龄、政治面貌的行政人员,其积极行政人格生发状况上在某些维度存在显著差异。这就要求,行政人员培训要依据培训对象的类别、层次、政治面貌、现职工龄等分门别类地调查收集培训需求、设计培训内容,并采取有所差异的培训方法。在"互联网+"迅猛发展的社会,运用新媒体技术的能力成为行政人员的一种必要能力(F2:据我所知,目前还有很多基层工作者,并不熟悉新媒体的用法,如此有效率的工具存在,却无法使用,这无疑是一种巨大的浪费。特别是在号召"一次办好"、注重行政办公效率和优化行政服务体验的今天,新媒体技术的掌握势在必行)。一些行政人员特别是基层的行政人员,在培训的内容设计上,不仅要注重国家大政方针等宏观层面的内容,还要重点加强运用新媒体技术,提升基层治理效率等。

第三,以学员为中心,不断创新培训方式方法,提升教学质量。一方面,积极运用讲授式、案例教学(F1:我不知道法律法规是怎么规定的,有时候做起来的话心里就没有底,然后希望能多一些案例的培训还有就是互相学习吧)、翻转课堂(F8:互动型演练)、角色模拟等(F4:总体来讲,讲授式、体验式培训效果更佳)教学方法开展知识培训和能力培训;另一方面,则要强化道德实践教育,在实践中锻炼和教育行政人员(F13:让培训更有效的话,培训不拘泥于常规的课堂学习,可以开展更多的实践教学、网络教学等)。此外,还应健全地方政府之间行政人员的学习交流机制,经验共享(F1:我们学习其他地方,我们去实地参观,这种学习也可能会有成效)。具体教学方法的运用应当根据培训的内容特点、培训对象的学习心理、能力基础等统筹考虑,明确使用某种或某种组合的教学方法(F3:培训方式可以以"实地+案例+理论+交流"的形式开展),提升学员参与的积极性和获得感。对于提升学员参与的积极性而言,关键在于通过教学方法的运用,优化培训者与学员之间的互动设计和互动质量,如建立平等的互动关系、采取集体座谈、互动演练等多样互动形式等（F11：培训方式的话比较推荐实境课堂、团队建设、外出参观学习、素质拓展；F18：专家授课、专家座谈、实地观摩、情景模拟等丰富多姿多彩的培训方式容易让人感兴趣，效果更好；F20：建议多采用理论授课、现场观摩、集中研讨方式进行）。

第四，健全和完善行政人员培训考核和激励机制。既要加强对培训机构的考核与激励，也要建立面向学员的考核和激励制度（F13：培训完能给予一定的考核，能加深知识的理解与吸收），从双主体角度综合构建激励机制，提升培训工作的有效性。

第五，借鉴积极心理学理论，在培训过程中融入积极的情感教育，发现和肯定学员及其所在群体的正向品质和积极道德表现（F18：加强正面引导培训教育宣传很重要）。对行政人员做出的具有积极意义的行政行为，予以及时的正面反馈或评价，既有助于被赞扬者感知自我积极行政行为的意义感，强化内心的积极行政情感，也有助于为群体其他行政人员提供可供借鉴的行为榜样，进而渲染积极行政的文化氛围，感染其他组织成员。

三、建设自主参与式的政民关系文化

政民关系文化，是"社会关于民众在行政系统中所承担角色方面的认知与价值取向，是人们在社会化过程中形成的关于行政系统与民众间关系的认知、情感与价值取向"①的集中反映。向人民学习，是民本位思想的重要体现，本质上是对人民主体地位及其智慧的认可。要实现"向人民学习"这一服务型政府建设的基本要求，就必须重构传统"官本位"下的权威-服从的政民关系文化，促进政府和民众在治理过程中的良性互动，建设公民自主参与型的政民关系文化。

（一）多渠道培育公民公共精神

"生发于公共生活领域，在正确认识个人权利和个人利益的基础上，以公共性为特征，以追求公共善为目标的态度、情感和行为方式"②的公共精神，不仅是人的现代化发展诉求，而且是服务型政府文化客体属性实现的有效支撑。多渠道培育公民公共精神，"从一定程度上启蒙着每一位社会成员的公共理性，激励公民参与公共生活，参与管理公共事务"③，进而促进公民自主参与型政民文化的生发。

---

① 周文彰. 建设中国特色行政文化. 北京：国家行政学院出版社，2014：46-47.
② 何齐宗，苏兰. 我国公共精神研究的回顾与前瞻. 江西社会科学，2018（1）：199-207.
③ 何齐宗，苏兰. 我国公共精神研究的回顾与前瞻. 江西社会科学，2018（1）：199-207.

公民公共精神的培育不是一时之功，而要长期地持续投入和系统化建设，多方位地培育公民公共精神。一是要以国家深入实施公民道德建设工程为契机，优化公民公共精神教育，"紧扣时代脉搏，以公共理性自觉为尺度指引，引导人们自觉反思，弘扬公共价值理念"[①]，增强公民意识；二是充分发挥社会组织的积极作用，动员和引导广大公民积极参与社会公益组织与公益活动，涵养公民积极社会公共事务和公益活动的优良品质；三是通过主流媒体，广泛宣传与服务行政文化相适应的现代公民精神，"营造民主、公平、善治和宽容的和谐社会"[②]；四是优化对自媒体服务供给平台的运行监管，消解自媒体时代网络社会的"虚拟化"特征对个体公共精神的负面作用，同时充分利用自媒体时代网络交互灵活性、多样性、创造性等特点，创新文化的内容输出质量，凝聚共识。

（二）保障和增强服务型政府建设中的公民自主参与

行政主体，是行政文化的承载者，是主体行政文化的承载主体。但行政主体并非行政文化的全部承载者，不直接行使国家行政权力并作为行政管理对象的个人、群体、组织，也是行政文化的承载者。简要而言，非行政主体的"一般人对行政的整体价值意识"[③]，或者说"社会民众在社会化过程中所形成的关于改革行政系统的普遍性认知、情感态度和价值取向等心理活动的总和"[④]，也是行政文化中的重要内涵之一。因此，保障和增强服务型政府建设中的公民自主参与，塑造优良的客体行政文化，是建设服务型政府行政总体价值观的必要举措。

保障和增强服务型政府建设中的公民自主参与，一是要加强公民参政的物质设施和网络平台建设和经费投入，为公民自主参与提供便利的物质设施基础或网络平台通道；二是要明确和落实"共同富裕"理念，充分利用二次分配，缩小贫富差距，提高公民自主参与的热情与现实可能；三是要在当前家庭教育、学校教育、党建教育、社区教育以及网络在线教育中，有机嵌入民主参政的主题教育，强化民众民主参政的知识基础和能力素养的同时，增强民主参政的行为理性和规范；四是建立健全公民自主参与的各项制度，优化各项民主制度的内在衔接。

---

① 戚万学. 论公共精神的培育. 教育研究, 2017（11）：28-32.
② 周文彰. 建设中国特色行政文化. 北京：国家行政学院出版社, 2014：48.
③ 彭文贤. 行政生态学. 台湾：三民书局, 1988：58.
④ 陈世香. 公共行政文化及其影响的系统分析. 探索, 2002（4）：48-51.

（三）建设公开与开放行政文化，塑造具有亲和力的政府形象

公开行政又称阳光行政，是公民参与行政的重要基础和前提条件。公开行政要求，行政主体主动公开其非涉密及个人隐私外的行政行为，如政策依据、办事程序、经办人员、时限规定、质量标准等。建设公开行政文化，最关键举措在于实施和实现政府信息公开，逐渐"铲除管制文化的舆论和心理基础"①，进而塑造具有亲和力的政府形象。2007年《政府信息公开条例》制定与实施以来，我国政府信息公开工作取得重要进步，初步形成了公开行政文化。但是政府信息"公开主体的分散性、公开向度的单方性、公开方式的被动性"②等特征，说明政府信息公开本身仍带有鲜明的管理色彩，这也导致在实践中仍然存在"流于形式、人为抵制、信息加工、信息垄断等现象"③。因此，仅仅建设公开行政文化，还不足以改变政府与公众之间的高权关系，也无法真正实现政府信息公开制度设计的初衷。

要塑造具有亲和力的政府，不仅要建设公开行政文化，更要建设开放行政文化。建设开放行政文化的主要目标，在于切实推动政民关系从单向度管制的高权关系向"平权型法律关系"转变，围绕政府信息和数据的经济价值和服务价值提升信息公开的整体性，打破政府信息公开程序的封闭结构，进而促进公众自主参与的实现。建设开放行政文化，是对公开行政文化建设的发展，也是促进公开行政文化建设初衷实现的重要保障，有助于从主体地位重构、信息选择、结构转变等维度，打造具有亲和力的政府形象。建设开放行政文化，一是要顺应大数据时代数据治理趋势和迎接挑战，以2019年《政府信息公开条例》主体，进一步健全政府信息公开制度和实施办法等，为建设公开和开放行政文化，提供制度规范和引导；二是要加强对行政主体关于公开行政和开放行政的主题教育，提升其专业知识理论和实践素养，促进行政主体顺应时代发展变化，塑造数据治理社会中的开放行政思维；三是要加强对公开行政和开放行政建设的文化普及工作，增强社会公众在现代行政中的主体意识和评价政府工作的能力；四是建立健全公开行政和开放行政的激励机制，激发政府部门主动变革和社会公众自主参与的积极性。

人格本身的复杂性和人格发展的动态性，决定了人格的塑造是一项持久而系统化的工程，也决定了积极行政人格的塑造绝非易事。概要而言，积极行政人格

① 中国行政管理学会课题组. 服务型政府是我国行政改革的目标选择. 中国行政管理, 2005（4）：5-8.
② 孟鸿志, 张运昊. 大数据时代政府信息公开制度的变革与走向. 法学论坛, 2021, 36（4）：90-99.
③ 周文彰. 建设中国特色行政文化. 北京：国家行政学院出版社, 2014：47.

的培育，不仅需要建构现代家庭教育、实施家校合同协同育人，培育多种性格优势，健全社会成员的人格底色，还需要在行政人员的整个职业生涯中，建立健全行政组织系统的相关制度和机制建设、面向行政人员及全体成员的服务行政文化建设等，综合激发行政人员的使命感、价值感、荣誉感和支持感，培育积极行政品质、情感和能力等。

◀ 附　　录

附录一　积极行政人格问卷及问卷说明

一、积极行政人格问卷

尊敬的女士/先生，您好！

我们正在做公务员行政人格的现状研究，旨在从价值观、心理和行为层面了解公务员工作中的整体状态以及内在的性格优势。问卷采取无记名方式，结果仅用于学术研究统计分析之用，对您的信息和回答我们将严格保密。恳请您根据自己的真实想法独立完成这份问卷，并尽可能回答所有问题。

（一）基本情况

1. 性别	（　）男	（　）女		
2. 年龄	（　）25 岁以下　（　）25—30 岁　（　）31—35 岁　（　）36—45 岁　（　）45 岁以上			
3. 政治面貌	（　）中共党员	（　）非中共党员		
4. 最高学历	（　）本科以下	（　）本科	（　）硕士及以上	
6. 职务级别	（　）办事员	（　）科员	（　）副科级	（　）正科级及以上
7. 职位类别	（　）综合管理类　（　）专业技术类　（　）行政执法类　（　）其他类别			
8. 现职工龄	（　）2 年及以下　（　）3—5 年　（　）6—10 年　（　）10 年以上			

（二）调查问题

（一）请您根据自己的实际感受和体会，用下面38项描述，判断与您实际情况的相符程度，并作出相应的选择。	非常不符合	比较不符合	不确定	比较符合	非常符合
（1）把人民群众的利益放在首位。	1	2	3	4	5
（2）工作以有利于他人、方便他人为准则。	1	2	3	4	5
（3）关心群众疾苦。	1	2	3	4	5
（4）甘愿在工作中无私奉献。	1	2	3	4	5
（5）他人是否幸福很重要。	1	2	3	4	5
（6）我认为应该将集体利益放在个人利益之上。	1	2	3	4	5
（7）在干好干坏一个样的情况下，我都认真负责工作。	1	2	3	4	5
（8）即使没有额外报酬，我也乐意加班工作。	1	2	3	4	5
（9）当工作有需要时，主动加点，把工作做好。	1	2	3	4	5
（10）经常提前上班，并处理业务。	1	2	3	4	5
（11）我会举报对于部门中公权私用的行为。	1	2	3	4	5
（12）即使可能损害个人利益，我也会支持行政改革。	1	2	3	4	5
（13）工作时，我总是尽可能地听取广泛的群众意见。	1	2	3	4	5
（14）无论工作内外，我都尽可能让我的服务对象满意。	1	2	3	4	5
（15）关心群众、社会组织等主体对公共政策的态度和反应。	1	2	3	4	5
（16）我总能拒绝或回避亲朋好友的违规"请托"。	1	2	3	4	5
（17）拒绝上级领导的不合理或不合法要求。	1	2	3	4	5
（18）做好本职工作就可，无须通过巴结和奉承领导也能获得认可。	1	2	3	4	5
（19）在原则问题上，我不怕做可能会得罪人的事情。	1	2	3	4	5
（20）在工作中，我能如实地表达自己的意见。	1	2	3	4	5
（21）对于如何着手我的工作，我有决定权	1	2	3	4	5
（22）在如何完成工作上，我有很大的独立性和自主权。	1	2	3	4	5
（23）提前做好工作准备，高质量完成工作任务。	1	2	3	4	5
（24）尊重领导的安排，主动提出合理化建议。	1	2	3	4	5
（25）敢于承担一些比较难的工作任务。	1	2	3	4	5
（26）以饱满的热情，投入工作。	1	2	3	4	5
（27）经常有创新的想法。	1	2	3	4	5
（28）经常有创造性的问题解决方案。	1	2	3	4	5
（29）条件允许下，便能在工作中展现创造力。	1	2	3	4	5
（30）为实施新想法会做好充分的计划安排。	1	2	3	4	5
（31）我常常创造性地开展工作。	1	2	3	4	5
（32）我对自己的工作表现总体感到满意。	1	2	3	4	5
（33）我在工作做的事，基本没有不该做的。	1	2	3	4	5
（34）我基本达到了自己想要在工作中达到的境界。	1	2	3	4	5

续表

（一）请您根据自己的实际感受和体会，用下面38项描述，判断与您实际情况的相符程度，并作出相应的选择。	非常不符合	比较不符合	不确定	比较符合	非常符合
（35）在个人利益、部门利益冲突时，坚持以部门利益优先。	1	2	3	4	5
（36）在部门利益、公共利益冲突时，坚持以公共利益为先。	1	2	3	4	5
（37）在面临个人利益与公共利益的冲突时，坚持以公共利益为先。	1	2	3	4	5
（38）在工作中，我很少陷入内心的冲突和纠结。	1	2	3	4	5
（39）在工作中，我很少陷入混乱状态。	1	2	3	4	5
（40）如果让我重新选择，我还会选择我现在的工作。	1	2	3	4	5
（41）我对自己总体感到满意。	1	2	3	4	5
（42）总体而言，我的内心很和谐（安宁）。	1	2	3	4	5

二、积极行政人格问卷设计说明

积极行政人格问卷分为个人基本信息和问卷正文，个人基本信息部分包括性别、年龄、政治面貌、最高学历、单位类型、职务级别、职位类别、现职工龄等，共9道题；问卷正文包括公共性、自立自为性、和谐性属性3个维度，共42道题，采用利克特五级计分法，从"非常不符合"到"非常符合"，分别计1—5分。其中，公共性属性维度15道题，自立自为性属性维度16道题，和谐性属性维度11道题，分别测量行政人员在这三大维度以及总体上的行政人格水平与特征。该量表中有18道题选自国内学者翻译国外量表并加以本土化之后经过信、效度检验后的成熟量表（赵国祥等编制的《领导品德》中的"服务性"分量表、包元杰等编制的《公共服务动机》中的"自我牺牲"分量表、舒睿和梁建的《责任行为》中的"个人层面的公民行为"分量表、潘静洲等的《工作创造力》量表），其他自编题参考了行政人格理论研究以及中科院编制的《心理和谐量表》、王登峰编制的《自我和谐量表》，最终形成包括公共性、自立自为性、和谐性3个属性维度的积极行政人格问卷。具体而言，公共性维度包括服务性、尽责性、民主性3个子要素，自立自为性维度包括独立自主性、主动性、创造性3个子要素，和谐性维度包括自我与角色和谐、自我内部和谐两个子要素。

三、积极行政人格问卷的计分说明

总量表和各个分量表可以进行求和或者均值计算，了解被试在总问卷或分问卷得分情况。量表采用利克特五级计分法，积极行政人格的每个测量题项的中性值为3分，5个分值代表该题目所表述的情况与自己的符合程度，1—5分别表示

"非常不符合""较不符合""不确定""比较符合""非常符合",即被试完全不具备这种特征、较不具备这种特征、不确定是否具备这种特征、比较具备这种特征到完全具备这种特征 5 个层次。本研究中首先对数据进行了均值化处理,计算出了每个被试在总问卷和各个维度的得分,并将得分与 3 达到比较具备或完全具备某种特征(即该项均值得分大于等于 4)两个层次的情况解释为被试在该项上处于较高水平;将不太具备(该项均值得分小于 3)某种特征的情况解释为被试在该项水平上处于较低水平,将处于中间状态的情况解释为被试在该项水平上处于一般水平(该项均值大于等于 3,但小于 4)。

附录二 问卷调查有效样本基本情况统计

变量	类别代码	类别含义	样本量/人	比例/%
性别	1	男	230	53.24
	2	女	202	46.76
年龄	1	25 岁以下	50	11.57
	2	25—30 岁	125	28.94
	3	31—35 岁	105	24.31
	4	36—45 岁	88	20.37
	5	45 岁以上	64	14.81
政治面貌	1	中共党员	320	74.07
	2	非中共党员	112	25.93
最高学历	1	本科以下	33	7.64
	2	本科	302	69.91
	3	硕士及以上	97	22.45
职务级别	1	办事员	82	18.98
	2	科员	192	44.44
	3	副科级	93	21.53
	4	正科级及以上	65	15.05
职位类别	1	综合管理类	202	46.76
	2	专业技术类	101	23.38
	3	行政执法类	97	22.45
	4	其他类别	32	7.41
现职工龄	1	2 年及以下	85	19.68
	2	3—5 年	122	28.24
	3	6—10 年	127	29.40
	4	10 年以上	98	22.69

附录三　性格优势问卷（中文长处问卷 CVQ-96）

一、基本情况

1. 性别	（　）男	（　）女		
2. 年龄	（　）25 岁以下	（　）25—30 岁 （　）31—35 岁 （　）36—45 岁 （　）45 以上		
3. 政治面貌	（　）群众	（　）共青团员	（　）中共党员	民主党派人士
4. 最高学历	（　）本科以下	（　）本科	（　）硕士及以上	
5. 职务级别	（　）办事员	（　）科员	（　）副科级	（　）正科级及以上
6. 职位类别	（　）综合管理类 （　）专业技术类 （　）行政执法类 （　）其他类别			
7. 现职工龄	（　）2 年及以下 （　）3—5 年 （　）6—10 年 （　）10 年以上			

二、调查问题

序号	请就每项描述，选出最适合你的答案。这些描述是很多人所渴望的；但是，我们只想你以每项描述能怎样形容你来作答（从非常不像你到非常像你）。请诚实并准确地回应。	非常不像我	不像我	中立	像我	非常像我
1	我从来不会在任务没有完成前就放弃。	1	2	3	4	5
2	我一向遵守承诺。	1	2	3	4	5
3	我总是对事物抱着乐观的态度。	1	2	3	4	5
4	我总是会从事物的正反两面去考虑问题。	1	2	3	4	5
5	我知道如何在不同的社交场合下扮演适合自己的角色	1	2	3	4	5
6	我做事从不虎头蛇尾。	1	2	3	4	5
7	我的朋友认为我能够保持事情的真实性。	1	2	3	4	5
8	能为朋友做些小事让我感到很享受。	1	2	3	4	5
9	我身边有人像关心自己一样关心我，在乎我的感受。	1	2	3	4	5
10	我非常喜欢成为团体中的一分子。	1	2	3	4	5
11	作为一个组织的领导，不管成员有过怎样的经历，我都对他们一视同仁	1	2	3	4	5
12	就算美食当前，我也不会吃过量。	1	2	3	4	5
13	当别人看到事物消极的一面时，我总能乐观地发现它积极的一面。	1	2	3	4	5
14	我喜欢想一些新的方法去解决问题。	1	2	3	4	5
15	我尽力让那些沮丧的人振作起来。	1	2	3	4	5
16	我是一个高度自律的人。	1	2	3	4	5
17	我总是思考以后再讲话。	1	2	3	4	5

续表

序号	请就每项描述,选出最适合你的答案。这些描述是很多人所渴望的;但是,我们只想你以每项描述能怎样形容你来作答(从非常不像你到非常像你)。请诚实并准确地回应。	非常不像我	不像我	中立	像我	非常像我
18	即使面对挑战,我也总对将来充满希望。	1	2	3	4	5
19	在困难的时刻,我的信仰从来没有离弃过我。	1	2	3	4	5
20	我有能力令其他人对一些事物产生兴趣。	1	2	3	4	5
21	即使会遇到阻碍,我也要把事情完成	1	2	3	4	5
22	对我来说,每个人的权利同样重要。	1	2	3	4	5
23	我会控制自己的情绪。	1	2	3	4	5
24	我能看到被别人忽视的美好事物。	1	2	3	4	5
25	我有明确的生活目标。	1	2	3	4	5
26	我从不吹嘘自己的成就。	1	2	3	4	5
27	我热爱自己所做的事情。	1	2	3	4	5
28	我一向容许别人把错误留在过去,重新开始。	1	2	3	4	5
29	我对各式各样的活动都感到兴奋。	1	2	3	4	5
30	我是个真正的终身学习者。	1	2	3	4	5
31	我的朋友欣赏我能客观地看待事物。	1	2	3	4	5
32	我总能想出新方法去做事情。	1	2	3	4	5
33	我总能知道别人行事的动机。	1	2	3	4	5
34	我的承诺值得信赖。	1	2	3	4	5
35	我给每个人机会。	1	2	3	4	5
36	作为一个有效能的领导者,我一视同仁。	1	2	3	4	5
37	我是一个充满感恩之心的人。	1	2	3	4	5
38	我试着在所做的任何事情中添加一点幽默的成分。	1	2	3	4	5
39	我希望人们能学会原谅和遗忘。	1	2	3	4	5
40	我有很多兴趣爱好。	1	2	3	4	5
41	朋友们认为我有各种各样的新奇想法。	1	2	3	4	5
42	我总能看到事物的全部。	1	2	3	4	5
43	我总能捍卫自己的信念。	1	2	3	4	5
44	我不言放弃。	1	2	3	4	5
45	在朋友生病时,我总会致电问候。	1	2	3	4	5
46	我总能感受到自己生命中有爱存在。	1	2	3	4	5
47	维持团体内的和睦对我来说很重要。	1	2	3	4	5
48	行动前,我总是先考虑可能出现的结果。	1	2	3	4	5
49	我总能觉察到周围环境里存在的自然美。	1	2	3	4	5
50	我的信仰塑造了现在的我。	1	2	3	4	5
51	我从不让沮丧的境遇带走我的幽默感。	1	2	3	4	5

续表

序号	请就每项描述，选出最适合你的答案。这些描述是很多人所渴望的；但是，我们只想你以每项描述能怎样形容你来作答（从非常不像你到非常像你）。请诚实并准确地回应。	非常不像我	不像我	中立	像我	非常像我
52	我精力充沛。	1	2	3	4	5
53	我总是愿意给他人改正错误的机会。	1	2	3	4	5
54	在任何情形下，我都能找到乐趣。	1	2	3	4	5
55	我常常阅读。	1	2	3	4	5
56	深思熟虑是我的特点之一。	1	2	3	4	5
57	我经常有原创性的思维。	1	2	3	4	5
58	我对人生有成熟的看法。	1	2	3	4	5
59	我总能直面自己的恐惧。	1	2	3	4	5
60	我非常喜欢各种形式的艺术。	1	2	3	4	5
61	我对生命中所得到的一切充满感激。	1	2	3	4	5
62	我很有幽默感。	1	2	3	4	5
63	我总会权衡利弊。	1	2	3	4	5
64	别人喜欢来征询我的建议。	1	2	3	4	5
65	我曾经战胜过痛苦与失望。	1	2	3	4	5
66	我享受善待他人的感觉。	1	2	3	4	5
67	我能够接受别人的爱。	1	2	3	4	5
68	即使不同意团体领袖的观点，我还是会尊重他。	1	2	3	4	5
69	作为一个团体领导，我尽量让每一个成员快乐。	1	2	3	4	5
70	我是个非常小心的人。	1	2	3	4	5
71	当审视自己的生活时，我发现有很多地方值得感恩。	1	2	3	4	5
72	别人告诉我，谦虚是我最显著的优点之一。	1	2	3	4	5
73	通常情况下，我愿意给别人第二次机会。	1	2	3	4	5
74	我认为我的生活非常有趣。	1	2	3	4	5
75	我阅读大量各种各样的书籍。	1	2	3	4	5
76	我总是知道说什么话可以让别人感觉良好。	1	2	3	4	5
77	在我的邻居、同事或同学中，有我真正关心的人。	1	2	3	4	5
78	尊重团体的决定对我来说很重要。	1	2	3	4	5
79	我认为每个人都应该有发言权。	1	2	3	4	5
80	作为团体领导者，我认为每个成员都有对团体所做的事发表意见的权利。	1	2	3	4	5
81	我总是谨慎地做出决定。	1	2	3	4	5
82	我经常渴望能感受伟大的艺术，比如音乐、戏剧或绘画	1	2	3	4	5
83	每天我都心怀深刻的感激之情。	1	2	3	4	5
84	情绪低落时，我总是回想生活中美好的事情。	1	2	3	4	5

续表

序号	请就每项描述，选出最适合你的答案。这些描述是很多人所渴望的；但是，我们只想你以每项描述能怎样形容你来作答（从非常不像你到非常像你）。请诚实并准确地回应。	非常不像我	不像我	中立	像我	非常像我
85	信仰使我的生命变得重要。	1	2	3	4	5
86	没有人认为我是一个自大的人。	1	2	3	4	5
87	早晨醒来，我会为了新一天中存在的无限可能性而兴奋	1	2	3	4	5
88	我喜欢阅读非小说类的书籍作为消遣。	1	2	3	4	5
89	别人认为我是一个聪明的人。	1	2	3	4	5
90	我是一个勇敢的人。	1	2	3	4	5
91	别人相信我能帮他们保守秘密。	1	2	3	4	5
92	我相信聆听每个人的意见是值得的。	1	2	3	4	5
93	我定时锻炼身体。	1	2	3	4	5
94	别人都因我的谦逊而走近我。	1	2	3	4	5
95	我因富于幽默而被众人所知。	1	2	3	4	5
96	人们形容我为一个热情洋溢的人。	1	2	3	4	5

附录四　积极行政人格生发过程研究的访谈提纲

尊敬的先生/女士

您好！

本次调查属于教育部后期资助项目"积极行政人格的生发机制研究"，旨在通过调查了解广大行政人员积极行政人格的生发机制。鉴于您在本职工作的优异表现，我们诚邀您参与此次调查，大概需要 30 分钟。访谈所得资料信息将仅作学术研究之用，不会呈现任何体现个人姓名等基本信息内容，请您放心、真实并尽可能地提供更为翔实的信息，感谢您的支持与配合。

1. 以下 24 个人格特质词汇，您觉得您比较具有哪些核心人格特质？

①仁慈　②公民意义　③公正　④爱　⑤宽恕和宽容　⑥感恩　⑦正直 ⑧领导力　⑨幽默　⑩好奇心　⑪有活力　⑫有创造力　⑬洞察力　⑭希望 ⑮社会智商　⑯欣赏美丽和卓越　⑰勇敢　⑱精神信仰　⑲头脑开明　⑳审慎 ㉑坚持　㉒谦恭/谦虚　㉓自我控制　㉔爱学习

2. 对于以上核心人格特质的养成，哪些个人、组织或环境因素起到了重要的促进作用？

3. 您为什么会选择从事当前的行业工作？

4. 请列出 3—5 个对您的职业生涯发展产生促进作用的重要他人，他们具有哪些特点？是如何影响到您的呢？

5. 在您的职业生涯中，什么样的领导更能促进您的积极行政行为？

6. 党的十八大以来，国家法律法规、政策等制度建设，对您的工作产生了哪些影响？

7. 您如何看待您的人格特质、能力素养与您工作心理和行为表现的关系？哪些特质或能力产生了较大的促进作用？

8. 您近年来获得的最高的荣誉是什么？您如何看待国家组织的各类先进人物评选活动？"双百"模范人物、"最美公务员""优秀公务员"等先进，您能从他们中学到什么吗？

9. 您如何看待身边或社会报道中存在的一些消极行政行为，如"懒政""怠政""乱政"等？

10. 如果让您来组织行政人员的职业培训或教育，您觉得应该着重从哪些方面展开？哪些方式的培训更见成效？

附录五　20 名访谈对象基本信息表

访谈对象	访谈对象基本信息
F1	女，28 岁群众，现行业工作 1 年半，区（县）级及以下单位团委负责人，一级科员。
F2	男，28 岁，中共党员，现行业工作 2 年，区（县）级单位办公室一级科员。
F3	女，37 岁，中共党员，现行业工作 11 年，区（县）级单位宣传部理论科科长，四级主任科员，副科级。
F4	女，35 岁，群众，现行业工作 15 年，区（县）级单位科长，四级主任科员，副科级。
F5	男，25 岁，共青团员，现行业工作 3 年，区（县）级科员，一级行政执法员。
F6	男，32 岁，中共党员。现行业工作 4 年，区（县）级办公室主任，科员。
F7	女，26 岁，中共党员，现行业工作 4 年，区（县）级，一分局特服号，科员。
F8	女，31 岁，中共预备党员，现行业工作 3 年，区（县）级党政办副主任，科员。
F9	男，25 岁，中共党员，现行业工作 3 年半，区（县）级
F10	男，33 岁，中共党员，现行业工作 3 年，区（县）级，科员
F11	女，31 岁，中共党员，现行业工作 9 年，区（县）级，科员
F12	女，26 岁，群众，现行业工作 4 年，区（县）级一级行政执法员，科员。
F13	女，29 岁，无党派，现行业工作 6 年，区（县）级机关服务业调查科副科长，副科级。
F14	男，26 岁，中共党员，现行业工作 4 年，区（县）级 12366 接线员，一级行政执法员，科员。
F15	男，33 岁，中共党员，现行业工作 3 年，区（县）级建筑工程处一级科员，科员。

续表

访谈对象	访谈对象基本信息
F16	女，26岁，群众，现行业工作3年，区（县）级党政风监督室科员，一级科员，科员。
F17	男，28岁，群众，现行业工作4年，区（县）级以下，人武干事，一级科员，科员。
F18	女，30岁，中共党员，现行业工作7年多，区（县）级，价格监督与反不正当竞争科负责人，一级行政执法员，科员。
F19	男，29岁，非中共党员，现行业工作2年，区（县）级以下，为人民服务中心副主任，一级科员，科员。
F20	男，35岁，群众，现行业工作12年，市级及以上单位部门主任，四级主任科员，科级。

后　记

　　推进国家治理体系和治理能力现代化是中国特色社会主义进入新时代提出的重大命题，是中国共产党高度重视现代化、不断深化现代化认识并求解现代化的创新性成果。政府治理现代化是国家治理体系和治理能力现代化建设的重要组成，是坚持和完善中国特色社会主义行政体制的重大任务，包括政府治理体系现代化和政府治理能力现代化。政府治理现代化建设涉及公共事务方方面面的综合性改革，本质上是为了更好地实现政府治理的公共性，保障和增进公共利益，创造公共价值。提出政府治理现代化建设的命题，恰恰是因为当前还未真正或充分地实现现代化，仍有许多亟待改进的地方。推进政府治理现代化建设中，除了要优化顶层设计和各项制度安排，还应充分关注政府内部人的因素，重视行政人员行政人格的生发问题。本书围绕积极行政人格的生发机制问题进行了理论探索和实证研究。

　　通过文献研究，我们秉持如下观点：

　　首先，行政人格具有鲜明的时代属性，不同历史时期的行政人格，无论是在理想还是现实层面上都存在本质差异。其一，在中国社会的演进中，行政人格的理想内容也在不断更迭变迁，当代中国社会的行政理想主要源于马克思主义中的"公仆人格"思想及其本土化的理论成果。其二，不同历史阶段的国家政权性质及行政模式下的行政人格实践，与行政人格理想的充分实现都存在一定差距。经济、政治、文化等多方面的因素共同造就了行政人格的现实问题。从现代化的视野来看，行政人格的现代化程度仍然有待提升。

　　其次，行政人格的研究需要一种整合性的分类框架，用以分辨行政人格的类型。借鉴积极心理学中的人格研究取向，基于行政人员个体人格、职业人格双重维度的积极程度，整合已有的多学科行政人格类型研究成果，进而构建了"积极-

消极"这一行政人格类型研究的新框架。

此外,积极行政人格应当是行政人员个体人格与职业人格的高度正向和谐,其核心在于积极性。这种"积极"不是个体人格或职业人格某一单一维度的积极,而是强调两者之间的和谐统一,是一种肯定的、正向的、和谐的、可持续的人格倾向特征。从理论上看,公共性、自立自为性、和谐性是积极行政人格的三大属性;积极的个体人格、积极的职业人格,构成积极行政人格的基本结构;积极的个体人格包括:高亲和力、高生命力、高意志力;积极的职业人格,要素复杂而难以穷尽,概要而言,主要包括以下五个方面:先进的行政理念、灵活有度的行政自由、良善于行的行政道德、明确统一的行政权责、渐趋优秀的行政职业能力。

通过关于积极行政人格的实证研究,主要取得了以下结论:

第一,行政人员总体在积极行政人格特征上处于较高水平,比较具备积极行政人格特征;在三大属性维度,行政人员总体比较具备公共性、和谐性特征,自立自为性属性特征不明显。

第二,行政人员积极行政人格总体水平及其在 3 个维度的水平在年龄、政治面貌、现职工龄变量上存在显著差异;积极行政人格的公共性维度在最高学历这一项上存在显著差异;部分积极行政人格子要素在政治面貌、年龄、最高学历、单位类型、职务级别、现职工龄上存在显著差异。

第三,传统心理学研究取向下的行政人员的个体人格呈现出如下特征:低精神质、高情绪稳定性、较强的掩饰倾向、偏内向-稳定型、外向稳定型;积极人格理论视角下的行政人员,已经比较具备 24 种性格优势,这些性格优势对其积极行政人格生发具有显著正向预测作用;此外,希望、社会智商、洞察力、勇敢、精神信仰五种性格优势是行政人员积极行政人格的核心性格优势,能够为积极行政人格的生发提供主要的内在动力。

第四,影响行政人员积极个体人格养成的非先天性因素,主要来自原生家庭至亲人格特质及其教养方式、学生时代的老师和同学以及学习环境、工作单位的组织因素、宏观的社会文化环境等因素的共同作用。在此过程中,受到"观察—认同—学习模仿""观察—接受—改变自我""阅读—感悟—学习""实践—感悟—学习"等多种微观机制以及行政人员自身主观能动性的综合影响。

第五,行政人员职业人格的生发起于择业动机的不同价值取向,受到自身性格优势等内在因素影响的同时,也受到后天职业生涯发展过程中重要他人及制度环境的综合影响。领导因素是重要他人影响因素中的首要因素，受到行政人员认同的领导更能促进行政人员积极职业人格的生发。此外，健全的制度建设具有重要意义。

基于理论和实证研究，我们认为要促进行政人员积极行政人格的广泛生成，首先要在培育理念上进行革新，改变传统问题视角下的培育理念，坚持"以人为本"、正视人格和情境的双重力量、从积极的意义出发；在实践层面，则需要在深刻理解和把握行政人员积极行政人格生发规律的基础上，构建更为系统的培育体系。

鉴于研究人员自身的学识局限及客观条件的限制，本书的研究主要存在一些不足：当前编制的"积极行政人格问卷"是基于积极行政人格的三大属性开发而成，暂未能涉及理论研究中其职业人格维度的具体测度；难以对行政人员其真实的行政实践活动进行参与式观察，只能通过问卷调查和小样本的深度访谈进行，所获资料为积极行政人格的生发机制研究提供的数据支持有限，有待后续研究进一步验证；"积极行政人格问卷"这一研究工具虽经信效度检验结果显示比较可靠，但与专业的心理学测量量表水平还存在一定差距，若要应用到非研究性的行政人员考评选拔当中仍需谨慎；本研究重点关注的是非领导性职务的一般行政人员，研究所得结论对于领导性职务的行政领导干部是否适用还有待进一步研究。

我们希望通过本书明确行政人员在政府治理现代化建设乃至国家治理现代化建设中的行为主体性地位，唤起学术界和实践中对行政人员群体及其行政人格的重新关注，期待更多研究者的加入，共同致力于促进广大行政人员群体层面积极行政人格的广泛生成。

本书是教育部哲学科学研究后期资助项目"积极行政人格的生发机制研究"资助成果，在此特别感谢教育部社会科学司的大力支持。此外，诚挚感谢中国矿业大学人文社科处在科研管理中为本课题提供的专业组织服务，感谢科学出版社对本书所提供的出版服务支持。

2023 年 4 月